Noor van Haaften
JAKOB – VON GOTT GELIEBT

AF178465

Noor van Haaften

Jakob
– von Gott geliebt

Über die Autorin:
Eleonore (Noor) van Haaften war einige Jahre in der christlichen Studentenarbeit in Österreich tätig und arbeitete dann als Redakteurin und Moderatorin beim niederländischen Rundfunk- und Fernsehsender EO. Seit 2002 beschäftigt sie sich hauptsächlich mit Vortragsreisen in Europa und dem Schreiben von Büchern und Artikeln.

Bibelübersetzung, wenn nicht anders angegeben: Schlachter 2000

Bibliografische Information der Deutschen Nationalbibliothek
Die Deutsche Nationalbibliothek verzeichnet diese Publikation in der Deutschen Nationalbibliografie; detaillierte bibliografische Daten sind im Internet über http://dnb.dnb.de abrufbar.

ISBN 978-3-96362-204-5
Alle Rechte vorbehalten
© 2021 by Francke-Buch GmbH
35037 Marburg an der Lahn
Covergestaltung: Francke-Buch GmbH
Umschlagbild: © iStockphoto.com / Ivan_off; vaeenma
Satz: Francke-Buch GmbH
Printed in Czech Republic

www.francke-buch.de

INHALTSVERZEICHNIS

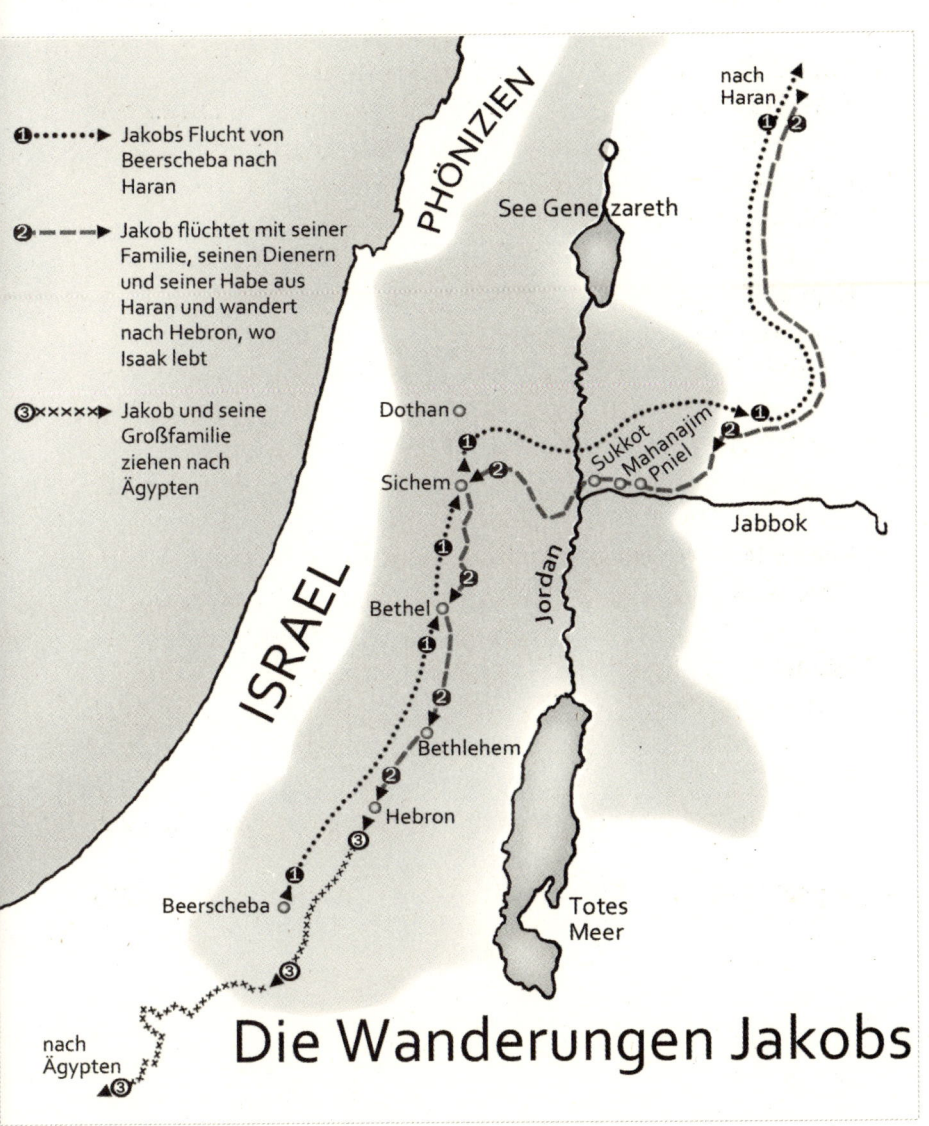

❶·····▶ Jakobs Flucht von
Beerscheba nach
Haran

❷----▶ Jakob flüchtet mit seiner
Familie, seinen Dienern
und seiner Habe aus
Haran und wandert
nach Hebron, wo
Isaak lebt

❸×××▶ Jakob und seine
Großfamilie
ziehen nach
Ägypten

nach
Haran

PHÖNIZIEN

See Genezareth

Dothan

Sichem

Sukkot
Mahanajim
Pniel

Jabbok

Bethel

ISRAEL

Jordan

Bethlehem

Hebron

Beerscheba

nach
Ägypten

Totes
Meer

Die Wanderungen Jakobs

VORWORT

Nachdem meine Bücher über Elia und Samuel erschienen waren, kam immer wieder die Frage auf, welcher biblischen Person ich mich als nächster widmen würde. Es wurde Jakob! Warum? Weil seine Person und seine Geschichte (und vor allem Gottes Geschichte mit ihm) gleichermaßen faszinierend und aktuell sind.

Man könnte sich fragen, warum Gott gerade Jakob als dritten Erzvater seines Volkes auserwählte. Nach menschlichen Maßstäben war er nicht direkt die geeignete Person für eine Rolle in Gottes Heilsgeschichte. Gott aber sah das ganz anders! Er wählte Jakob nicht aufgrund seiner Persönlichkeit, seiner Eigenschaften oder Gaben, sondern um seiner selbst willen: Jakob war seine Wahl. Damit fing eine Geschichte an, in der wir uns selbst leicht wiedererkennen und die viele kostbare Lektionen für uns enthält. Aber nicht nur das! Hinter Jakobs Biografie verbirgt sich eine andere, höhere Geschichte, die Gott bis heute schreibt. »*Er gedenkt auf ewig an seinen Bund*«, sagt der Autor des 105. Psalms in Vers 8. Gott wird vollbringen, was er vorhat und verheißen hat.

Jakob war ein Mann, der manchmal krumme Wege ging, um seine Zukunft abzusichern oder um sich aus Schwierigkeiten zu retten. Er stellte es geschickt an, als er seinem älteren Zwillingsbruder Esau in einem unbedachten Augenblick das Erstgeburtsrecht abkaufte, danach schaffte er es, sich durch Betrug den väterlichen Segen für den ältesten Sohn zu sichern. In späteren Jahren verließ er heimlich das Haus seines Schwiegervaters. Noch später versuchte er, seinen Bruder Esau günstig zu stimmen, indem er ihn mit Ehrungen und Geschenken überhäufte. An diesen (und anderen) Dingen sieht man, wie Jakob mit aller Kraft versuchte, sein Leben selbst im Griff zu haben und sich (und die Seinen) zu retten.

Es ist ergreifend und Mut machend zu entdecken, dass der Herr Jakob trotz seines eigenständigen Handelns nie losgelassen hat. Gott ist Jakob nachgegangen, er hat ihn beschützt und durch Offenbarungen wissen lassen, dass sein Bund mit Jakobs Großvater Abraham und seinem Vater Isaak feststand und auch für ihn galt. Immer wieder hat Gott Jakob daran erinnert, dass er mit ihm war. Immer wieder haben seine Zusagen Jakob unendlich gutgetan. Und immer wieder hat Jakob dann doch auf sich vertraut, anstatt sich Gott anzuvertrauen und ihm das Sagen über sein Leben und seine Zukunft zu geben.

Der Höhepunkt in Jakobs Leben war der dramatische nächtliche Kampf beim Fluss Jabbok. Stundenlang schien Jakob am totalen Tiefpunkt zu sein, denn Jakob war einem unbekannten und starken Aggressor ausgeliefert. Erst gegen Morgen wurde Jakob klar, dass Gott sein Angreifer war, und so klammerte er sich an ihn und wollte ihn nicht gehen lassen, ohne von ihm gesegnet zu werden. Beim Fluss Jabbok kämpfte Jakob mit Gott und lieferte sich letztendlich an ihn aus. Er ging als neuer Mensch aus diesem Kampf hervor: körperlich angeschlagen, aber innerlich neu. In dieser Nacht wurde aus Jakob Israel.

Jakob war schon alt, als sein Lieblingssohn Joseph durch Zutun seiner älteren Söhne »verschwand«. Es folgten Jahre, in denen sein Haus und sein Leben von dunklen Wolken umhüllt waren, »Jahre der Verhüllung«, denn hinter Jakobs Realität von tiefer Trauer und Not (in Form einer schweren Hungersnot) verbarg sich eine unsichtbare Realität. Im Himmel wurden die nächsten Schritte für die Familie Jakobs vorbereitet. Ihr Umzug nach Ägypten diente ihrer Rettung, aber er war auch eingebettet in Gottes Heilsplan für sein Volk (das in Ägypten »aufkeimen« würde) und für die ganze Welt. In Jakobs Abschiedsworten und dem Segen für seinen vierten Sohn Juda wird ein Zipfel des Schleiers gelüftet, als er (verhüllt) sagt, dass aus Judas Stamm der »Schilo« geboren werden wird. Gemeint ist der Messias Jesus, der in Offenbarung 5,5 der Löwe aus Juda genannt wird.

Steigen Sie mit ein in die Geschichte Jakobs und entdecken Sie hinter seiner Biografie den roten Faden der Absichten Gottes mit seinem Volk und mit dieser Welt.

Soest, im Februar 2020

Ein kurzer Hinweis:

Am Anfang jedes Kapitels finden Sie eine Angabe zum Bibeltext, der behandelt wird. Bitte lesen Sie diesen Text zuerst in Ihrer Bibel und halten Sie Ihre Bibel griffbereit, während Sie die Auslegung zu Jakob verfolgen!

»Jakob, von Gott geliebt« eignet sich sowohl fürs persönliche Lesen als auch für das gemeinsame Lesen im Hauskreis.

KAPITEL 1
GOTT TUT, WAS ER VERHEISSEN HAT

1. Mose 25,19-26

»... in Isaak soll dir ein Same berufen werden.«

1. Mose 21,12

»Isaak aber bat den Herrn für seine Frau, denn sie war unfrucht-bar ...«

1. Mose 25,21

»Das ist mein Trost in meinem Elend, dass deine Verheißung mich belebt.«

Psalm 119,50

14

Bitte lesen Sie zuerst den Bibeltext :

1. Mose 25,19-26

Es gibt einige Frauen in der Bibel, die lange Jahre kinderlos blieben. Sie gingen damit ganz unterschiedlich um. Sarah schlug ihrem Mann Abram vor, mit ihrer ägyptischen Sklavin Hagar einen Sohn zu zeugen, was schmerzhafte und weitreichende Folgen hatte. Rahel, die Lieblingsfrau Jakobs, wurde verzehrt von Eifersucht, weil ihre Schwester Lea, die ebenfalls mit Jakob verheiratet war, ihm mehrere Kinder schenkte, während bei ihr selbst eine Schwangerschaft ausblieb. Hannah, die Frau Elkanas, die wegen ihrer Kinderlosigkeit regelmäßig von der Nebenfrau ihres Mannes gedemütigt wurde, trug ihre Trauer in Stille und suchte ihre Zuflucht bei Gott. Für all diese Frauen (und für ihre Männer) war ihre Kinderlosigkeit nicht nur schmerzhaft, sondern in der Gesellschaft, in der sie lebten, eine Schmach. In alttestamentlichen Zeiten wurde Unfruchtbarkeit sogar als Strafe Gottes angesehen. Eine zahlreiche Nachkommenschaft galt als ein Geschenk Gottes.

Kinderlos blieben auch Isaak und Rebekka. Ihrer Hochzeit ging eine faszinierende Brautsuche voran, über die in 1. Mose 24 ausführlich berichtet wird. Dieses Kapitel ist mit 67 Versen das längste im Ersten Buch Mose. Isaak war zu dieser Zeit 40 Jahre alt, sein Aufenthaltsort war die Wüste Negev oder das Südland. Er wohnte bei dem »Brunnen des Lebendigen, der nach mir schaut.«[1] Die Lage dieses Ortes, den wir aus der Geschichte Hagars kennen[2], ist nicht mehr genau auszumachen. Er lag wohl zwischen Kadesch und Bered. Offensichtlich war Isaaks Vater Abraham, der ja Halb-

---

1 1. Mose 24,62 und 25,11b
2 1. Mose 16, insbesondere V. 7.13.14

nomade war, nach dem Tod seiner Frau Sarah in Hebron[3] weitergezogen und hatte hier seine Zelte aufgeschlagen. Rebekka, die Braut Isaaks, stammte aus der Verwandtschaft von Abraham, die in Haran, der wohl wichtigsten Handelsstadt in Mesopotamien, ihren Wohnsitz hatte. Nach der Hochzeit brachte Isaak sie in das Zelt seiner verstorbenen Mutter Sarah. »*Sie wurde seine Frau und er gewann sie lieb*«, lesen wir in 1. Mose 24,67. Und dann: »*So wurde Isaak getröstet nach dem Tod seiner Mutter.*« Es war ein vielversprechender Anfang. Sehr enttäuschend und schmerzhaft war allerdings, als sich erwies, dass Rebekka unfruchtbar war. Wie sie ihre zwanzigjährige Kinderlosigkeit empfand, wird uns nicht erzählt. Wir erfahren aber, dass Isaak sich an Gott wandte: »*Isaak aber bat den Herrn für seine Frau, denn sie war unfruchtbar ...*« (V. 21).

ISAAKS GEBET

Isaak war bei einem Vater aufgewachsen, der ganz besondere Gotteserfahrungen gemacht hatte. Er wird gewusst haben, dass Gott Abraham eine große Nachkommenschaft versprochen hatte. Dass Rebekka nicht schwanger wurde, muss für ihn nicht nur schmerzhaft, sondern im Licht der Verheißungen Gottes auch unerklärlich gewesen sein. Es war deutlich, dass die Erfüllung über ihn laufen sollte. Sein Halbbruder Ismael war ja aus diesem Grund weggeschickt worden.

Es ist bewundernswert, dass Isaak in diesen zwanzig Jahren des Hoffens und des Immer-wieder-enttäuscht-Werdens nichts unternahm, um das Problem selbst zu lösen. Er hätte Schritte einleiten können, die in Kanaan üblich und akzeptiert waren. Sein Vater Abraham hatte sich dafür entschieden: Er hatte sich die Sklavin seiner Frau zur Nebenfrau genommen und mit ihr einen Sohn gezeugt. Isaak aber wählte einen anderen Weg. Er scheint nicht daran gezweifelt zu haben, dass seine Frau Rebekka, die ihm auf wunderbare Weise von Gott geschenkt worden war, die Stammmutter seiner Nachkommen sein würde. Anstatt sich eine »Leih-

---

3 · 1. Mose 23,2

mutter« zu suchen, wendete er sich in 1. Mose 25,21 an Gott und tat Fürbitte für seine Frau.[4]

Hier steht kein Mann, der Gott damit konfrontiert, dass er ihm Kinder schuldig bleibt. Hier steht auch kein Mann, der seiner Frau vorwirft, dass sie versagt. Hier steht keine Rahel, die ihrem Mann Jakob einmal voller Bitterkeit sagen wird: »*Schaffe mir Kinder! Wenn nicht, so sterbe ich!*«[5] Hier, in 1. Mose 25, steht ein Mann, der sein Leben und seine Zukunft in Gottes Hände legt und ihn darum bittet, seiner Frau das Geschenk der Fruchtbarkeit zu machen und dadurch die Verheißung an seinen Vater Abraham zu erfüllen. Offensichtlich ist Isaak davon überzeugt, dass Gott die Unfruchtbarkeit Rebekkas aufheben kann und dass er auf das Beten seiner Kinder achtet.

Die Worte »*Er bat den Herrn …*« kann man auch so lesen: »*Er flehte zu Jahweh.*« Wir finden hier den hebräischen Begriff »*atar*« vor, das man mit »auf Gott einwirken« übersetzen kann. Es ist ein Vorstoßen zu Gottes Herzen. Ein solches Beten finden wir auch bei Abraham. Als Gott ihm sagte, dass er vorhatte, Sodom und Gomorra zu vernichten, stand Abraham für diese Städte auf und drängte Gott, von seinen Plänen abzusehen. Sein Beten mutet fast frech und unverschämt an, denn Abraham ließ nicht locker, er gab nicht auf![6] Darf man so mit Gott umgehen? Die Antwort ist: Ja. Jesus selbst fordert uns dazu auf!

WAS UNS JESUS ZUM GEBET SAGT

In seinem Gleichnis über den bittenden Freund in Lukas 11,5-10, zeichnet Jesus das Bild eines Mannes, der um Mitternacht einen ganzen Haushalt – Menschen und Tiere – mit seinem anhaltenden und lauten Klopfen aus dem Schlaf reißt, weil er Besuch bekom-

---

4   Zur Zeit der Erzväter bis zur Einsetzung des Priestertums unter Aaron hatten die Männer die Rolle des Vermittlers zwischen Gott und ihrer Familie. Isaak betet hier für seine Frau Rebekka, später sehen wir, dass Jakob seine Söhne und dann auch die Söhne Josephs (und den Pharao Ägyptens!) segnet.

5   1. Mose 30,1

6   1. Mose 18,16-33

men hat und ein Brot braucht. So sollen auch wir lernen zu beten, sagt Jesus seinen Jüngern. Und zwar mit unablässiger Dringlichkeit. Wir sollen nicht schüchtern und leise anklopfen, in der Hoffnung, dass uns jemand hört, sondern so an die Tür hämmern, dass wir nicht zu überhören sind. Und wenn es ein bisschen dauert, bis eine Reaktion kommt, sollen wir nicht aufgeben, sondern durchhalten und einen erneuten Vorstoß wagen.

Entscheidend in diesem Gleichnis Jesu ist das Wort Freund. Einen Freund darf man nämlich stören, man darf ihn drängen. Und Gott ist unser Herr und unser Freund. In der Bibel macht er sich uns so bekannt und wir entdecken sein Wesen und seine Absichten. Wir handeln im Einklang mit seinem Wort, wenn wir ihn im Gebet bitten, freimütig, aber mit allem Respekt. Eindringlich, aber nicht aufdringlich. Beharrlich, aber nicht zwingend. Und immer mit Ehrfurcht. Dass wir vor unserem König und Herrn erscheinen und unsere Anliegen vorbringen dürfen, das ist durch Jesus möglich.[7]

In Lukas 18,1-8 finden wir ein weiteres Gleichnis über das Beten. Hier spricht Jesus von einem harten, unzugänglichen Richter, der von einer Witwe um Hilfe gebeten wird. Anfänglich lässt sich der Richter nicht erweichen, dann aber lenkt er ein und will ihr doch helfen. Das begründet er mit den folgenden Worten: »... *so will ich dennoch, weil mir diese Witwe Mühe macht, ihr Recht schaffen, damit sie nicht unaufhörlich kommt und mich plagt*« (V. 5). Und dann sagt Jesus: »*Hört, was der ungerechte Richter sagt! Gott aber, wird er nicht seinen Auserwählten Recht schaffen, die Tag und Nacht zu ihm rufen, wenn er auch lange zuwartet mit ihnen?*« (V. 6-7).

Im ersten Gleichnis wird ein Freund in der Nacht ziemlich unsanft aus dem Schlaf geweckt und dazu gedrängt, die Tür aufzumachen; im zweiten Gleichnis finden wir einen bösen, harten Richter vor, der von einer Witwe unaufhörlich belästigt (»geplagt«) wird und sich schließlich erweichen lässt. Es sind zwei Bilder, die

---

7   Hebräer 4,16

beide auf Gott zutreffen. Er ist der Freund, aber gleichzeitig auch der Richter. Beide hören auf unser Beten. Aber nicht unbedingt sofort! Und nicht immer so, dass wir die Erhörung unserer Gebete selbst miterleben. Letzteres war die Erfahrung einer alten Dame, die viele Jahre lang für die Bekehrung ihrer Söhne betete. Sie war fest davon überzeugt, dass Gott ihre Gebete erhören würde, aber selbst erlebt hat sie es nicht. Kurz bevor sie starb, sagte sie mir, sie rechne nach wie vor damit, dass der Herr ihre Gebete erhören würde. Und dann fügte sie hinzu: »Es sieht aber ganz danach aus, als ob ich das selbst nicht mehr erleben werde.« Andere haben ihre Gebete fortgesetzt.

Das Volk Israel bat 400 Jahre lang um seine Befreiung aus Ägypten. Über mehrere Generationen hinweg bestürmten die Israeliten den Himmel, aber es tat sich nichts. Es war sogar eher so, dass sich die Situation noch verschlechterte. Vielleicht meinten die Menschen, dass Gott sie nicht höre, aber sie gaben trotzdem nicht auf und schrien weiter zu ihm. Und er … hörte sie. Es wurde im Himmel eine Rettungsaktion vorbereitet, über die bis heute geredet wird. Es wurde Mose geboren, der Gottes Volk aus Ägypten hinausführen und die Menschen durch viele Entbehrungen hindurch bis an die Grenze des Gelobten Landes bringen sollte. Es dauerte achtzig Jahre, bis er dieser Aufgabe gewachsen war, und gute vierzig Jahre, bis das Volk ins Gelobte Land einzog. Gott hatte viel mehr vor als das, wofür sein Volk betete. Die Befreiung aus der Sklaverei in Ägypten war ein erster Schritt: Es war der Anfang einer langen Reise, die die Menschen in das Land bringen sollte, das Gott ihren Vorfahren Abraham, Isaak und Jakob versprochen hatte.

Auch bei Isaak ist es um weit mehr gegangen als nur um die Erfüllung eines Herzenswunsches zweier Menschen. Es ging auch hier um die Verwirklichung der weltumfassenden Absichten Gottes. Eine große Nachkommenschaft für und durch Abraham würde es nicht geben, wenn Abrahams Sohn kinderlos blieb. Isaaks Gebet um Fruchtbarkeit für seine Frau Rebekka war in Einklang mit Gottes Vorhaben. Das hat seinem Beten ein besonderes Gewicht verliehen. In Vers 21 lesen wir »*Der Herr ließ sich von ihm erbitten.*« Rebekka wurde schwanger.

REBEKKAS GEBET

Für Rebekka fängt eine schwere Zeit an. Sie erwartet Zwillinge, die schon im Mutterschoß extrem unruhig sind. Für die werdende Mutter ist das fast zum Verzweifeln. Ihre Worte »*Wenn es so gehen soll, warum bin ich denn in diesen Zustand gekommen?*« (V. 22) sprechen Bände. Und dann geschieht das, was wir auch bei Isaak schon sahen, als er sich wegen Rebekkas Unfruchtbarkeit an Gott wandte. Nun sucht auch Rebekka Gott, weil die Kinder in ihrem Bauch immer aneinanderstoßen, so als würden sie miteinander ringen. Dass dieses Verhalten ihrer ungeborenen Kinder ein Vorbote auf später ist, kann Rebekka nicht ahnen. Gott schenkt ihr aber einen Blick in die Zukunft. Rebekkas Zwillinge werden getrennte Wege gehen. Es sollen zwei Völker aus ihnen werden, wobei ein Volk dem anderen überlegen sein wird: Der »Ältere wird dem Jüngeren dienen« (V. 23).

Es ist auffallend, dass Rebekka nicht weiter nach Gottes Worten fragt, obwohl seine Botschaft mysteriös und auch verwirrend für sie gewesen sein muss. Es war ja Brauch und damit selbstverständlich, dass der älteste Sohn nach dem Tod des Vaters ein doppeltes Erbteil erhielt und das neue Familienoberhaupt wurde. Nun wird das alles umgeworfen und es soll umgekehrt sein: Der Jüngere soll vorangehen und der Ältere soll ihm dienen. Ob Rebekka diese Botschaft Gottes für sich behalten hat oder sie Isaak mitgeteilt hat, erfahren wir nicht. Einerseits ist es schwer vorstellbar, dass Rebekka ihrem Mann nie erzählt hat, was Gott ihr offenbarte. Andererseits kann es so gewesen sein, dass sie Gottes Botschaft in ihrem Herzen bewahrt hat, wie auch Jakob in späteren Jahren die Worte seines Sohnes Joseph »im Gedächtnis bewahrte« oder wie Maria das, was Jesus ihr als 12-jähriger Junge sagte, in ihrem Herzen bewahrte.[8] Voreiliges Reden kann vieles kaputt machen. Es ist gut, wenn wir

---

8   1. Mose 37,9-11; Lukas 2,49-51

lernen zu schweigen und die Dinge in unserem Herzen zu bewegen und reifen zu lassen.

GOTT WÄHLT

Mit der Botschaft Gottes an Rebekka, die alle damals üblichen Gepflogenheiten auf den Kopf stellte, stehen wir vor der Tatsache, dass Gott das erste und das letzte Wort hat und nicht an menschliche Bräuche oder Regeln gebunden ist. Die Gründe für sein Vorhaben mit dem Jüngeren der Zwillinge teilt er Rebekka nicht mit. Es bleibt sein Geheimnis. Wir tun uns schwer damit, weil wir es nicht verstehen. Weist Gott hier den älteren Zwilling ab, während sein jüngerer Bruder voll angenommen wird? Ist es so, dass Gott Esau gehasst und Jakob geliebt hat, wie es der Prophet Maleachi sagt?[9] Nein, so sollen wir Gottes Botschaft durch Maleachi nicht verstehen! Esau wird abgewiesen oder verworfen (»gehasst«) mit Blick auf Gottes Bundesverheißungen, die er durch Abraham, Isaak und *Jakob* erfüllen will. Man kann die Worte in Maleachi 1,3 mit der Aussage Jesu vergleichen, dass derjenige, der ihm nachfolgt, seine Eltern, Frau und Kinder, Geschwister und sein eigenes Leben hassen soll.[10] Natürlich verlangt Jesus nicht von uns, dass wir unsere Lieben und unser Leben hassen, sondern es geht ihm darum, dass er den absoluten Vorrang in unserem Leben hat und dadurch alles andere in den Hintergrund gerückt wird. Jakob soll den Vorzug vor seinem älteren Bruder Esau erhalten, weil Gott ihn für eine besondere Aufgabe auserwählt hat. Ein Ausleger sagt: »Für besonders heikle Aufträge in seinem Reich sucht der Herr sich nach seinem Gutdünken seine Leute aus.«[11] Seine Leute, das sind Menschen wie Mose oder Joseph, der Prophet Samuel, König David, Daniel, Esther oder Nehemia. Es sind die Jünger Jesu, Paulus, Barnabas, Joseph und Maria. Einige von ihnen wurden schon ganz früh von Gott zur Seite genommen und für ihren besonderen Dienst zuge-

---

9   Maleachi 1,3
10 Lukas 14,26
11 Walter Lüthi, Jakob. Friedrich Reinhardt Verlag, Basel

rüstet. Gott hatte sie schon im Visier, als sie noch im Mutterleib waren. Wir sehen das hier bei Jakob, aber auch später beim Propheten Jeremia, den Gott schon im Blick hatte, bevor seine Mutter überhaupt schwanger mit ihm war![12] Der Apostel Paulus sagt von sich selbst, dass Gott ihn schon im Mutterleib ausgesondert und durch seine Gnade berufen hatte.[13] In Apostelgeschichte 9,15 nennt Jesus ihn sein »*auserwähltes Werkzeug, um meinen Namen vor Heiden und Könige und vor die Kinder Israels zu tragen!*«

Wenn Gott einen Menschen für einen besonderen Dienst auserwählt, sind nicht die Dinge entscheidend, die in unseren Augen eine Rolle spielen. Es geht nicht der Ältere vor dem Jüngeren, es wird nicht der gewählt, der klüger, stärker, frömmer, anständiger oder netter ist. Gottes Auserwählung orientiert sich nicht an dem Verhalten oder den Werken eines Menschen. Die Gründe für seine Wahl lassen sich nicht unbedingt nachvollziehen oder gar kalkulieren, sie liegen in Gott selbst. Paulus sagt es so: Die Auserwählung geschieht »*nicht aufgrund von Werken, sondern aufgrund des Berufenden*«.[14] Es kommt öfter vor, dass wir uns über Gottes Wahl und seine Entscheidung für einen bestimmten Menschen wundern, manchmal können wir das, wenn überhaupt, nur schwer akzeptieren, mitunter sind wir sogar entsetzt und empört. Bei Paulus (damals noch Saulus) hätten wir direkt gesagt: »Herr, nimm nicht den!« Aber dieser Mann war Gottes Kandidat! Paulus bestätigt das, wenn er sagt, dass er (und auch Timotheus, an den er schreibt) nicht aufgrund ihrer Werke berufen wurden, sondern »*aufgrund Gottes eigenen Vorsatzes und der Gnade*«.[15] Für Jakob gilt, dass Gott ihn als denjenigen erwählt hat, von dessen Nachkommen einmal der Messias, Jesus, abstammen würde.

GOTT PRÜFT UNS, DAMIT WIR TAUGLICH WERDEN

12 Jeremia 1,4-5

13 Galater 1,15

14 Römer 9,10-12

15 2. Timotheus 1,9

Eine Erwählung für eine besondere Aufgabe bedeutet nicht, dass die betreffende Person bei Gott eine besondere Position einnimmt oder eine Sonderbehandlung bekommt, wie etwa in einer Familie, in der die Eltern ein Lieblingskind haben und es bevorzugen. Gott sorgt nicht dafür, dass sich alle Wünsche seiner Auserwählten erfüllen und sie nie mit Gegenwind oder heftigen Stürmen konfrontiert werden. Es ist eher umgekehrt. Die Menschen in der Bibel, die Gott für einen besonderen Dienst auserwählte, mussten viel erleiden. Ihre bitteren Erfahrungen gehörten zum Läuterungsprozess, dem Gott sie unterwarf. Er holte sie aus ihrer Komfortzone, forderte sie heraus und prüfte sie. Mose versuchte sich vor seinem Auftrag zu drücken, indem er Gott gegenüber behauptete, er sei kein guter Redner und Gott solle sich deswegen eine andere Person suchen.[16] Der Prophet Elia fühlte sich total überfordert und wollte sterben; und der Prophet Jeremia verfluchte sogar den Tag, an dem er geboren worden war.[17] Dennoch machten die Prüfungen, denen Gott sie unterwarf, Sinn. Genauso wie der Schmelzofen Sinn macht, in dem Gold geläutert wird, bis es rein ist.

An den biblischen Personen, die von Gott auserwählt sind, entdecken wir auch, dass er bei Sünde nicht einfach ein Auge zudrückt. Als Mose, der Anführer des Volkes Gottes, zweimal mit seinem Stab auf einen Felsen schlug, anstatt im Beisein des Volkes zu dem Felsen zu reden, wie Gott es ihm aufgetragen hatte, blieb das nicht folgenlos: Mose durfte das Volk nicht in das Gelobte Land führen.[18] Als David, den Gott als König über sein Volk eingesetzt hatte, Ehebruch mit Bathseba beging und ihren Mann umbringen ließ, entstand eine Kluft zwischen ihm und Gott. Er musste Buße tun, um die Beziehung mit Gott wiederherzustellen. In den Jahren danach musste David erleben, dass seine Sünde schwerwiegende Folgen hatte.[19] Auch Jakob hatte seine Schwächen, aber

---

16 2. Mose 4,10.13
17 1. Könige 19,4; Jer. 20,14
18 4. Mose 20,7-12
19 2. Samuel 12,7-14

Gott wirkte an ihm. Wir werden entdecken, dass er unheimlich Schweres erleiden musste und das viele Jahre lang. Als Greis beschreibt Jakob seine Lebensjahre sogar als »böse«. Er sagt aber auch, dass der Herr ihn vom Anfang seines Lebens an behütet hat.[20] Gott hat von Beginn an daran gewirkt, Jakob seiner Berufung »würdig zu machen«.[21]

DIE GEBURT DER ZWILLINGE

In Vers 22 werden Rebekkas Zwillinge geboren. Die Babys sind sehr unterschiedlich. Das erste ist ein stark behaartes Kind, das als *rötlich* beschrieben wird. Er ist, so las ich in einem Bibelkommentar, »wie von der Natur bepelzt gewesen«. Sein Name weist darauf hin, denn Esau bedeutet »der Struppige« oder »der Behaarte«.

Der Name von Jakob ist nicht mit seinem Aussehen verbunden, er enthält einen Wunsch. Ursprünglich lautete er *Jahkub-ila* oder *Ja"akob"el*. Beides bedeutet »Gott möge beschützen«. Da es im Hebräischen immer wieder Klangähnlichkeiten gibt, kann Jakob (*yaakob*) auch als *akeb* verstanden werden, was der hebräische Begriff für Ferse ist. Das trifft zu, denn im Geburtskanal hat Jakob seinen Arm über seinen Kopf gestreckt und Esaus Ferse festgehalten, so als wollte er seinen älteren Bruder zurückhalten. Eine zweite Möglichkeit liegt im Hebräischen *akab*, das »betrügen« bedeutet. Später in der Geschichte klagt Esau seinen Bruder als Betrüger an und behauptet, er heiße mit Recht Jakob (Fersenschleicher), weil er ihn schon zwei Mal betrogen habe.[22]

Rebekkas Zwillinge stehen für zwei verschiedene Typen Mensch: den fleischlich gesinnten (Esau) und den geistlich gesinnten Menschen (Jakob).[23] Esau wird stark, unabhängig und eigensinnig sein, während Jakob eher auf Nummer sicher gehen und ergreifende Gotteserfahrungen haben wird, die ihn prägen und

---

20 1. Mose 47,9; 48,15

21 2. Thessalonicher 1,11

22 1. Mose 27,36

23 Vgl. Römer 8,5

einen Mann Gottes aus ihm machen werden. Sein Kampf mit Gott am Bach Jabbok wird dabei entscheidend sein. Aber jetzt greifen wir den Ereignissen vor, denn die Brüder sind gerade erst zur Welt gekommen!

»Jakob habe ich geliebt, Esau aber habe ich gehasst.«

Noch ein paar Worte zu Maleachi 1,3. Ich habe es oben schon erwähnt: Die Auserwählung Jakobs als Träger der Bundesverheißungen bedeutete, dass Esau für diese Stellung verworfen (»gehasst«) wurde. Es ist aber mehr zu diesem Text zu sagen, denn Maleachi 1,3 enthält auch eine Prophezeiung in Bezug auf die Nachkommen Esaus. Wir lesen in diesem Vers nicht nur *»Dennoch habe ich Jakob geliebt, Esau aber habe ich gehasst«*, sondern auch *»Und seine Gebirge habe ich zu einer Wildnis gemacht und sein Erbteil den Schakalen der Wüste gegeben.«* Esaus Nachkommen, die Edomiter, die sich im Gebirge Seïr niederließen, wurden von Gott gehasst (und unter Gottes Fluch gestellt), weil sie fremden Götzen dienten und wegen ihrer Feindschaft gegen Gottes Volk Israel.[24]

Fragen zu Kapitel 1

---

24 Mehr über die Nachkommen Esaus findet sich im Infokasten »Die Edomiter« auf S. 34/35.

1. In 1. Mose 25 sehen wir, dass sowohl Isaak als auch Rebekka Gott im Gebet suchen. Wie sieht das bei Ihnen aus? An wen wenden Sie sich zuallererst, wenn Sie Probleme haben? Bei wem suchen Sie Trost und Rat? Bei wem beklagen Sie sich über Ihre Not? Was erwarten Sie, wenn Sie sich an Gott wenden?

2. Was können wir von Isaaks Beten lernen? Denken Sie dabei an den hebräischen Begriff *atar*, der in Vers 21 mit Beten übersetzt wird, aber eher verstanden werden kann als ein Drängen oder ein starkes Einwirken auf Gott. Sind Sie damit vertraut, im Gebet Gott zu »drängen« und auf ihn »einzuwirken«? Haben Sie den Mut, sich so an Gott zu wenden?

3. Es heißt, dass der Herr sich von Isaak »erbitten« ließ. Wie sollen wir das verstehen? Kennen Sie andere Beispiele aus der Bibel, wo Gott sich erbitten lässt bzw. auf das Drängen von Menschen hin ihre Gebete erhört oder sogar seine Pläne ändert?

4. Überlegen Sie, wie es biblischen Personen wohl damit ging, dass Gott eine besondere Aufgabe für sie hatte, und versuchen Sie, noch mehr Menschen in der Bibel zu finden als die, die im Text erwähnt sind.

5. Wie kann man wissen, ob man von Gott zu einem besonderen Dienst berufen ist?

Kapitel 2

Jakob, Esau und das Erstgeburtsrecht

1. Mose 25,24-34

»Und Esau sprach zu Jakob: Siehe, ich muss doch sterben; was soll mir das Erstgeburtsrecht?«

1. Mose 25,32

»... achtet darauf, (...) dass nicht jemand ein Unzüchtiger oder ein gottloser Mensch sei wie Esau, der um einer Speise willen sein Erstgeburtsrecht verkaufte.«

Hebräer 12,16

Bitte lesen Sie zuerst den Bibeltext :

1. Mose 25,24-34

Von Zwillingen ist bekannt, dass sie meist zusammenhalten. Manch-
mal entwickeln sie in der Babyphase sogar eine eigene Sprache, die
nur sie verstehen, was zur Folge haben kann, dass ihre normale
Sprachentwicklung anfangs etwas verzögert ist. Bei Jakob und Esau
ist das ganz anders. Die Brüder sind nicht nur rein äußerlich sehr
unterschiedlich, sondern auch in ihrem Wesen. Letzteres wird in ih-
rer Lebensart sichtbar, die ja ein Spiegel ihres Innenlebens ist. Als sie
aufwachsen, entwickeln sie sich in zwei verschiedene Richtungen.

Während Esau als passionierter Jäger am liebsten draußen ist und
öfter im Freien in der Wildnis der Steppe übernachtet, bleibt Jakob
lieber im Zeltlager. Es wäre voreilig und nicht fair, daraus zu schließen, dass Jakob die Bequemlichkeit zu Hause dem Leben draußen
vorzieht und als Liebling der Mutter am liebsten in ihrer Nähe ist.
Vers 27 beschreibt Jakob als einen sittsamen oder friedlichen
Mann. Mit »sittsam« ist wohl ordentlich und anständig gemeint.
Man kann das so verstehen, dass Jakob ein Mensch ist, der sich
seiner Verantwortung bewusst und dazu bereit ist, sie zu übernehmen. Während sein Bruder einen gewissen Freiheitsdrang verspürt
und immer wieder auf der Jagd ist, bleibt Jakob im Zeltlager. Fau-
lenzen wird er sicherlich nicht, denn es gibt auch dort allerhand zu
tun.

    Isaak ist sehr wohlhabend, denn sein Vater Abraham hat ihm
noch zu Lebzeiten seinen ganzen Besitz – Schafe und Rinder, Sil-
ber und Gold, Knechte und Mägde, Kamele und Esel – übertragen.[25] Da wir Jakob in seinen späteren Jahren als Kleinviehzüchter

---

25 1. Mose 24,36

und Hirten kennenlernen, ist anzunehmen, dass er schon als Junge oder als junger Mann Erfahrungen in diesem Bereich macht. Er wird auch Verwaltungsaufgaben im Betrieb seines Vaters und Verantwortung in der Gemeinschaft der Familie und ihrer Angestellten übernommen haben. Jakob stellt sich diesen Aufgaben, während sein älterer Bruder immer wieder abwesend ist. Ein Bibelausleger beschreibt Esau als eine freie Seele. Er ist eher auf sich allein gestellt und ungebunden, während sein Bruder hineingebunden ist in das geordnete Gemeinschaftsleben. Man kann sich anhand dieser so verschiedenen Charaktere fragen, ob Esau der richtige Mann ist, um den väterlichen Betrieb treu und verantwortungsvoll zu führen und der Familie ein geistlicher Leiter zu sein. Als ältester Sohn wäre das seine Zukunft. Aber es kommt anders.

LIEBLINGSKINDER

In der Familie Isaaks entsteht ein Muster, das auch in anderen Familien öfter vorkommt und bei allen Beteiligten lange nachwirken kann. Beide Elternteile haben ihr Lieblingskind. *»Und Isaak hatte den Esau lieb, weil ihm das Wildbret mundete; Rebekka aber hatte den Jakob lieb«* (V. 28). Kennen Sie das aus eigener Erfahrung? Vielleicht waren Sie selbst der Liebling Ihrer Eltern oder Sie haben sich als Kind immer wieder zurückgesetzt gefühlt, weil ein anderer oder eine andere ganz im Fokus der Eltern stand. Vielleicht haben Sie heute selbst ein Lieblingskind oder einen Lieblingsenkel. Wenn man ein Kind besonders bevorzugt, kann das manchmal daran liegen, dass man als Mutter oder Vater viel von sich in einem der Kinder wiedererkennt und man sich auch ohne Worte gut versteht. Oder dass man mit einem Kind kaum Probleme hat, während sein Bruder oder seine Schwester immer wieder querliegt.

Isaak fühlt sich offensichtlich von der robusten Erscheinung und der männlichen Art von Esau angezogen. Außerdem ist ihm ein Wildbret wahrscheinlich lieber als ein Gemüsegericht wie Linsensuppe! Für Rebekka ist vielleicht die ruhige Art Jakobs anziehend. Sie schätzt es, dass er da ist und sich um den Betrieb kümmert (und auch einmal kocht). Vielleicht ist ihre besondere Liebe für Jakob auch eine Reaktion auf Isaaks deutliche Vorliebe für Esau. Gutgetan hat dieser Umstand der kleinen Familie jedenfalls nicht. Tragisch ist, dass wir in der Familie, in die Jakob später einheiratet, dasselbe Muster vorfinden. Dort lebt Lea, die ältere von zwei Schwestern, im Schatten der attraktiven jüngeren Rahel. Für die scheint es selbstverständlich zu sein, dass sie den ersten Platz einnimmt und sich alles nach ihren Wünschen richtet. Auch Jakob hat später ein Lieblingskind, Joseph, ein Umstand, der für die ganze Familie weitreichende Folgen haben wird.

Das Geburtsrecht eingetauscht für eine Suppe

In Vers 29 ist Jakob dabei, ein Linsengericht zu kochen. Sein Zwilling Esau ist wieder einmal auf der Jagd. Als er erschöpft nach Hause kommt und ihm der Duft des Essens in die Nase steigt, läuft ihm das Wasser im Munde zusammen. Die Zeit, um sich frisch zu machen, nimmt Esau sich nicht. Auch grüßt er seinen Bruder nicht, sondern fällt mit der Tür ins Haus und schlägt Jakob vor: »*Lass mich von dem roten[26] Gericht hinunterschlingen, denn ich bin erschöpft!*« (V. 20). Esau hat einen Bärenhunger und er will nur eins: essen und zwar sofort! Seine Art und seine Wortwahl sind alles andere als feinsinnig. Es ist grob und plump, wie er sich benimmt. Er ist ein Mensch, der nicht warten kann und für den die Befriedigung seiner Begierden oder seiner Sehnsucht bestimmend ist.

Jakob aber denkt weiter. Er wittert in der Ungeduld Esaus seine Chance und zieht einen Vorteil daraus, dass Esau sich von seinem hungrigen Magen beherrschen lässt. Er verlangt von ihm einen hohen Preis für sein Linsengericht: »*Verkaufe mir heute dein Erstgeburtsrecht!*« (V. 31).

Das mosaische Gesetz schafft Klarheit über das Recht des Erst-

---

26 Hier wird für »rot« dasselbe Wort erwähnt wie an der Stelle, als Esaus rötliche Erscheinung beschrieben wird.

geborenen einer Familie. In 5. Mose 21,17 erfahren wir, dass es sowohl materielle als auch geistliche Segnungen betraf. Nach dem Tod des Vaters bekam der älteste Sohn bei der Verteilung des Grundstücks und des Vermögens im Vergleich zu seinen Brüdern einen doppelten Erbteil. Auffallend ist allerdings, dass dieses Gesetz zur Zeit Abrahams, Isaaks und Jakobs noch gar nicht vorhanden war. Offiziell war das Geburtsrecht also nicht eingesetzt, es galt aber wohl als Sozialrecht, ohne große Begründung. Es war eben Brauch, dass der älteste Sohn bevorzugt wurde, an die Stelle seines Vaters trat und Herr über seine Brüder wurde.

Wir sind wieder im Kochzelt bei Jakob. Warum ist ihm das Erstgeburtsrecht so wichtig? Ist es Habsucht oder Ehrgeiz? Beansprucht er die Stellung als zukünftiges Familienoberhaupt für sich? Will er Herr über den Familienbesitz werden? Oder geht es ihm um die göttliche Berufung seines Großvaters Abraham und die Segnungen, die Gott ihm und seinen Nachkommen versprochen hat? Kann es sein, dass Jakob diese Verheißungen an Abraham und dessen Nachkommen so wichtig sind, dass er sie schützen und bewahren will? Befürchtet er vielleicht, dass sein Zwilling nicht die geeignete Person für diese (geistliche) Aufgabe ist? Bestärkt seine Mutter ihn noch in diesem Denken? Hat sie mit Jakob über Gottes Reden während ihrer Schwangerschaft gesprochen? Während diese Fragen unbeantwortet bleiben, ist eines jedenfalls sicher: Esau ist auf ganz andere Dinge fokussiert. Er ist ein Mann der Wildnis, sein Stolz ist das Wild, das er von der Jagd mit nach Hause bringt. Viel weiter denkt er nicht.

FLEISCHLICH ODER GEISTLICH

An dem Vorfall mit dem Linsengericht lässt sich ablesen, was für ein Mensch Esau ist, wie er »tickt«. Wir sehen, dass für ihn im Augenblick des Hungers die schnelle Befriedigung seiner Bedürfnisse bestimmend ist. Esau zeigt sich uns als ein Mensch, für den das Heute und Jetzt wichtiger ist als das Morgen; der nicht warten kann, sondern sich mitreißen lässt von seinen Gefühlen und Bedürfnissen, der frei sein und sich selbst behaupten will. Esau ist ein fleischlich gesinnter Mensch, eine geistliche Gesinnung spüren wir ihm nicht ab. Weder hier, in dieser Situation, noch später.

In Vers 32 lesen wir: *»Und Esau sprach zu Jakob: Siehe, ich muss doch sterben, was soll mir das Erstgeburtsrecht?«* Esaus Gleichgültigkeit gegenüber seiner Position als zukünftiges Haupt der Sippe (inklusive der Rechte und Pflichten, die dazugehören) ist schockierend. Esau spricht diesen Satz nicht unüberlegt aus, so wie man manchmal etwas sagt, das man nicht wirklich meint und dann später bedauert. Dass es ihm ernst ist, sehen wir daran, dass er kein Problem damit hat, sein Erstgeburtsrecht gegen ein Linsengericht einzutauschen. Auf Jakobs Reaktion hin *(»So schwöre mir heute …!«* V. 33) bestätigt Esau den Deal mit einem Eid. Danach wird nicht mehr geredet, sondern gierig gegessen, ja Esau schlingt das Essen förmlich in sich hinein. Er will seinen Bauch so schnell wie möglich füllen, den Hunger stillen. Als sein Teller leer ist, hat er für Jakob weder ein Wort der Anerkennung übrig noch ein Dankeschön. Esau lässt Teller und Krug stehen, steht auf und geht davon.

ZWEI SCHULDIGE

In dieser Geschichte gibt es zwei Schuldige. Esau handelt nicht richtig, er verachtet nach Vers 34 das Geburtsrecht. Das ist eine heftige Aussage, die aber den Kern des Geschehens trifft. Mit seiner Verachtung des Geburtsrechts verachtet Esau Gott selbst. In Hebräer 12,14 wird er ein gottloser Mensch genannt, der *»um einer Speise willen sein Erstgeburtsrecht verkaufte«.* Esau lässt sich von seiner Gier bestimmen. Und ist daher nicht würdig, die Position und die Aufgaben eines Familienoberhauptes einzunehmen. Erst recht nicht die Position als Träger der Verheißungen Gottes. Ihm fehlt das Gespür dafür, welches Gewicht die göttliche Botschaft an seinen Großvater hinsichtlich seiner Nachkommen besitzt, von der er gewusst haben muss. Esau denkt nur an seine momentane Bedürfnisbefriedigung, alles andere ist ihm in diesem Moment egal.

Aber auch Jakob macht sich schuldig. Er nutzt bei seinem Bruder den Moment der Schwäche voll aus. Raffiniert geht er vor und bekommt so das Erstgeburtsrecht. Aber hat Gott das nicht für ihn vorgesehen? Er hat Rebekka doch gesagt, dass der Ältere ihrer Söhne dem Jüngeren dienen sollte. Ja, so ist es! Jakob und nicht Esau soll einmal Isaak nachfolgen. Das Volk Gottes sollte aus Jakobs Nachkommen entstehen. Das war Gottes Wille. Und damit war es auch Gottes Verantwortung, die Dinge zur rechten Zeit zu realisieren. Nun aber ist es Jakob, der das Ruder übernimmt und auf seine Weise alles »regelt« – auf krummen Wegen.

Hier sehen wir den Egoismus, die Eigenmächtigkeit und auch die Ungeduld, mit der wir Menschen infiziert sind. Es fällt uns schwer, Gott zu vertrauen. Stattdessen neigen wir dazu, das, was wir haben wollen, selbst zu regeln. Jakobs schlaues Handeln führt zu einer Situation, die nicht nur verheerend ist, sondern auch unumkehrbar. Denn der Deal wird mit einem Schwur besiegelt, womit die Sache feststeht. Das Erstgeburtsrecht gehört jetzt Jakob und die Familie wird dadurch zerrissen werden.

In Vers 30 wird berichtet, dass Esau einen neuen Namen bekommt: Edom.[27] Dieser Name hat eine Klangähnlichkeit mit dem hebräischen Wort *adom* (rot) und Esau ist ein rothaariger Mann, der sein Erbe für ein rotes Linsengericht eintauscht.[28] Die Edomiter sind die Nachkommen Esaus.[29]

---

27 Vgl. 1. Mose 36,1
28 In dieser Gegend waren die Linsen rot oder bräunlich.
29 Siehe Infokasten auf S. 34/35

Die Edomiter

Esaus Nachkommen, die Edomiter, stammen nach 1. Mose 36 aus der Mischehe Esaus mit Kanaanäerinnen. Sie gründeten ihre Nation im Gebirge Seïr, südlich des Toten Meeres. Dieses Gebiet soll ursprünglich von den Horitern bewohnt gewesen sein (1. Mose 14,6), die Edomiter aber wurden die dominante Gruppe, in die die Horiter (und auch andere) eingereiht wurden. In 1. Mose 36 wird der Stammbaum des Horiters Seïr dem Stammbaum Esaus angehängt, weil die Horiter noch zur Zeit Moses in Edom lebten.

Edomiter werden oft als ein raues und kriegerisches Volk beschrieben, was übereinstimmt mit der Botschaft Isaaks in seinen Segensworten an Esau: »*Von deinem Schwert wirst du leben*« (1. Mose 27,40a).

In 4. Mose 20,14-21 lesen wir von einem ersten Zusammenstoß zwischen den Edomitern und dem Volk Gottes. Der Anlass war eine Bitte Moses. Gegen Ende der Wüstenwanderung des Volkes Gottes bat er Edom darum, sein Gebiet durchqueren zu dürfen. Diese Bitte lag auf der Hand, denn der beste Weg vom Gebirge Sinai nach Kanaan verlief durch Edom oder Seïr. Dem Volk Gottes wurde nicht nur der Durchgang verweigert, sondern die Edomiter kamen ihnen mit einem Heer entgegen. Mose beschloss daraufhin, das Gebiet zu umgehen, um Streitigkeiten zu vermeiden. Gott hatte ihm nämlich gesagt, dass sie freundlich mit den Edomitern umgehen sollten, weil diese ihre Brüder waren. Aus demselben Grund durfte die dritte Generation der Edomiter in die Gemeinde des Herrn aufgenommen werden (5. Mose 23,8-9).

Nach diesem Ereignis herrschte zwar dauernde Feindschaft zwischen Gottes Volk und den Edomitern, dennoch kam es 400 Jahre lang nicht zu einem offenen Krieg. Danach aber kämpften Esaus Nachkommen immer wieder gegen Israel.

Der absolute Tiefpunkt in der Geschichte der beiden Völker war die Beteiligung Edoms an der Einnahme Judas und Jerusalems durch die Babylonier im Jahr 586 v. Chr. Die Edomiter halfen ihrem Brudervolk nicht, sondern wirkten an ihrem Unglück mit und freuten sich über ihren Untergang (siehe z. B. Obadja 11-14 und Psalm 137,7).

Im Buch Obadja finden wir eine Prophezeiung gegen Edom. Gottes Gericht wird über dieses Volk kommen (sie werden vernichtet und ausgerottet werden), weil ihr Herz hochmütig ist (Obadja 3) und wegen »*der Grausamkeit gegen deinen Bruder Jakob*« (Obadja 10). Weitere Prophezeiungen über Gottes kommendes Gericht an Edom finden wir z. B. in Jeremia 49,7-22, Klagelieder 4,21.22 und Hesekiel 35,1-15.

Die Edomiter, die meinten, in ihrem schwer zugänglichen gebirgigen Gebiet sicher und unbesiegbar zu sein (»*weil du an Felshängen wohnst und in der Höhe thronst*«, Obadja 3, siehe auch Jeremia 49,16a), wurden seit Beginn der Perserherrschaft (539 v. Chr.) schwächer. In der Makkabäerzeit (164–63 v. Chr.) kam endgültig ihr Ende und Edom verlor seine nationale Existenz.

Ein bekannter Edomiter aus dem Neuen Testament ist König Herodes der Große, der 37 v. Chr. unter der Herrschaft Roms König über Juda war. Er hatte die Absicht, Jesus, der ein Nachkomme Jakobs war, zu töten (Matthäus 2,13). Auch sein Sohn Herodes Antipas wollte Jesus aus dem Weg räumen (Lukas 13,31).

Fragen zu Kapitel 2

1. Woran merkt man, ob jemand fleischlich oder geistlich gesinnt ist? Inwiefern können unsere Prioritäten dafür ein Gradmesser sein?

2. Wie kann man im Alltag mit seinen vielen Ansprüchen und den vielen Entscheidungen, die wir treffen müssen, »geistlich gesinnt« sein?

3. Lesen Sie Galater 5,19-26 und betrachten Sie die *Werke des Fleisches* und *die Frucht des Geistes*, die Paulus hier auflistet. Inwiefern strecken Sie sich bewusst danach aus, die Werke des Fleisches abzulegen und die Frucht des Geistes in Ihnen wachsen zu lassen? Was ist dafür nötig?

4. Weil Gott tut, was er versprochen hat, war Jakobs Handeln unnötig und voreilig.
   Wie ist seine Aktion zu verstehen?

5. In welchen Lebensbereichen fällt es Ihnen besonders schwer, Gott zu vertrauen und auf ein Wort oder einen Hinweis von ihm oder auch auf sein Eingreifen zu warten?

6. In Hebräer 12,15-17 wird uns Esau als jemand vorgestellt, der sein Erstgeburtsrecht verkaufte oder verachtete. Auch wir haben ein »Geburtsrecht«, und zwar sind wir durch den Glauben an Jesus Bürger des Himmelreiches geworden (Philipper 3,20). Können Christen dieses Bürgerrecht verachten? Und wenn ja, wie? Was kann man dabei verlieren?

7. Esau hat sich von seinem Bauch leiten lassen und dabei auf geistlichem Terrain Kostbares verspielt und verloren.
   Welche sind die Dinge, die wir vermeintlich nötig haben, um

glücklich (gesättigt) zu sein? Inwiefern können uns diese Dinge so stark ablenken oder in Beschlag nehmen, dass wir auf geistlichem Terrain Wesentliches verlieren?

Kapitel 3
Der Rat einer Mutter
1. Mose 27,1-46

»*Überaus trügerisch ist das Herz und bösartig; wer kann es ergründen?*«

Jeremia 17,9

»*Ein Mensch macht vielerlei Pläne in seinem Herzen, aber der Ratschluss des Herrn hat Bestand.*«

Sprüche 19,21

Bitte lesen Sie zuerst den Bibeltext:

1. Mose 27,1-46

Während einer schweren Hungersnot zieht Isaak nach Ägypten. Als er einen Zwischenstopp in der Philisterstadt Gerar macht, sagt Gott ihm, dass er dort bleiben soll. Das tut Isaak und er wird reich gesegnet. Sein Erfolg und sein Reichtum führen dazu, dass die Hirten der Philister eifersüchtig auf ihn werden. Sie verstopfen Isaaks Brunnen und streiten sich um neue Brunnen, die Isaaks Knechte gefunden und gegraben haben. Schließlich zieht Isaak nach Beerscheba[30], dem Ort, wo auch sein Vater Abraham sich schon aufgehalten hat.[31] In der Nacht erscheint Gott Isaak. Er offenbart sich ihm als der Gott seines Vaters Abraham und er bestätigt, dass sein Bund mit Abraham auch für Isaak gilt. Gott wird mit ihm sein, ihn segnen und seinen Samen mehren »um Abrahams, meines Knechtes, willen«. Als Antwort darauf baut Isaak einen Altar und er ruft Gottes Namen an.

Nachdem Isaak sich in Beerscheba niedergelassen hat, folgt ein Besuch von König Abimelech von Gerar. Der König hat Angst, dass Isaak sich rächen wird, weil er durch den Ärger mit den Hirten der Philister gezwungen war, Gerar zu verlassen. Es wird ein Friedensbund geschlossen, der sich auf das Versprechen begrenzt, sich gegenseitig keinen Schaden zuzufügen. Als sich der König der Philister und sein Heerführer von Isaak verabschieden und in Frieden wegziehen, erfährt Isaak von seinen Knechten, dass sie einen Brunnen gegraben und Wasser gefunden haben. Isaak nennt den Ort Beerscheba (»Brunnen des Eides«), wie es Abraham vor 90 Jahren auch getan hat (vgl. 1. Mose 21).

---

30 Siehe Infokasten S. 50

31 Abraham pflanzte hier eine Tamariske und rief den Namen Gottes an, wodurch der Ort eine Anbetungsstätte wurde (1. Mose 21,33).

1. Mose 26 endet mit dem Bericht, dass Esau, der inzwischen vierzig Jahre alt ist, zwei hetitische Frauen heiratet. Mit diesem Schritt wendet er sich entschieden gegen seine Eltern, denn diese Frauen gehören zur heidnischen Urbevölkerung Kanaans. Seine Ehen machen Isaak und Rebekka viel Kummer (V. 35).

Wir befinden uns in Beerscheba im tiefsten Süden[32], als sich im Haus Isaaks ein Drama abspielt, das weitreichende Folgen hat. Rebekka hat schon vor der Geburt ihrer Zwillinge die Botschaft Gottes mit sich getragen, dass der ältere ihrer Zwillinge dem jüngeren dienen wird. Sie liebt ihren Jakob über alles und wünscht sich, dass das, was Gott ihr mitgeteilt hat, sichtbar wird. Die Realität aber sieht anders aus: Esau ist der Lieblingssohn seines Vaters. Während es für Isaak selbstverständlich ist, dass Esau das Erstgeburtsrecht hat und den besonderen Segen des ältesten Sohnes bekommen wird, ist das für Rebekka eine schwere Prüfung. Die Jahre vergehen, aber es geschieht nichts, das darauf hinweist, dass sich die Dinge im Sinne von Gottes Botschaft an sie entwickeln. Anders ausgedrückt: Rebekka weiß von Gottes Absichten mit Jakob, sie sieht aber (noch) nichts, was darauf hinweisen könnte, dass Jakob tatsächlich den Vorrang bekommen wird. Als das Warten kein Ende nimmt und es danach aussieht, dass Isaak nicht mehr lange zu leben hat, entscheidet sie sich dafür, die Sache selbst in die Hand zu nehmen. Für sie ist es inzwischen fünf vor zwölf: Wenn sie jetzt nicht eingreift, wird Jakob nach dem Tod seines Vaters mit leeren Händen dastehen.

DER RAT EINER MUTTER
»Und es geschah, als Isaak alt war und seine Augen dunkel wurden, sodass er nicht mehr sehen konnte, da rief er Esau ...« Isaak will Esau den besonderen Segen für den Erstgeborenen geben, damit die Erbschaft geregelt ist. Esau soll auf die Jagd gehen und anschließend seinem Vater ein Wildbret bereiten (V. 3-4). Nach dem ge-

---

32 Siehe 1. Mose 26,23-25

meinsamen Essen soll die Segnung stattfinden.[33] Wiederum taucht die Frage auf, ob Isaak gewusst hat, was Gott seiner Frau während ihrer Schwangerschaft über die Vorrangstellung Jakobs gesagt hat. Eine andere Frage ist, ob Esau seinem Vater erzählt hat, dass er in einem unbedachten Augenblick sein Erstgeburtsrecht an seinen jüngeren Bruder verkauft hat. Beide Fragen bleiben unbeantwortet.

Isaak scheint auf jeden Fall davon auszugehen, dass nichts der Segnung seines ältesten Sohnes im Weg steht, wodurch dessen Position gesichert ist. Dass Esau mehr abwesend als daheim und damit nicht unbedingt die geeignete Person für die verantwortungsvolle Aufgabe als Haupt der Sippe ist, spielt für Isaak offensichtlich keine Rolle. Zwar ist er darüber entsetzt, dass Esau ganz eigensinnig zwei heidnische Frauen geheiratet hat, dennoch ist auch das für Isaak kein Grund, seinen ältesten Sohn deswegen als Träger der Verheißungen Gottes abzulehnen. Seine Liebe für Esau macht ihn blind für dessen Schwächen.

Es ist auffallend, dass die bevorstehende Segnung Esaus nicht im Kreis der Familie, sondern unter vier Augen besprochen und vorbereitet wird. Isaak rechnet wahrscheinlich mit Problemen in der Familie und will darum die Segnung seines geliebten Sohnes hinter verschlossenen Türen durchführen. Dabei *übersieht* er allerdings, dass Zeltwände dünn sind. Und tatsächlich: Rebekka hört (oder belauscht) das Gespräch zwischen Vater und Sohn. Da auch sie damit rechnet, dass Isaak nicht mehr lange zu leben hat, ist Rebekka äußerst wachsam. Sie erwartet, dass die Segnung des Erstgeborenen bald stattfinden wird, und ist zu allem bereit, damit ihrem geliebten Jakob dieser besondere Segen seines Vaters nicht entgeht. Nun muss sie schnell handeln, denn Esau ist schon Jagen gegangen. Sie ruft Jakob und erzählt ihm, was sich gerade im Zelt seines Vaters abgespielt hat. In Vers 8 sagt sie ihm: »*So gehorche nun, mein Sohn, meiner Stimme und tue, was ich dir sage.*« Wir wissen,

---

33 In der Zeit des Alten Testaments dienten Mahlzeiten nicht nur der Sättigung des Hungergefühls, sondern gelegentlich auch als Einführung und Besiegelung von Vertragsabschlüssen. Siehe auch 1. Mose 31,45-54.

worauf es hinausläuft: Rebekka übernimmt das Kommando und schlägt Jakob einen detaillierten Plan vor, den er genau befolgen soll, denn nur so wird dieses Vorhaben gelingen. Es ist eiskalter Betrug! Jakob wird aus der Blindheit seines Vaters Kapital schlagen und seinen Tast- und Geruchssinn täuschen.

Ach Rebekka …

Wir denken an den Moment zurück, als Isaak die Karawane aus Haran sah, die mit seiner zukünftigen Braut Rebekka zurückkehrte. Wir erinnern uns, dass Isaak Rebekka *»lieb gewann«* und dass sie ihn über den Verlust seiner Mutter tröstete.[34] In späteren Jahren sehen wir Isaak *»vertraut scherzen mit seiner Frau«*[35], was bedeutet, dass die zwei viele Jahre nach ihrer Hochzeit noch immer verliebt waren. Nun sind die Eheleute alt und Isaak ist blind. Wo sind ihre Verbundenheit und Vertrautheit geblieben? Wo die Liebe und der Respekt Rebekkas für ihren Mann? Wie kann es sein, dass sie nicht davor zurückschreckt, Isaaks körperliche Schwäche auszunutzen, und ihn betrügt? Hier steht eine Frau, die fest entschlossen ist. So wie auch wir manchmal fest entschlossen sind, die Dinge selbst in die Hand zu nehmen, weil in unseren Augen sonst nichts daraus wird. Wir sind vielleicht davon überzeugt, dass etwas Bestimmtes Gottes Wille ist, aber das Warten auf sein Handeln dauert und dauert. Dann kann es so weit kommen, dass wir meinen, es bleibe uns nichts anderes übrig, als selbst einzugreifen.

Diese Geschichte verstehen Bibelausleger ganz unterschiedlich und es wird auch gerne spekuliert. Für die einen sind Jakob und Rebekka Helden, weil ihnen alles daran gelegen ist zu verhindern, dass Gottes Pläne durchkreuzt werden (als sei das möglich!). Manche sind davon überzeugt, dass Esau ein wilder Heide ist. Wieder andere meinen, dass er aufrecht gläubig, aber doch auch weltlich gesinnt ist. Auch über Isaak wird unterschiedlich gedacht. Die Mehrheit der Bibelausleger geht davon aus, dass er weiß, was Gott

---

34 1. Mose 24,67b
35 1. Mose 26,8

seiner Frau Rebekka offenbart hat. Einige meinen, er hätte es vergessen, während andere vermuten, dass er es verdrängt, weil er es anders will. Ein amerikanischer Ausleger ist der Meinung, dass Isaak sich ganz bewusst entscheidet, gegen Gottes offenbarten Willen zu handeln.[36] Sicher ist nur, dass wir uns selbst in der einen oder anderen Person dieser Geschichte wiedererkennen, denn ihr Charakter ist nicht wesentlich anders als unserer. Sicher ist auch, dass Gottes souveräner Wille geschieht, ungeachtet dessen, was wir richtig machen und was nicht.

Gott hat Rebekka seinen Willen für ihre Söhne offenbart, aber er hat sie nicht darum gebeten, dafür zu sorgen, dass sein Wille auch geschieht. In der gegebenen Situation braucht sie ein enormes Gottvertrauen, denn für Isaak steht fest, dass Esau den Segen bekommen soll, und die Vorbereitungen für den Segensmoment laufen ja schon: Esau macht bereits Jagd auf das Wild, das in den Stunden der Segnung als Mahlzeit für ihn und Isaak dienen soll. Wie tragisch, dass Rebekka es nicht schafft, Gott zu vertrauen und zu warten. Es wäre gut und weise, wenn sie ihre Not Gott anvertrauen und Rat bei ihm suchen würde (wie sie es auch während ihrer Schwangerschaft getan hat), anstatt aufzustehen und die Sache selbst in die Hand zu nehmen. Eigentlich sieht man in Rebekkas Verhalten Misstrauen Gott gegenüber. Unglaube statt Vertrauen. Man spürt ihr auch eine gewisse Härte ab. Egal was es kostet, sie wird dafür sorgen, dass ihr Sohn Jakob zu seinem Recht kommt. Sie ist bereit, zu allen Mitteln zu greifen und den eigenen Sohn zum Betrug an ihrem Mann anzustiften: Jakob soll sich aus der Herde seines Vaters zwei gute Ziegenböckchen auswählen, die sie so zubereiten wird, dass sie wie »Wildbret« schmecken. Sie kennt ihren Mann, sie weiß, was er mag. Jakob soll seinem Vater dieses Wildbret bringen, sie sollen gemeinsam essen und danach wird Isaak Jakob segnen (V. 9-10).

Rebekka weiß, dass Gott Wunder tun kann: Ihre Schwieger-

---

36 James Montgomery Boice, Genesis Volume 2, Baker Books, Grand Rapids Michigan

mutter Sarah ist im hohen Alter von neunzig Jahren schwanger geworden und hat einen Sohn zur Welt gebracht. Sie selbst hat erfahren, dass Gott ihr nach zwanzig Jahren der Unfruchtbarkeit Zwillinge geschenkt hat. Im Gegensatz zu ihrer Schwiegermutter hat sie in diesen zwanzig Jahren auf Gottes Handeln gewartet. Sie müsste doch wissen, dass Gott über Bitten und Verstehen tun kann! Hier gilt das Wort *»Ich glaube, Herr, hilf mir, loszukommen von meinem Unglauben ...!«*[37]

JAKOB TÄUSCHT SEINEN VATER

Jakob, der zu dieser Zeit schon über 70 Jahre alt sein muss, hat in erster Instanz nichts gegen die Idee seiner Mutter. Wenn er eine gewisse Unsicherheit an den Tag legt, dann nur, weil er Angst hat, dass dieses Unternehmen zu risikoreich ist. Sein Vater braucht ihn nur zu berühren, schon weiß er, dass nicht Esau vor ihm steht. *»Dann werde ich in seinen Augen als Betrüger dastehen«*, sagt er seiner Mutter (V. 12). Dass er tatsächlich ein Betrüger ist, scheint nicht das Problem zu sein. Ihm geht es nur darum, dass er nicht entdeckt und verflucht wird. Seiner Mutter ist diese Sache so wichtig, dass sie selbst das Risiko eines Fluches auf sich nimmt (V. 13). Das beruhigt Jakob und er tut, was seine Mutter sagt. Sie selbst macht sich in der Küche zu schaffen. Sie weiß, wie man aus zwei Ziegenböcklein aus der Herde Isaaks ein Gericht zubereitet, das nach Wild riecht und schmeckt. Sie zieht Jakob die Kleider seines Bruders an, dann bedeckt sie seine Hände und seinen Hals mit den Fellen der Ziegenböcklein. In dieser Verkleidung geht er zu seinem Vater.

Es ist auffallend, wie leicht es Jakob augenscheinlich fällt, seinen gebrechlichen Vater zu betrügen. Wie ein erfahrener Schauspieler stellt er sich ihm vor als *»Esau, dein Erstgeborener«* (V. 19). Hier haben wir die erste Lüge Jakobs. Als Isaak seinen Sohn fragt, wie es sein kann, dass er in so kurzer Zeit mit einer feinen Beute zurückkehrt, antwortet er, ohne eine Miene zu verziehen: *»Der*

---

37 Markus 9,24

Herr, dein Gott, ließ es mir begegnen!« (V. 20). Hier haben wir die zweite und die dritte Lüge: Jakob soll jagen gewesen sein und Gott hat ihm ein feines Wild (»mein Wildbret«) über den Weg geschickt. Wie schockierend und durchtrieben, dass Jakob Gott in sein Spiel mit einbezieht! Er sagt nicht: »Ich hatte Glück, denn kaum war ich auf dem Feld, da kam ein Hirsch oder eine Gazelle vorbei!« Er weiß seine Lüge fromm einzukleiden: »Der Herr, dein Gott, hat …«

Jakob hat nun schon zwei Mal die Gelegenheit gehabt, sein Schauspiel abzubrechen und seinem Vater die Wahrheit über seine Identität und seinen vermeintlichen Jagderfolg zu sagen. Stattdessen macht er weiter. Dass sein Vater nicht ganz überzeugt ist, muss ihn aber nervös gemacht haben. Es ist Jakobs Stimme, die Isaak verunsichert, und darum bittet er ihn darum, ihm näher zu kommen, damit er ihn betasten kann. Aber auch danach ist Isaak immer noch nicht beruhigt (»*Die Stimme ist Jakobs Stimme, aber die Hände sind Esaus Hände!*«), dennoch segnet er Jakob (V. 22-23). Er hat sich von seinem Gefühl überzeugen lassen und verlässt sich ganz auf seinen Geruchs- und Tastsinn.

Dieser Segen ist ein erster Segen oder ein Begrüßungssegen gewesen. Der eigentliche Segen sollte nach dem Essen ausgesprochen werden. Auffallend ist, dass Isaak in diesem Moment, d. h. nach dem ersten Segen, noch immer nicht wirklich sicher ist, dass der richtige Mann vor ihm steht. Denn direkt danach fragt er noch einmal nach: »*Bist du wirklich mein Sohn Esau?*« Darauf antwortet Jakob: »*Ja, ich bin's!*« (V. 24).

Jakob ist ganz in seine Lügen verstrickt. Wie ihm zumute ist, als er seinem Vater das »Wildbret« und den Wein bringt, wird uns nicht gesagt. Innerlich ruhig kann er dabei nicht sein, denn seinen gebrechlichen Vater so herzlos zu betrügen, lässt ihn sicherlich nicht kalt. Außerdem besteht die Gefahr, dass Esau jeden Moment auftaucht.

In Vers 26 bittet Isaak Jakob, zu ihm zu kommen und ihn zu küssen. Es kann sein, dass Isaak das als letzte Chance gesehen hat, um sicher zu sein, dass Esau und nicht Jakob vor ihm steht. Jakob bekommt hiermit eine letzte Möglichkeit, seine Lügen zu durchbrechen und seinem Vater die Wahrheit zu sagen. Aber das tut er nicht. Stattdessen geht er auf seinen Vater zu und küsst ihn. Es ist dieser Kuss, der ausschlaggebend und entscheidend ist, denn in dem Moment, in dem Jakob seinem Vater körperlich sehr nah ist, riecht Isaak Esaus Kleidung, die Jakob angezogen hat. Es klebt der Geruch des Feldes daran und der alte Mann ist beruhigt und bereit, den Sohn zu segnen. Der Verrat ist besiegelt. Durch einen Kuss …

BETROGEN UND ERSCHÜTTERT

In Gedanken sehen wir, wie Jakob sich vor seinem Vater hinkniet und den Segen für den ältesten Sohn empfängt. Es ist ein Fruchtbarkeits- und Herrschaftssegen, der die Zukunft Jakobs bestimmen soll. »*Tau des Himmels*« vermittelt, dass Gott die Erde mit Tau versorgen wird, wenn der Regen ausbleibt. Eine »*fette Erde*« bringt eine reiche Ernte von Korn und Wein. Völker sollen Jakob dienen, Nationen sollen sich vor ihm verneigen, und wer ihm flucht, ist verflucht, wer ihn segnet, ist gesegnet (V. 28-29).[38]

Jakob ist kaum gegangen, als Esau mit seinem Wildbret ins Zelt kommt. Sein Kommen und seine Worte »*Ich bin dein erstgeborener Sohn Esau*« (V. 32) sind ein unermesslicher Schock für Isaak. Die Worte im Urtext, die mit »*Da entsetzte sich Isaak über die Maßen*« übersetzt werden, vermitteln einen tiefen Gottesschrecken. Isaak ist mehr als »nur« schockiert, in diesem Moment steht er zitternd vor Gott. Ist ihm bewusst, dass er sich all die Jahre, in denen Esau für ihn an erster Stelle kam, Gottes Willen widersetzt hat? Sieht er sich hier vielleicht nicht nur von Jakob, sondern auch von Gott überführt?

Die meisten Bibelausleger gehen davon aus, dass Isaak von Gottes Botschaft an Rebekka gewusst haben muss. Wenn das so ist, dann hat Isaak seinen ältesten Sohn gegen die göttliche Offenbarung bevorzugt. Es war ein fleischlicher Vorzug: Isaak liebte seinen männlichen ältesten Sohn, er liebte sein Wildbret. Und obwohl er

---

38 Vgl. 1. Mose 12,3

darunter litt, dass Esau zwei heidnische Frauen geheiratet hatte, und obwohl er in seinem Herzen vielleicht daran zweifelte, ob Esau die richtige Person war, um der Träger der Gottesverheißungen an Abraham zu sein, wollte er Esau den Vorzug geben. Nun aber ist das geschehen, was er hatte verhindern wollen: Jakob hat den Segen des Erstgeborenen empfangen.

Salomo sagt im Buch der Sprüche: »*Ein Mensch macht vielerlei Pläne in seinem Herzen, aber der Ratschluss des Herrn hat Bestand*« (Sprüche 19,21). Isaak war fest entschlossen, Esau den Segen für den Erstgeborenen zu geben, aber durch das Eingreifen Rebekkas kommt es anders. Wir sehen hier, dass Gott seinen Ratschluss vollzieht und dass das sündige Handeln von Menschen dabei mitwirken kann, dass Gottes Pläne in Erfüllung gehen. Das macht aber aus krummen Wegen keine geraden! Sünde bleibt Sünde und sie wird Folgen haben.

Isaak kann den Segen, den er über Jakob ausgesprochen hat, nicht zurücknehmen. Seine Worte an Esau »... *ich habe ihn gesegnet; er wird auch gesegnet bleiben*« (V. 33) unterstreichen das. Der Segen wird ausgesprochen und kann nicht widerrufen werden. Rebekka und Jakob haben sich durch Betrug genommen, was Gott Jakob schenken wollte. Sie werden bald erfahren, dass der Preis für ihr eigensinniges Handeln hoch ist und dass das Geschehene Kreise ziehen und die Familie zerrütten wird. Unheilige Mittel schaffen im Leben unheilige Zustände.

Vater und Sohn stehen da wie zerschlagen. Esau schreit laut und entsetzt auf, weil er sein Leben lang davon ausgegangen ist, dass ihm als Erstgeborenem die Position und das Erbe seines Vaters zustehen. Nun steht er auf einmal mit leeren Händen da. Als er seinen Vater darum bittet, ihn doch auch zu segnen, und Isaak ihm antwortet, dass Jakob ihm den Segen weggenommen hat, reagiert Esau bitter: Sein Bruder heißt mit Recht Jakob, weil der ihn nun zweimal überlistet hat.[39] Dann fragt er seinen Vater, ob der keinen Segen für ihn zurückbehalten hat. Als Isaak ihm antwortet, dass er

---

39 Siehe Seite 23 über die Bedeutung von Jakobs Namen.

Jakob über ihn gesetzt und mit Korn und Wein versorgt hat und dass er nicht weiß, was er noch für Esau tun kann, fleht Esau ihn an, er möge ihn doch noch segnen. Darauf bricht er in Tränen aus.

GOTTES GNADE VERSÄUMT

In Vers 39 gibt Isaak seinem Sohn Esau einen »Nachsegen«. Verheißungsvoll ist dieser allerdings nicht. Für Esau wird es weder einen fetten Erdboden noch Tau des Himmels geben. Anstatt zu herrschen, wird er von seinem Schwert leben und seinem Bruder dienen müssen. Tatsächlich finden wir Esau in späteren Jahren in der Steppe, wo er sich mit seinem Schwert durchkämpfen muss. Das Gebiet südlich des Toten Meeres, in dem er in Zukunft leben wird, ist zum Großteil äußerst unfruchtbar, da es nachts keinen Tau gibt. Esau und seine Nachkommen (die Edomiter) werden ihr Leben als Krieger verbringen: Sie werden von Überfällen auf Karawanen und von Raubzügen ins Gebiet ihrer Nachbarn leben. Die Edomiter werden ein mächtiger Stamm, mit dem Gottes Volk mehrmals zu tun haben wird.[40]

Wir begegnen Esau in Hebräer 12,15-17, wo er als schlechtes Vorbild dient: »*Achtet darauf, dass nicht jemand die Gnade Gottes versäumt, dass nicht etwa eine bittere Wurzel aufwächst und Unheil anrichtet und viele durch diese befleckt werden, dass nicht jemand ein Unzüchtiger oder ein gottloser Mensch sei wie Esau, der um einer Speise willen sein Erstgeburtsrecht verkaufte. Denn ihr wisst, dass er nachher verworfen wurde, als er den Segen erben wollte, denn obgleich er ihn unter Tränen suchte, fand er keinen Raum zur Buße.*« Es ist hier die Rede vom Versäumen der Gnade Gottes, von einer bitteren Wurzel, von Unheil und von einem gottlosen Menschen. Esau hat zuerst das Erstgeburtsrecht verachtet. Er hat nach seinem eigenen Gutdünken gelebt und sich wenig um das Zeltlager seines Vaters gekümmert. Als ihm Isaaks Segen entging, sehen wir, wie er seinen Vater unter Tränen anflehte, alles doch irgendwie gutzumachen. Seine Tränen waren eher Tränen der Frustration über den Verlust des

---

40 Siehe Infokasten »Die Edomiter« auf S. 34/35.

väterlichen Segens als Tränen der Reue oder Buße. Er wollte von seinem Vater den Segen für den Erstgeborenen bekommen, aber den eigentlich Segnenden, Gott, hat er nicht gesucht. Dass Esau vorher schon bewusst zwei heidnische Frauen geheiratet hat, zeigt uns sein Inneres. Als er mitbekommt, dass Jakob nach Haran abgereist ist, mit dem Auftrag, keine kanaanäische Frau zu heiraten, nimmt er sich eine Tochter Ismaels als dritte Frau (V. 9). Ob er damit gehofft hat, seinen Fehler wiedergutzumachen, den er beging, als er zwei Ehen mit kanaanäischen Frauen einging? Hat Esau gemeint, durch diese Heirat mit einer Frau aus der Nachkommenschaft Abrahams dann doch noch Anspruch auf all das erheben zu können, was seinem Bruder zugesagt wurde? Das wäre falsch gedacht. Esaus neue Ehe ändert nichts daran, dass er keine Stellung in der Heilsgeschichte hat. Die Verheißungen Gottes gelten für Jakob. Die ganze Erde soll durch seine Nachgekommen gesegnet werden.

Beerscheba

Beerscheba war sowohl der Name eines Ortes als auch der Name einer Region im äußersten Süden Kanaans, d. h. im Grenzgebiet des Gelobten Landes. In 1. Mose 21,14 ist die Rede von der Wüste von Beerscheba. Der Ort, der etwa 40 Kilometer südwestlich von Hebron lag, verdankt seinen Namen seinem Brunnen (Beerscheba bedeutet Siebenbrunnen). Seine Bedeutung verdankt er seiner Position an der Handelsroute nach Ägypten.

In der Geschichte des jüdischen Volkes hat Beerscheba mehrere patriarchale Assoziationen. Abraham hat hier einen Brunnen anlegen lassen und er hat hier gelebt (vgl. 1. Mose 21,24; 1. Mose 22,19). Isaak hat einen Altar in Beerscheba gebaut und sich hier mit seiner Familie niedergelassen (1. Mose 26,23-25; 1. Mose 28,10.26). Als Greis wird Jakob eine besondere Gotteserfahrung in Beerscheba haben, als er kurz davor steht, das Gelobte Land zu verlassen und nach Ägypten zu ziehen, wo sein Sohn Joseph als Unterkönig herrscht (1. Mose 46,1-5). In der Nacht, bevor er wegzieht, redet Gott zu ihm in einem Nachtgesicht.

FRAGEN ZU KAPITEL 3

1. Lesen Sie Jakobus 3,13-18. Dieser Text wirkt wie ein Kommentar zu dieser Szene im Haus Isaaks. Worauf hat sich Rebekka verlassen, worauf Isaak?

2. Eltern haben einen starken Einfluss auf ihre Kinder. So folgte König Ahasja mit seinem schockierenden Götzendienst dem schlechten Vorbild seiner Eltern (1. Könige 22,52-54). In 1. Mose 27,8 rät Rebekka ihrem Sohn Jakob, seinen Vater zu betrügen. Worauf basierte ihr Rat an ihren Sohn? Wie sieht das bei Ihnen aus, wenn Sie Ihre Kinder oder auch andere beraten?

3. In Psalm 27 ruft David dazu auf, auf Gott zu warten. Er sagt in Vers 14 »*Harre auf den Herrn! Sei stark und dein Herz fasse Mut und harre auf den Herrn!*« Harren ist ein besonderes Wort für Warten. Es drückt sowohl eine Spannung aus als auch ein geduldiges und beharrliches Erwarten des Herrn. Wie würden Sie diese Spannung beschreiben? Was ist dafür nötig zu verhindern, dass sie uns zu einem voreiligen oder unweisen Handeln *zwingt*? Und wie kann man erkennen, wann das eine (Warten) und wann das andere (Handeln) dran ist?

4. In Klagelieder 3,25-26 lesen wir: »*Der Herr ist gütig gegen die, welche auf ihn hoffen, gegen die Seele, die nach ihm sucht. Gut ist's, schweigend zu warten auf die Rettung des Herrn.*« Schauen Sie sich die einzelnen Verben in diesem Text an, die uns zeigen, was Gott von seinen Kindern erwartet.

5. Wie sieht es mit Ihrem Gottvertrauen aus? Können Sie das anhand von praktischen Beispielen aus Ihrem Leben deutlich machen?

6. Man sagt, dass Lügen leichter wird, wenn man erst einmal die erste Lüge gut überstanden hat. Man bringt seine Gewissensbisse zum Schweigen, indem man sich sagt: »Siehst du, das war doch alles nicht so schlimm, da bin ich umsonst besorgt gewesen. Es ist doch alles glattgelaufen ...« Oder man sagt: »Das war eine Notlüge, ich habe damit keinem Menschen etwas Böses getan.« Beim nächsten Mal macht man sich schon weniger Gedanken. Was kann man tun, damit das Lügen (oder auch andere schlechte Gewohnheiten) nicht zur Gewohnheit wird?

KAPITEL 4

JAKOB ENTFLIEHT SEINEM ELTERNHAUS

1. Mose 27,41-28,9

»Mache dich auf und flieh ...«

1. Mose 27,43

»Gedenke, o Herr, an deine Barmherzigkeit und an deine Gnade, die von Ewigkeit her sind! (...) Um deines Namens willen, o Herr, vergib mir meine Schuld; denn sie ist groß! (...) Wende dich zu mir und sei mir gnädig, denn ich bin einsam und elend!«

David in Psalm 25,6.11.16

Bitte lesen Sie zuerst den Bibeltext:

1. Mose 27,41-28,9

Was Gott vorhatte (und was er zu Rebekka gesagt hatte), ist geschehen: Jakob hat den Vorrang über seinen Zwilling Esau bekommen und von seinem Vater Isaak den Segen für den Erstgeborenen empfangen. Es war aber nicht Gottes Wirken, sondern Menschenwerk; Gottes Pläne wurden durch List und Betrug verwirklicht. Gott hat das geschehen lassen, er hat es aber nicht für gut erachtet. Die Familie steht nun vor den Trümmern ihres eigensinnigen Handelns.

Rebekka, die sich während ihrer Schwangerschaft an Gott wandte, sucht in diesen Stunden nicht die Nähe Gottes. Ihr Mann wird belogen und betrogen, weil ihr das Warten auf Gottes Handeln zu lange dauert und sie meint, selbst eingreifen zu müssen. Wir sehen bei ihr keine Reue oder Anzeichen von Buße, auch dann nicht, als ihr deutlich wird, welche Folgen der Betrug Jakobs hat. Rebekka hat immer noch die Fäden in der Hand. Als sie erfährt, dass Esau vorhat, sich zu rächen und Jakob zu töten, überlegt sie sich in aller Eile einen Fluchtplan für ihren Liebling. Jakob soll sich aus dem Staub machen und sich vorläufig nicht blicken lassen. In den Versen 42-44 informiert sie Jakob über die Mordpläne Esaus und schlägt ihm vor, nach Haran in Mesopotamien zu flüchten. Dort lebt ihr Bruder Laban und bei ihm soll Jakob sich vorübergehend aufhalten. Wiederum hören wir Rebekka sagen: *»Und nun gehorche meiner Stimme, mein Sohn«* (V. 43). Dieser Rat an ihren Lieblingssohn muss ihr das Herz gebrochen haben, denn er bedeutet, dass sie sich von Jakob trennen muss. Der ist in dieser Situation das Bauernopfer: Er wird von seiner Mutter manipuliert und gesteuert. Unschuldig ist er aber nicht, denn er widersetzt sich ihr nicht.

Rebekka und Isaak

Wir sehen bei Rebekka nach wie vor Tatkraft, aber auch Trauer und Verzweiflung. Hier ist eine Frau, die meinte, sie hätte die Situation fest im Griff. Nun aber ist ihr alles entglitten. Einer ihrer Söhne hat vor, seinen Bruder zu töten. Der andere, der damit sozusagen Freiwild geworden ist, soll vor ihm flüchten. Ihre Worte *»Warum sollte ich an einem Tag euch beide verlieren?«* sprechen Bände (Vers 45).

In Vers 46 wendet Rebekka sich an Isaak. Sie muss ihn für ihren Plan, Jakob nach Haran gehen zu lassen, gewinnen. Und das stellt sie geschickt an. Sie weiß genau: Isaak leidet darunter, dass Esau zwei heidnische Frauen geheiratet hat. Nun sagt sie ihm, dass es für sie das Ende bedeuten würde, wenn auch Jakob eine Kanaaniterin heiraten würde. Ihr ist bewusst, dass sie mit diesem Thema eine empfindliche Saite bei ihrem Mann anschlägt. Rebekka sagt nichts Weiteres, aber eines ist klar: Sie will darauf hinaus, dass Isaak sich an die Brautsuche für ihn selbst erinnert und dann entscheidet, dass Jakob sich eine Frau aus der Verwandtschaft seiner Mutter in Haran suchen soll.

Anstatt mit offenen Karten zu spielen, lenkt Rebekka ihren Mann ganz subtil in die Richtung, die sie für richtig hält. Zu einem offenen Gespräch zwischen den beiden Eheleuten kommt es nicht. Ob Isaak ahnt, dass Rebekka in dem verheerenden Geschehen einen Anteil hat? Ob die Vorliebe der beiden für einen ihrer Söhne im Laufe der Jahre zu einer Entfremdung zwischen ihnen geführt hat? Aus Rebekkas Worten *»Wenn auch Jakob eine Kanaaniterin heiraten wird, was soll mir denn das Leben?«* (V. 46) klingen Angst und Verzweiflung. Wiederum wird die Wahrheit verhüllt, denn der eigentliche Grund dafür, warum Jakob gehen soll, wird nicht ausgesprochen. Von Vertrautheit zwischen den Eheleuten keine Spur. Das sorgt für einen bitteren Beigeschmack am Ende dieses Kapitels.

Isaak und Jakob

Wir haben schon in 1. Mose 27,33 gelesen, dass Isaak nach der Segnung Jakobs über die Maßen entsetzt war. Er erlebte einen »Gottesschrecken«. Hat er erkannt, dass sein Plan, Esau den Segen des Erstgeborenen zu geben, nicht in Einklang mit Gottes Absichten war? Es deutet einiges darauf hin. Isaak war seinem Herzen gefolgt, aber er musste erleben, dass seine Pläne vereitelt wurden. Die heftigen emotionalen Ausbrüche seines Lieblingssohns Esau müssen ihn erschüttert haben. Und nun soll er Jakob wegschicken. In 1. Mose 28 ruft er ihn zu sich. Er segnet ihn und gibt ihm Anweisungen für seine nächsten Schritte, die Flucht nach Haran. Merkwürdig ist, dass mit keinem Wort erwähnt wird, welches Drama sich abgespielt hat. Es geht in diesem Gespräch eigentlich nur darum, dass Jakob auf keinen Fall eine Kanaaniterin heiraten soll. Würde das geschehen, dann hätte das ja das Ende des Hauses Isaak bedeutet.

Isaak mag betagt und schwach sein, sein Auftritt hier aber ist entschieden und seine Botschaft klar. Esau ist ihm durch seine Heirat mit zwei heidnischen Frauen entglitten, nun zeigt er sich besorgt um das geistliche Wohl und die Zukunft seines zweiten Sohnes. Der soll Gottes Weg gehen und sich in Mesopotamien eine Frau im Haus Bethuels suchen, seinem Großvater mütterlicherseits. An seinem Segen für Jakob in Vers 3 sehen wir: Isaak geht davon aus, dass Jakob in Zukunft mit seinen Nachkommen wieder in Kanaan leben wird. Er soll das Land in Besitz nehmen und dort als Fremdling leben.

Im Schmerz des Vaters klingt Hoffnung durch. Isaak schaut weg von dem, was war, und richtet seinen Blick auf Gott, der treu ist und tun wird, was er verheißen hat. Dieser Fokus bringt neue Hoffnung. Der alte Mann richtet sich auf und segnet seinen jüngsten Sohn. Auffallend und vielsagend ist, dass Isaak hier den Gottesnamen El Shaddai verwendet, der »Ich bin genug« bedeutet. Es ist der Name, mit dem sich der Herr in 1. Mose 17,1 seinem Vater Abraham offenbart hat, als der 99 Jahre alt war. Er hatte zu Abraham gesagt: »*Siehe, ich bin der, welcher im Bund mit dir steht; und du sollst ein Vater vieler Völker werden.*«[41] Auch hatte er Abraham das Land Kanaan zum ewigen Besitz versprochen.

An diesem Tag, an dem Jakob sein Elternhaus verlässt, um sich eine Frau zu suchen und durch sie Nachkommen zu bekommen, wünscht Isaak ihm, dass El Shaddai seine alte Verheißung an Abraham durch Jakob erfüllen wird. An den Worten Isaaks sehen wir, dass er erkennt und sich damit versöhnt hat, dass der Abrahamsbund durch seinen jüngsten Sohn verwirklicht werden wird: Jakob ist der Erbe des Abrahamssegens. Es konnte nicht Abrahams Sohn Ismael sein, es sollte Isaak sein. Es kann jetzt nicht Esau sein, sondern es soll Jakob sein. Gott schreibt seine Geschichte, nicht wir. Es wird alles so geschehen, wie er es gesagt hat. Wieder bewahrheitet sich die Aussage aus Sprüche 19,21: »*Ein Mensch macht vielerlei Pläne in seinem Herzen, aber der Ratschluss des Herrn hat Bestand.*«

ABSCHIED VOM ZUHAUSE

In Vers 5 entlässt Isaak Jakob und der macht sich auf den Weg nach Haran. Es wird ein schwerer Abschied gewesen sein. Jakob ist nicht auf Abenteuer aus, das wissen wir schon. Er ist ein sittsamer Mann, dem das geordnete Leben im Zeltlager seiner Familie ganz lieb ist. Nun hat er dieses Leben verspielt und ist gezwungen, sich allein auf den Weg in ein unbekanntes Land zu machen. Vor ihm liegt keine kurze Reise, denn bis Haran (oder Paddam-Aran) in Mesopotamien hat er gut 800 Kilometer zurückzulegen.

Jakob hat weder Mittel noch Besitz, denn der Erbfall ist ja noch nicht eingetreten. Ab jetzt ist er mutterseelenallein. Nach menschlichem Ermessen! Denn Jakob geht nicht mit leeren Händen: Er trägt Gottes Segen mit sich. Auch ist er nicht sich selbst überlassen, denn Gott geht mit ihm. In den nächsten Jahren wird Jakob es üben und lernen, ganz auf ihn zu vertrauen, anstatt eigenmächtig voranzugehen und sein Leben und die Zukunft selbst in die Hand zu nehmen.

---

41 1. Mose 17,4

DIE FOLGEN VON JAKOBS BETRUG FÜR DIE GANZE FAMILIE

Gottes Ratschluss steht fest. In dieser Geschichte kommt alles so, wie er es vorhatte. Trotz der krummen Wege, die eingeschlagen wurden. Der Preis, den alle Betroffenen für das eigenmächtige Handeln Rebekkas und Jakobs zahlen müssen, ist allerdings sehr hoch. Wir werfen noch einmal einen Blick auf die Folgen:

Zwischen den Zwillingsbrüdern entsteht ein scharfer Riss

In Vers 41 lesen wir »*Und Esau wurde dem Jakob feind.*« Die Formulierung, er »befeindete« (hebräisch: *satam*) Jakob, heißt so viel wie »Esau wurde für Jakob zum Satan«.[42] Tatsächlich hat Esau seinem Bruder gegenüber die Rolle des Widersachers eingenommen. Er ist fest entschlossen, seinen Bruder nach dem Tod des Vaters und der darauf folgenden siebentägigen Trauerzeit zu töten, wodurch er das Erstgeburtsrecht wiederbekommen würde. Wir begegnen in Esau einem Mann voller Hass und Rachsucht.

Jakobs heile Welt bricht zusammen

Jakobs bisheriges sicheres und überschaubares Leben wird abrupt unterbrochen, denn im Zeltlager seiner Eltern ist er nicht mehr sicher. Die Diener Isaaks haben sicherlich Wind von dem Geschehen bekommen, womit Jakobs Ehre angetastet ist. Schlimmer ist, dass Esau außer sich ist und Jakob töten will. Jakob darf keine Zeit verlieren, sondern er soll alles liegen lassen und flüchten, um der Rache seines Zwillingbruders zu entkommen. Wann er nach Beerscheba zurückkehren kann, ist unsicher und bleibt abzuwarten. Seine Mutter ist darin wohl zu optimistisch. Sie will Jakob aus Haran holen lassen, wenn Esau »*vergessen hat, was du ihm getan hast.*« (V. 45).

---

42 Wir finden diesen Ausdruck auch in 1. Mose 50,15, wo Josephs Brüder befürchten, dass Joseph »feindselig gegen sie auftreten« könnte.

In Haran erlebt Jakob beim Bruder seiner Mutter schwere Jahre
Nachdem Jakob eine Unterkunft und Arbeit bei seinem Onkel in
Haran gefunden hat, bricht eine schwere Zeit für ihn an. Jakob
wird öfter von Laban belogen und betrogen, während in seiner ei-
genen immer größer werdenden Familie (zwei Ehefrauen und zwei
Nebenfrauen) Unfrieden und Eifersucht herrschen (ab 1. Mose 29).

Rebekka
Sie wird ihren geliebten Sohn Jakob nie mehr wiedersehen, denn
aus der vermeintlichen Übergangszeit, in der Jakob verschwinden
und sich verbergen soll, werden gute zwanzig Jahre. Als Jakob nach
Beerscheba zurückkehrt, lebt sie nicht mehr.

Isaak
Nach dem Betrug und dem Abschied von Jakob lebt Isaak noch
dreiundvierzig Jahre. Wie Rebekka, muss auch er unter der Zerrissenheit in der Familie und dem Verlust der beiden Söhne gelitten
haben. Wie es in den Jahren nach Jakobs Flucht zwischen den beiden Eheleuten gewesen ist (und ob das Geschehen verschwiegen
oder doch ausgesprochen wurde), wird uns nicht gesagt. Im Gegensatz zu seiner Frau ist Isaak seinem Sohn Jakob wieder begegnet, als der mit seiner Großfamilie ins Gelobte Land zurückkehrte.
Er hat die Freude gehabt, seine Enkel kennenzulernen, und sie
noch einige Jahre erlebt.[43]

---

43 Isaak starb 13 Jahre nach Jakobs Rückkehr 180-jährig.

Wie lebte man in der Zeit der Erzväter?

Die Erzväter Abraham, Isaak und Jakob waren Halbnomaden, die in Zelten wohnten und oft ihren Standort wechselten. Es gab mehrere Zelte für die Familie und ihre Hirten, Knechte, Sklavinnen und Sklaven. Die Frauen und Nebenfrauen hatten ihre eigenen Zelte (u. a. 1. Mose 24,67). Die Zeltlager waren sehr umfangreich. Als z. B. Lot und seine Familie nach dem Einfall einiger Könige, die sich zusammengeschlossen hatten, befreit werden mussten, gelang es Abraham, aus seinem eigenen »Haus« (bzw. Zeltlager) 318 wehrbare Männer zu sammeln (1. Mose 14,14)!

Die Erzväter werden uns als Hirten vorgestellt, die Kleinvieh und Rinder züchteten. Gelegentlich beschäftigten sie sich aber auch mit Ackerbau. So baute Isaak Getreide an, als er für längere Zeit in Gerar lebte (1. Mose 26,12). Mit Stadtbewohnern hatten die Halbnomaden eine ökonomische Beziehung. Wenn die Hirten in ein Gebiet zogen, das einer Stadt gehörte, mussten sie um das Weide- und Wasserrecht handeln. Aus der Geschichte Isaaks wissen wir von einem Streit mit den Einwohnern der Stadt Gerar, die das Recht auf Wasser forderten. Sie hatten die Brunnen, die Abraham hatte graben lassen, verstopft, und als Isaak diese wieder freilegen ließ und dabei weitere Brunnen fand, forderten die Hirten Gerars das Recht auf das Wasser (1. Mose 26,15.18-23). Mit den Stadtbewohnern (wie auch mit Handelskarawanen) wurde auch Handel getrieben, wobei Tierpelze, Wolle und Fleisch gegen andere Produkte getauscht wurden. Es kam vor, dass die Erzväter Land kauften und eine Vereinbarung oder einen Bund mit dem Stadtfürsten schlossen. So kaufte Abraham einen Acker in der Nähe von Mamre und bestimmte diesen als Grabstätte für seine Frau, sich selbst und seine Nachkommen (1. Mose 23,12-17.23). Jakob kaufte bei der Stadt Sichem ein Grundstück (1. Mose 33,18-19).

Laban gehörte zu den Nachkommen der Verwandten von Abraham, die mit Abraham aus Ur weggezogen, dann aber in Haran zurückgeblieben waren (1. Mose 11,31-32). Er war ein Enkel Nahors, des Bruders von Abraham, und lebte in Haran oder in direkter Nähe zu der Stadt, die auch Paddam-Aram genannt wird (siehe z. B. Mose 24,10; 28,2.10; 29,4). Haran kann man sich als ein kleines Bauerndorf vorstellen, die Menschen lebten in Häusern. Manche solcher Dörfer waren an eine Stadt angeschlossen und um diese »Mutterstadt« herum gruppiert. Dafür, dass sie die Grundstücke (Weiden für ihre Tiere und Felder für den Anbau von Getreide) bewirtschaften durften, mussten sie der Stadt einen Ertrag der Ernte abliefern.

Fragen zu Kapitel 4

1. *»Die Sünde lauert vor der Tür und ihr Verlangen ist auf dich gerichtet ...«*, heißt es in 1. Mose 4,7. Und dann: *»... du aber sollst über sie herrschen.«* Gottes Widersacher liegt auf der Lauer und wartet auf einen Moment der Schwäche, in dem er uns zur Sünde verführen kann. Fassen Sie zusammen, wie das Böse in der Familie Isaaks angefangen hat und wie es weiterging. Was soll und kann man tun, um sich nicht von der Sünde mitreißen zu lassen, sondern über sie zu herrschen?

2. Es kommt vor, dass Gott trotz oder sogar durch das sündige Tun von Menschen seine Pläne verwirklicht. Im Haus Isaaks wurden krumme Wege eingeschlagen. Gott hat das zugelassen, aber nicht für gut erachtet. Der Preis für alle Betroffenen war sehr hoch. Was können wir hieraus lernen?

3. Denken Sie auch an die Geschichte Josephs und lesen Sie in 1. Mose 45,8, wie er das, was seine Brüder ihm antaten, in späteren Jahren in Ägypten bewertete.

4. Lesen Sie Psalm 103,8-13 und 1. Johannes 1,8-9. Wenn wir Buße tun und unsere Sünden bekennen, vergibt Gott uns und nimmt unsere Schuld weg. Die Folgen unserer Sünde können aber lange nachwirken. Nach einem Ehebruch wird in einer Ehe beispielsweise nicht alles wieder gut, negatives Reden kann Beziehungen zerstören, ein Autofahrer, der mit seinem Handy beschäftigt war und einen Unfall verursachte, muss damit leben, dass Menschen durch seine Unaufmerksamkeit einen bleibenden körperlichen Schaden davontragen. Wie kann man in solchen Situationen als Verursacher Frieden finden? Geht das überhaupt?

5. Jakob sollte keine Kanaaniterin heiraten, denn Mischehen zwischen Gottes Volk und Menschen aus den heidnischen Völkern hatte Gott verboten. Das war ein Gebot zum Schutz für Glaubende, das nicht nur in alten Zeiten galt. Lesen Sie 2. Korinther 6,14. Wie stehen Sie zu diesem »Schutzgebot«? Welchem Risiko ist eine Ehe zwischen Gläubigen und Nichtgläubigen ausgesetzt?

6. Bei seinem Segen für Jakob verwendet Isaak den Gottesnamen El Shaddai, der »Ich bin genug« bedeutet. Er segnet uns mit seiner Anwesenheit, er bietet uns Schutz und Hilfe an, er schenkt uns, was wir brauchen, er ist uns gnädig. Können Sie von Herzen sagen und bejahen, dass Gott Ihnen »genug« ist? Lesen Sie Psalm 73,25-26.28.

KAPITEL 5
JAKOB IN BETHEL
1. Mose 28,10-22

»Du beobachtest mich, ob ich gehe oder liege, und bist vertraut mit allen meinen Wegen.«

Psalm 139,3

»Wahrlich, der Herr ist an diesem Ort und ich wusste es nicht!«

1. Mose 28,16

»Denn ich will dich nicht verlassen, bis ich vollbracht habe, was ich dir zugesagt habe.«

1. Mose 28,15b

»Gott ist unsere Zuflucht und Stärke, ein Helfer, bewährt in Nöten. (...) Der Herr der Heerscharen ist mit uns, der Gott Jakobs ist unsere sichere Burg!«

Psalm 46,2 und 8

Bitte lesen Sie zuerst den Bibeltext:

1. Mose 28,10-22

Eine persönliche Krise führt oft zu einer tiefen geistlichen Erfahrung. Das erlebt Jakob, nachdem er sein Elternhaus in Beerscheba[44] verlassen hat. Es ist ein entscheidender Moment in seinem Leben, denn er steht an der Schwelle einer neuen Lebensphase. Er hat seine vertraute Umgebung hinter sich gelassen. Seine Mutter ist nicht mehr da, um ihn zu schützen, Jakob muss jetzt auf eigenen Beinen stehen und selbst für seinen Lebensunterhalt und eine Unterkunft sorgen. Er reist allein, ohne Gefolge, ohne Besitz oder sonstige menschliche Stützen oder Sicherheiten. Später, in 1. Mose 32,10, sagt er, dass er in diesen Tagen mit nicht mehr als seinem Stab unterwegs gewesen ist. Es müssen viele Tage gewesen sein, weil er ja bis Haran[45] gut 800 Kilometer zurückzulegen hatte. Von Beerscheba wird er die Handelsroute in nördliche Richtung nehmen, dann wird er abbiegen und ostwärts entlang dem nördlichen Rand der großen Wüste nach Haran gehen. Auffallend ist, dass er denselben Weg nimmt, den sein Großvater Abraham gegangen ist, nur in umgekehrter Richtung. Beide Männer vermeiden mit dieser Route den nicht gangbaren Weg durch die syrische Wüste. Der Grund ihrer Reise ist aber total unterschiedlich. Abraham machte sich auf den Weg, weil Gott ihn dazu aufgefordert hatte, Jakob dagegen ist auf der Flucht vor seinem Bruder. Wie es ihm während seiner langen Wanderung ergehen und wie die Verwandtschaft seiner Mutter reagieren wird, wenn er bei ihnen auftaucht, das weiß er nicht.

---

44 Siehe Infokasten »Beerscheba« auf S. 50

45 Siehe Infokasten »Haran« auf S. 95

GETRENNT VON ALLEM VERTRAUTEN, DENNOCH NICHT SICH SELBST ÜBERLASSEN

Bisher hat Jakob es nur gut gehabt. Sein Vater Isaak war durch das große Erbe seines Vaters Abraham[46] und durch die Jahre, die er in Gerar verbracht hat,[47] sehr vermögend geworden. Das Zeltlager der Familie bei der Oase von Beerscheba war groß, es wimmelte von Menschen und Tieren. Als Sohn Isaaks hatte Jakob dort Ansehen, man respektierte ihn. Das alles ist jetzt vorbei. Er wird sich in den kommenden Jahren damit abfinden müssen, dass er in Abhängigkeit von anderen leben wird. Bei seinem Onkel in Haran wird er erfahren, dass er trotz harter Arbeit nicht weiterkommt und ungerecht behandelt wird.

Jakob ist der erste Flüchtling in der Bibel und er empfängt die besondere Gottesverheißung. *»Und siehe, ich bin mit dir und ich will dich behüten überall, wo du hinziehst, und dich wieder in dieses Land bringen. Denn ich will dich nicht verlassen, bis ich alles tue, was ich dir zugesagt habe«* (V. 15). Dieser einsame Wanderer ist nicht allein losgezogen, denn Gott ist sein Wegbegleiter, Beschützer und Helfer. Wenn in der Bibel die Rede von dem Gott Jakobs ist, ist diese Aussage fast immer verbunden mit Gottes Schutz und Hilfe. So lesen wir in Psalm 46,8: *»Der Herr der Heerscharen ist mit uns, der Gott Jakobs ist unsere sichere Burg!«* In Vers 12 dieses Psalms werden diese Worte wiederholt.

Jakob mag ein Flüchtling sein, er trägt aber Kostbares mit sich: Sein Vater Isaak hat ihm den Segen des El Shaddai – »Gott ist genug« – mitgegeben.[48] Dieser Segen enthält Zusagen und Verheißungen in Bezug auf Jakobs Nachkommenschaft und auf das Land, in dem seine Familie noch als Fremdlinge leben. Was Gott verheißen hat, ist sicher; es wird geschehen. Gott lässt keines seiner Worte hinfällig werden. Das gilt auch für Jakob.

---

46 Siehe 1. Mose 13,2; 1. Mose 24,35

47 1. Mose 26,13-14

48 1. Mose 28,1

Wüstenzeiten

Wenn es uns gut geht, fällt es uns nicht schwer zu glauben, dass Gott mit uns ist. In Wüstenzeiten mit erschöpfenden Durststrecken aber kann uns das Gefühl überfallen, dass wir ganz allein und uns selbst überlassen sind. Alles um uns herum scheint nicht nur Gottes Anwesenheit, sondern sogar auch seiner Existenz zu widersprechen. Die Angst macht sich breit, der Zweifel kommt hoch. Wo ist Gott? Hat auch er uns verlassen? Warum lässt er nicht von sich hören? Warum nimmt die Durststrecke kein Ende, warum greift er nicht ein?

In der Bibel begegnen wir vielen Menschen, die bittere Erfahrungen machten und an ihre Grenzen kamen. Mose war in den Jahren, als er Gottes Volk durch die Wüste führte und immer wieder mit ihren Klagen, Beschwerden und Vorwürfen konfrontiert wurde, öfter total am Ende. David, der von König Saul verfolgt wurde, schreibt in Psalm 56,9: »*Du zählst, wie oft ich fliehen muss; sammle meine Tränen in deinen Schlauch.*« Elia, auf den Königin Isebel Jagd machte, treffen wir ausgepowert und depressiv in der Wüste an.[49]

In Hosea 2,16 stoßen wir auf ein ganz besonderes und ermutigendes Gotteswort, das unser Denken über Durststrecken verändern kann. Der Text enthält eine Botschaft an Gottes Volk, das untreu war. Gott wollte die Menschen neu für sich gewinnen und wendet sich an Israel, das er mit einer Frau vergleicht, die ihrem Ehemann untreu geworden ist: »*Darum siehe, ich will sie locken und in die Wüste führen und ihr zu Herzen reden. Und ich will ihr von dort aus ihre Weinberge wiedergeben und ihr das Tal Achor* (wörtlich: das Tal der Trübsal)[50] *zu einer Tür der Hoffnung machen, dass sie dort singen soll wie in den Tagen ihrer Jugend und wie an dem Tag, als sie aus dem Land Ägypten zog ...*«

Wüsten oder Durststrecken sind nicht unbedingt nur schlecht

---

49 1. Könige 19,4

50 Das Tal Achor war das Tal nahe Jericho, wo Achan und seine Familie hingerichtet wurden, siehe Josua 7,24.

oder negativ, auch wenn wir sie so empfinden. Wie oft müssen wir erst am Ende unserer Kräfte oder voller Angst sein, damit wir Gott aufrecht suchen und er uns (vielleicht endlich!) erreichen kann. Gerade darum lässt Gott manchmal Wüstenzeiten in unserem Leben zu (oder er schenkt sie uns sogar!). Die Durststrecken der drei Männer, die ich gerade erwähnte – Mose, David und Elia – haben Sinn gemacht und ihnen Gutes gebracht. Sie alle sind in eine ganz tiefe Beziehung mit Gott hineingewachsen.

Und nun ist Jakob für lange Zeit allein unterwegs. Gott will diese Zeit zum Guten wenden. Er will zu Jakobs Herz sprechen und ihn zu sich ziehen. Das hat Jakob nötig. Seine Mutter hat ihn verwöhnt und dem Zwillingsbruder vorgezogen. Sie hat ihn zum Betrug angestiftet, damit er das bekam, was er in ihren Augen verdiente. Für Jakob ist es Zeit zu lernen, dass nicht er oder seine Mutter das Sagen hat, sondern Gott. Er muss verstehen, dass Gott allmächtig ist und ohne Menschenhilfe auskommt. Dass nicht er uns braucht, um seine Pläne zu verwirklichen, sondern wir ihn. Diese persönliche Krise wird Jakob zu einer tiefen geistlichen Erfahrung werden.

JAKOBS TRAUM

Jakob muss schon einige Tage unterwegs sein, als er sich in Vers 11 auf die Nacht vorbereitet. Wenn wir in unserer Bibel lesen, dass er an einem Ort ankommt, könnte das überall sein. Im hebräischen Grundtext aber wird nicht von *einem* Ort, sondern von *dem* Ort gesprochen: *»Und er erreichte die Stätte.«* Die Bibelausleger, die daraus ableiten, dass dieser Ort eine besondere Bedeutung hat, nehmen an, dass Jakob an diesem Tag in Bethel (ursprünglich Lus) angekommen sein muss. Dieser Ort liegt ungefähr 80 bis 90 Kilometer nördlich von Beerscheba (wo Jakobs Reise begonnen hatte) und etwa 10 Kilometer nördlich von Jerusalem. Jakob muss in dieser Nacht in dem Ort übernachtet haben, wo sowohl sein Großvater Abraham als auch sein Vater Isaak einen Altar errichtet hatten.[51]

---

51 1. Mose 12,8 (Abraham); 1. Mose 26,24-25 (Isaak)

Ob sich Jakob dessen bewusst ist, wissen wir nicht. Wahrscheinlich sind Kopf und Herz noch damit beschäftigt, was zu Hause geschehen ist, und er ist physisch und emotional am Ende seiner Kraft. Und müde von seinem Tagesmarsch, das auch.

Er kommt gegen Abend in Bethel an und wird nicht weiterreisen, »denn die Sonne war untergegangen« (V. 11). Jakob nimmt einen Stein als Kopfkissen,[52] dann legt er sich hin und schläft unter freiem Himmel ein. Er hat keine Ahnung, dass sich ihm der Herr in dieser Nacht durch einen Traum offenbaren wird. Es ist die erste Traumerfahrung im Leben eines Erzvaters und es wird für ihn nicht die letzte sein. Hier in Bethel kommt eine Wortoffenbarung dazu.

Bis jetzt wissen wir nichts über Jakobs persönlichen Glauben oder seine geistlichen Erfahrungen. Nun aber steht eine persönliche Begegnung mit Gott bevor, die sein Leben einschneidend verändern wird. In dieser Nacht nimmt der Herr die Verbindung mit dem schlafenden Jakob auf. Wir finden in diesem Text drei Mal das Wort »siehe«. »Siehe« ist immer ein Wort, das uns dazu aufruft, gut aufzupassen, weil etwas kommt, das uns nicht entgehen darf. Dieses Mal kommt etwas aus dem Jenseits. In Bethel sieht Jakob im Traum eine Leiter, die mit der Spitze bis in den Himmel reicht. Die Leiter ist zum Greifen nah, der Himmel ist offen und es steigen Engel Gottes »auf und nieder« (V. 12). Auffallend ist, dass das Hinaufsteigen zuerst erwähnt wird. Diese Engel kommen also nicht vom Himmel aus zu Jakob, sondern sie müssen schon bei ihm gewesen sein!

Wir wissen aus Hebräer 12,22, dass es Zehntausende von Engeln gibt. In Hebräer 1,14 werden sie »dienstbare Geister« genannt, die ausgesandt werden, um denen, die das Heil erben, zu dienen.[53] Jakob hat einige, vielleicht viele von ihnen wahrgenommen. Dass diese Engel »auf und nieder stiegen« weist hin auf eine Verbindung

---

52 Der Stein kann auch als Schutz gedient haben. Eventuell wollte Jakob damit verhindern, dass er, während er schlief, von Menschen oder Tieren überrannt wurde.

53 Siehe Infokasten »Engel« auf S. 77

(ein Bibelausleger spricht von einer Luftbrücke) zwischen Himmel und Erde. Der Himmel ist nicht zu: Oben, über der Leiter und über den Engeln, steht Gott. Er sagt zu Jakob: *»Ich bin der Herr, der Gott deines Vaters Abrahams und der Gott Isaaks ...«* (V. 13) und dann spricht er ihm die alte Verheißung zu, die er schon Abraham und Isaak gegeben hat. Gleich darauf folgen zwei wunderbare Zusagen: *»Ich bin mit dir und ich werde dich behüten überall, wo du hinziehst«* und *»Ich will dich wieder in dieses Land bringen.«* Der Herr schließt seine Worte ab mit dem Grund für diese zwei persönlichen Verheißungen an Jakob: Er wird vollbringen, was er Abraham und Isaak verheißen hat (V. 15). Gott ist treu und hält seine Verheißungen und diese Treue schließt auch Jakob mit ein. Er darf mit Gottes Anwesenheit, Fürsorge und Führung rechnen.

Für Jakob ist Bethel der Ort, wo er sich Gott vielleicht zum ersten Mal in seinem Leben persönlich bewusst wird. Bisher sind ihm die Gottesgeschichten und Gottes Reden von seinem Vater und Großvater überliefert worden, nun aber spricht Gott direkt zu ihm. Diese Erfahrung wird entscheidend sein für sein weiteres Leben. Die Verbindung zu seinen Eltern besteht nicht mehr, nun entsteht die viel wichtigere Verbindung mit Gott. Ein Ausleger sagt ganz treffend: »Eben haben sich hinter Jakob die Türen seines irdischen Vaterhauses geschlossen. Jetzt sieht er die Tür des ewigen Vaterhauses über sich offen!«[54] Es ist Gottes Geschenk, damals wie auch heute: Die Initiative kommt von oben.

Seit dem Kommen Jesu ist der Himmel offen für alle, die an ihn glauben. Jesus selbst hat in seinem Gespräch mit Nathanael, der zu seinen ersten Jüngern gehörte, dieses Bild gebraucht, das Jakob empfängt: *»Wahrlich, wahrlich, ich sage euch: Künftig werdet ihr den Himmel offen sehen und die Engel Gottes auf- und niedersteigen auf den Sohn des Menschen!«*[55] Jesus ist die offene Pforte, die Jakob sieht, er ist auch die »Leiter« oder der Weg zum Himmel für alle, die an ihn glauben.

---

54 Walter Lüthi, Jakob. Friedrich Reinhardt Verlag Basel
55 Johannes 1,49-51

EIN GNÄDIGER GOTT, DER TUT, WAS ER VERHEISSEN HAT

Als Gott sich an Jakob als der Herr seines Großvaters Abraham und seines Vaters Isaak offenbart hat, folgt keine Ermahnung über das, was Jakob getan und angerichtet hat. Jakob wird nicht gestraft, er erlebt aber die Konsequenzen seines Handelns, denn er hat alles verloren, was ihm lieb ist. Doch Gott ist da, steht treu zu seinen Verheißungen und macht weiter mit ihm.

Was Jakob aus der Überlieferung bekannt gewesen sein muss, wird ihm nun direkt auch selbst gesagt: »*Was ich deinem Vater Isaak und deinem Großvater Abraham versprochen habe, gilt auch für dich und es wird geschehen: der Besitz des Landes Kanaan, eine große Schar von Nachkommen und der Segen an alle Geschlechter der Erde durch Abrahams Samen.*«[56] Auf diese Verheißung von Land und Nachkommen folgt der Segen an alle Geschlechter der Erde, denn »*in dir und in deinem Samen sollen gesegnet werden alle Geschlechter der Erde*« (V. 14). Hier klingt schon die noch verhüllte Verheißung des kommenden Messias Jesus an, durch den dieser Segen kommen wird.

Gott lässt nicht los, was seine Hand begonnen hat. Auch dann nicht, wenn wir Menschen *eigene Wege* gehen oder Gott sogar *im Weg* stehen. Gott wird vollbringen, was er sich vorgenommen und was er verheißen hat. Der Mann, der seinen Vater betrog und nun als Flüchtling unterwegs ist, sieht einen offenen Himmel über sich und hört eine Botschaft der Gnade. Wird Jakob sich hier in Bethel zum ersten Mal bewusst, dass Gott ihn für sich haben will und Großes mit ihm vorhat? In den kommenden Jahren wird Jakob schwer geprüft werden, aber letztendlich wird ihm diese Zeit zum Besten dienen. Es ist wesentlich, dass er bewusst seinen Weg mit dem Gott geht, der sich ihm hier in der Nacht offenbart.

---

56 Vgl. 1. Mose 12,1-7; 15,1-21; 17,1-21; 22,15-18 (Abraham) und 1. Mose 26,2-5 (Isaak)

Und siehe, ich bin mit dir und ich will dich behüten und leiten

In der Nacht in Bethel gibt es auch ein ganz persönliches Wort Gottes an Jakob, das direkt verbunden ist mit den Umständen, in denen sich dieser Mann gerade vorfindet. Es ist eine Botschaft, die sein Herz trösten und stärken soll. Jahweh verspricht Jakob seine Fürsorge. Er wird mit Jakob sein und ihn auf all seinen Wegen behüten, beschützen und bewahren. Er wird ihn in das Land zurückführen, das er jetzt unfreiwillig verlässt. Und wieder lesen wir dieses »siehe«. Ja, Jakob, pass gut auf, hör gut zu und vergiss es nicht: *»Und siehe, ich bin mit dir und ich will dich behüten überall, wo du hinziehst, und dich wieder in dieses Land bringen. Denn ich will dich nicht verlassen, bis ich vollbracht habe, was ich dir zugesagt habe!«* (V. 15). Wenn man bedenkt, dass die Menschen in jenen Tagen glaubten, die Götter seien ortsgebunden und würden zurückbleiben, wenn man wegzog, dann unterstreicht Gott mit seiner Botschaft an Jakob, dass er ein einzigartiger Gott ist, der sich nicht an Orte bindet, sondern an Menschen und mit ihnen zieht. Die Worte: *»Und siehe, ich bin mit dir …!«* gelten überall. Es gibt keinen Ort, wo Gott uns nicht finden könnte. Unser Herr verliert uns nicht aus dem Auge, er ist vertraut mit unseren Wegen. David unterstreicht diese Wahrheit in Psalm 139: *»Ich sitze oder stehe auf, so weißt du es (…) Du beobachtest mich, ob ich gehe oder liege, du bist vertraut mit allen meinen Wegen (…) Von allen Seiten umgibst du mich und hältst deine Hand über mir«.*[57] Es sind die Worte des Mannes, der sich jahrelang vor König Saul verbergen musste, weil der rücksichtslos auf ihn Jagd machte. In aller Not und Bedrängnis muss es ihn getröstet, gestärkt und ermutigt haben, dass er überall, ja sogar in seinem Versteck, von Gott gesehen war.

Als Jakob aufwacht, ist er noch völlig benommen von dem, was er in seinem Traum erfahren hat. *»Da erwachte Jakob aus seinem Schlaf und sprach: Wirklich, Jahweh ist an dieser Stätte gegenwärtig*

---

57 Psalm 139,1-2.5

und ich wusste es nicht …« (V. 16). Wir verstehen seine Worte »*ich wusste es nicht*«. Oft sind wir von so vielem vereinnahmt, haben so viele Gedanken im Kopf, dass wir nicht direkt an Gott denken und vielleicht auch nicht einmal mit ihm rechnen. Weil vieles andere im Vordergrund steht, sind wir uns dann der Gegenwart Gottes nicht einmal bewusst. Aber er ist da. Und oft ist er dem Menschen gerade da am nächsten, wo er ihn am wenigsten erwartet, und sucht ihn gerade dann, wenn er sich vor ihm an schuldigsten fühlt.

Auf Gottes Zusage an Jakob »*Ich bin mit dir*« folgt das Versprechen »*Ich will dich behüten*« (V. 15). Behüten heißt beschützen und bewahren. Psalm 121, eins der Wallfahrtslieder, das die Menschen aus dem Volk Israel später singen werden, wenn sie zu den Festen in Jerusalem reisen, spricht davon. Sechs Mal kommt der Begriff »Hüter« oder »behüten« in diesem Psalm vor. »*Der dich behütet, schläft nicht*«, sagt der Dichter und er wiederholt das in den darauffolgenden Versen: »*Siehe, der Hüter Israels schläft noch schlummert nicht. Der Herr behütet dich; der Herr ist dein Schatten zu deiner rechten Hand.*« Der Psalm endet mit den Worten: »*Der Herr behüte dich vor allem Übel, er behüte deine Seele; der Herr behüte deinen Ausgang und Eingang von nun an bis in Ewigkeit.*« Das alles wird Jakob in seinem Traum zugesagt. Und noch mehr: »Ich werde dich in dieses Land zurückführen.« Kurz gesagt: Der Herr ist mit Jakob, er wird ihn beschützen und ihn leiten und ihn nach Kanaan zurückbringen.

Jakobs Hingabe und Gelübde

In Bethel hat in der Nacht eine Begegnung auf höchstem Niveau stattgefunden und diese Begegnung hat sich in Jakobs Herz festgesetzt. Gott hat ihn besucht und seine Hand nach ihm ausgestreckt. Als Jakob aufwacht, ist er ergriffen und voller Ehrfurcht. Er ist sich bewusst, dass er auf heiligem Boden steht: »*Hier ist nichts anderes als das Haus Gottes und dies ist die Pforte des Himmels!*« (V. 16). Wir dürfen aus diesen Worten nicht schließen, Jakob würde davon ausgehen, dass Gottes Anwesenheit ausschließlich an diesen Ort gebunden ist oder dass nur hier, in Bethel, die Pforte des Himmels zu finden sei. Jakob beschreibt, was er hier erfahren hat: Gott hat sich an ihm offenbart und sich über ihn erbarmt. Diese Erfahrung ist so überwältigend groß, dass er diesen Ort kennzeichnen will.

Jakob steht früh auf und macht sich gleich an die Arbeit. Er nimmt den Stein, auf dem sein Kopf in der Nacht gelegen hat, und richtet ihn zu einem Gedenkstein auf. Das Wort, das im Grundtext für diesen Stein verwendet wird, ist *Mazzebe* oder *Mazzeba*. Eine Mazzebe ist das Zeichen für ein Grab oder auch ein Stein, der an einen Vertrag erinnerte oder einen Ort markiert, an dem Wichtiges geschehen ist.[58] Eine Mazzebe ist zu unterscheiden von Steinen, die die Kanaaniter (Heiden) als Kultgegenstände errichteten. Diese waren Israel streng verboten.[59] Der Stein, den Jakob aufrichtet, ist ein *Zeichen*, das daran erinnern soll, dass Gott hier erschienen ist. Es ist kein Altar, denn dafür verwendete man mehrere Steine. Der Stein wird sozusagen ausgesondert oder als Zeichen emporgehoben, das ausschließlich an Jahweh erinnert. Die Salbung des Steins ist ein Akt der Weihe. Ölweihe gilt als Aussonderung an Gott.

An diesem Morgen gibt Jakob dem Ort den Namen Beth-El (Haus Gottes).[60] Im selben Vers, in dem wir das erfahren, lesen wir auch, dass die Stadt vorher Lus hieß (V. 19).[61] Jakob gibt sich dem Herrn hin und tut ein Gelübde, das etwas befremdlich wirkt, weil es den Anschein hat, dass Jakob Gott Bedingungen stellt oder mit Gott verhandeln will. Das sollte uns vielleicht nicht einmal überraschen, weil wir Jakob als jemanden kennen, der mit seinem eigenen Zwillingsbruder Esau einen Deal machte (»Du bekommst die Suppe, ich das Erstgeburtsrecht«). Vielleicht steckt dieses Verhandeln noch immer in ihm. In seinem Gelübde scheint es so, als be-

---

58 In 1. Mose 31,45 finden wir einen Stein (und sogar einen Steinhaufen) vor, der an die Abmachung zwischen Jakob und seinem Schwiegervater Laban erinnert. In 1. Mose 35,20 markiert ein Stein das Grab von Rahel.

59 u. a. 3. Mose 26,1

60 Siehe Infokasten »Bethel«

61 Lus war die »Haselnussstadt«, benannt nach den vielen Haselnusssträuchern, von denen die Stadt umgeben war.

trachte Jakob Gott als einen Verhandlungspartner, mit dem er einen Vertrag schließen will – zu seinen eigenen Bedingungen. Er sagt: »*Wenn der Herr mit mir sein und mich behüten wird (…) und mir Brot zu essen geben wird und Kleider (…) und wenn er mich wieder heimbringt, so* (oder dann) *soll der Herr mein Gott sein …*«[62]

Es ist unverkennbar, dass Jakob sehr beeindruckt ist von dem, was er in der Nacht erlebt und gehört hat. Dennoch finden wir in seinem Gelübde keinen Hinweis auf Umkehr oder Buße über die Dinge, die ihn zur Flucht aus seinem Elternhaus zwangen. Es sind Jakob selbst und seine Not, die in seinem Gelübde zentral stehen. Es ist, als habe er es nötig, Gott aufs Herz zu drücken, was er in diesen Tagen braucht (Schutz, Brot, Kleidung …). Wenn wir Jakobs Gelübde genauer anschauen, ist es so, als würde er versuchen, mit Gott zu verhandeln. Damit ist Jakob noch immer der, der die Fäden in der Hand hält und dafür sorgen will, dass die Dinge nach seinen Wünschen laufen. Er schließt sein Gelübde mit dem Versprechen ab, dass Gott den zehnten Teil von dem bekommen soll, was Gott ihm geben wird. Es macht den Eindruck, dass Jakob im Geben des Zehnten ein Entgegenkommen seinerseits an Gott sieht, wenn der seinen Wünschen entsprechend handeln wird. Im ganzen Gelübde scheint Jakob derjenige zu sein, der einen Vertrag mit Gott abschließt. Aber Gott ist kein Verhandlungspartner, er ist der Herr!

Manche Ausleger meinen, man könne an Jakobs Gelübde ablesen, dass seine Hingabe an Gott noch nicht völlig gereift und von daher noch nicht völlig bedingungslos sei. Das käme erst später, nach seinem Ringen mit Gott am Jabbok in 1. Mose 32. Aus diesem Kampf ginge er als neuer Mensch mit einem neuen Namen (Israel) hervor. Das stimmt, doch auch wiederum nicht, denn auch nach der Nacht beim Jabbok fällt Jakob öfter wieder in seine alten Gewohnheiten zurück. Dieser Erzvater ist ein Mensch wie wir. Er liebt Gott und will auf ihn hören, aber er geht oft selbst voran. Er will Gott vertrauen und doch setzt er sein Vertrauen öfter doch auf sich und seine eigene Klugheit.

---

62 1. Mose 28,20-21

Einige wenige Ausleger meinen, dass Jakobs wiederholtes
»wenn« im Text als ein »weil« gelesen werden kann. Diese Interpretation ist nicht unbedingt falsch, aber die Frage, ob sie hier bei
Jakob zutrifft, ist berechtigt. Wenn wir das »wenn« durch »weil«
austauschen, hört sich das Gelübde auf jeden Fall anders an (und
wir finden Jakob sympathischer). Bei »wenn« klingt es so, als wolle
Jakob Gott belohnen oder ihn für seine bewiesene Treue bezahlen.
Bei »weil« hören wir, was Jakob aus Dankbarkeit Gott gegenüber
tun will, weil er treu ist. Es bleibt offen, welche Auslegung die richtige ist. Anstatt lange darüber zu spekulieren, sollten wir lieber unser Herz prüfen und uns fragen, worauf der Fokus in unseren Gebeten liegt: auf uns und unseren Nöten oder auf Gott und seiner
Güte und Gnade. Richten wir beim Beten eher Bitten an Gott oder
steht unsere Dankbarkeit ihm gegenüber im Mittelpunkt?

Engel

Engel kommen häufig in der Bibel vor, sie treten manchmal in
Menschengestalt auf. In 1. Mose 18 z. B. tauchen drei Männer
ganz plötzlich beim Zelt Abrahams in Mamre auf. Zwei von
ihnen werden in 1. Mose 19,1 Engel genannt, der dritte wird
von Abraham mit »Mein Herr« (18,3) angesprochen, in 1. Mose
18,13 wird er »der Herr« genannt. Die beiden Engel besuchen
später auch Lot und übernachten sogar bei ihm in Sodom (1.
Mose 19,1-3). In der Geschichte Jakobs finden wir Engel in seinem »Leitertraum« (1. Mose 28,12) und es begegnet ihm eine
Engelschar (1. Mose 32,2).
Im Neuen Testament kündigen Engel Zacharias, Maria, Joseph
und den Hirten die Geburt Jesu an (Lukas 1 und 2). In Matthäus 4,11 und in Lukas 22,43 wird Jesus von Engeln gestärkt. In
Apostelgeschichte 1,10 verkündigen »zwei Männer in weißer
Kleidung« (Engel in Menschengestalt) nach Jesu Himmelfahrt
seine zukünftige Wiederkunft. Später in der Apostelgeschichte

lesen wir öfter von Engelerscheinungen. In Hebräer 1,14 werden Engel bezeichnet als »*dienstbare Geister, ausgesandt zum Dienst um derer willen, welche das Heil beerben sollen*«. Psalm 91,11 bestätigt das: »*... er wird seinen Engeln deinetwegen Befehl geben, dass sie dich behüten auf allen deinen Wegen*«. In Hebräer 13,2 lesen wir, dass man die Gastfreundschaft nicht vernachlässigen soll, weil man, ohne es zu wissen, Engel beherbergen könnte! Bis heute sind Engel eine (meistens verborgene) Realität.

Wenn nicht von *einem*, sondern von *dem* Engel des Herrn die Rede ist (z. B. in 1. Mose 16,7; 2. Mose 3,2; 2. Mose 14,19; Richter 13,3), haben wir – so nimmt man an – mit einer alttestamentlichen Erscheinung Jesu zu tun bzw. mit Jesus vor seiner Fleischwerdung. Dieser Engel kommt nach Jesu Geburt nicht mehr vor. Wir finden diesen Engel z. B. in 1. Mose 31,11, wo er im Traum zu Jakob spricht. In 1. Mose 32,25-30 ringt Jakob in der Nacht beim Jabbokfluss mit einem »Mann«, den Hosea als den Engel des Herrn identifiziert (Hosea 12,4). In 1. Mose 48,16 spricht Jakob vom Engel, der ihn erlöst hat aus allem Bösen.

Beth-El oder Bethel
Bethel kommt in der Vätergeschichte öfter vor. Bereits Abraham hat in der Gegend von Bethel – zwischen Beth-El und Ai (1. Mose 12,8) einen Altar gebaut. Er ist später noch einmal da und zwar, als er aus Ägypten zurückkehrt, wohin er wegen einer Hungersnot in Kanaan gezogen war (1. Mose 13,3). Jakob übernachtet in Bethel, als er auf der Flucht vor Esau und unterwegs nach Haran ist. Nach dem »Engeltraum« in Bethel errichtet Jakob hier ein Steinmal und salbt den Stein mit Öl (1. Mose 28,18-19). Als Jakob nach 20 Jahren Dienst bei seinem Onkel

und Schwiegervater Laban Haran verlässt und in das Gelobte Land zurückkehrt, offenbart Gott sich an ihm als »*der Gott von Bethel, wo du den Gedenkstein gesalbt und mir ein Gelübde getan hast*« und er sagt ihm, er solle nach Kanaan zurückkehren (1. Mose 31,13). In 1. Mose 35,1 spricht Gott erneut zu Jakob und sagt ihm, dass er sich aufmachen und hinauf nach Bethel ziehen soll. In 1. Mose 35,6 kommt Jakob mit seinem ganzen Haus (Frauen, Kinder, Diener) in Bethel an. Er baut dort einen Altar und nennt den Ort »El-Bethel«, »*weil sich Gott ihm dort offenbart hatte, als er vor seinem Bruder floh.*«

Die Stadt Bethel ist auch in der Zeit Samuels von Bedeutung (1. Samuel 7,15.16), später befindet sich dort eine Prophetenschule (2. Könige 2,3). Als Israel nach dem Tod von König Salomo in zwei Reiche geteilt wird, führt König Jerobeam des Nordreiches in Bethel den Stierdienst (Anbetung von goldenen Stierbildern) ein (1. Könige 12,29ff). Er will dadurch verhindern, dass die Einwohner des Nordreiches nach wir vor nach Jerusalem ziehen, um Gott anzubeten.

Fragen zu Kapitel 5

1. Jakob ist auf der Flucht, er hat Esau im Nacken und vor ihm liegt das Unbekannte. Dann wird er in Bethel von Gott besucht. Das heißt: Gott behält Jakob im Auge, er muss ihn nicht suchen, er weiß, wo er ist. Diese Wahrheit wird in Psalm 139,1-9 betont. Lesen Sie diese Verse und betrachten Sie die Verben, die sich auf Gott beziehen.
Was bedeuten Ihnen diese Worte?

2. Wir sehen bei Jakob, dass er nach seinem Traum, in dem er Gott sprechen hört, ergriffen ist und nur staunen kann über Gottes Worte und sein Erbarmen. Kennen Sie dieses Ergriffensein und dieses Staunen über Gottes Wort?

3. Lesen Sie Hosea 2,16. Gott gebraucht manchmal Wüstenzeiten in unserem Leben, um uns zu ihm zu ziehen. Kennen Sie das aus Ihrem eigenen Leben?

4. In dieser Geschichte sehen wir, dass unsere Sünde und unser Versagen zwar Konsequenzen, aber nicht das letzte Wort haben. Gott macht die Tür nicht zu, er führt uns weiter. Lesen Sie dazu 1. Johannes 1,8-9.

5. Es tut gut, wenn wir uns an besondere Gotteserfahrungen oder auch Gebetserhörungen erinnern und auf sie zurückblicken (Jakob kennzeichnet den Ort Bethel mit einem Gedenkstein). Wir können aber nicht auf Dauer von einer besonderen Gotteserfahrung zehren, denn Gott will uns weiterbringen, zu uns sprechen und uns Neues zeigen. Wie sieht das in Ihrem Leben aus?

6. Jakob wird erfahren, dass Gott ihn begleitet, behütet und versorgt. Paulus schreibt den Philippern: »*Mein Gott aber wird*

allen euren Mangel ausfüllen nach seinem Reichtum in Herr-lichkeit in Christus Jesus« (Philipper 4,19). Wagen Sie es, diese Verheißung *für sich anzunehmen?* Worin zeigt sich das in Ihrem Leben und Alltag? Lesen Sie auch Nahum 1,7.

7. Haben Sie schon einmal mit Gott verhandelt, ihm einen Deal vorgeschlagen? In welchen Situationen tendieren wir dazu, so mit Gott umzugehen?

Kapitel 6

Jakob in Haran – der Betrüger wird betrogen

1. Mose 29,1-30,21

»Es ist nicht Sitte in unserem Ort, dass man die Jüngere vor der Älteren weggibt.«

1. Mose 29,26

»Denn wo Neid und Streitsucht ist, da ist Unordnung und jede böse Tat.«

Jakobus 3,16

Bitte lesen Sie zuerst den Bibeltext:

1. Mose 29,1-30,21

In diesem Kapitel kommt Jakob in Haran an. Über die Reise, die hinter ihm liegt, wird uns außer seiner Traumerfahrung in Bethel nichts mitgeteilt. Jakob ist wahrscheinlich fast die ganze Zeit über allein gewesen, obwohl es möglich ist, dass er unterwegs auch mal Karawanen von Handelsleuten begegnet ist oder sich einige Tage mit anderen Reisenden aufgehalten hat. Dann und wann wird es (hoffentlich) auch »Oasentage« gegeben haben, an denen er sich erfrischen und ausruhen konnte. Von großen Problemen unterwegs erfahren wir nichts. In 1. Mose 29 erreicht er den Stadtbrunnen von Haran. Jakob ist am Ziel angekommen, nun muss er nur noch herausfinden, wo sein Onkel lebt.

Es ist die Tageszeit, zu der sich die verschiedenen Hirten mit ihren Schafherden beim Brunnen treffen, um ihre Tiere zu tränken. Man wartet aufeinander, dann wird der schwere steinerne Brunnendeckel von mehreren Hirten entfernt und man kann Wasser schöpfen. Dass manchmal Fremde beim Dorf- oder Stadtbrunnen auftauchen, ist nichts Außergewöhnliches, weil diese Brunnen ein natürlicher Treffpunkt sind, wo sich Einheimische und Fremde treffen. Diese Begegnungen am Brunnen sind wahrscheinlich eine nette Abwechslung im Alltag, weil die Fremden Neuigkeiten mitbringen. Nun ist Jakob da und er geht auf die Hirten zu und fängt ein Gespräch mit ihnen an. Wo sie herkommen? Aus Haran. Ob sie Laban kennen? Ja! Ob es ihm gut geht? Ja. Bevor er weiterfragen kann, zeigen sie auf eine junge Frau, die mit ihrem Kleinvieh auf dem Weg zum Brunnen ist. Voilá Fremdling, da ist die Tochter von Laban!

ANGEKOMMEN

Die Freude darüber, dass Jakob am Ziel ist, und die Erkenntnis, dass die hübsche Hirtin seine Cousine ist, begeistern ihn dermaßen, dass er energisch und voller Freude auf den Brunnen zugeht und vor den Augen der erstaunten Hirten aus eigener Kraft den schweren Stein von der Öffnung des Brunnen wälzt und die Schafe seines Onkels tränkt. Dann küsst er Rahel,[63] bricht in Tränen aus und sagt ihr, dass er der Sohn von Rebekka ist, der Schwester ihres Vaters. Völlig überrascht lässt sie ihre Herde beim Brunnen zurück und läuft, so schnell sie kann, nach Hause, um ihren Vater über die Begegnung mit Jakob zu informieren.

In Vers 13 läuft Laban seinem Neffen entgegen, umarmt und küsst ihn und heißt ihn in seinem Haus willkommen. Dieses Ankommen nach der Flucht aus seinem Elternhaus und der langen Reise tut Jakob so gut, dass er sein Herz öffnet und Laban seine ganze Geschichte erzählt. Jakob kann nicht ahnen, dass sein Onkel diese persönlichen Enthüllungen später ganz gemein ausnutzen wird. In diesem Moment erfährt Jakob nur Positives. Labans Worte »Du bist mein Gebein und mein Fleisch« müssen ihm vorkommen wie eine warme Decke in einer kalten Nacht (V. 14). Jakob hat ein neues Zuhause gefunden. Zu diesem Zeitpunkt weist nichts darauf hin, dass ihm schwere und bittere Jahre bevorstehen.

Nach einem Monat, in dem Jakob bei seinem Onkel wohnt und für ihn arbeitet, ist Laban davon überzeugt, dass sein Neffe eine zusätzliche Arbeitskraft ist, die er gut gebrauchen kann. Aber er steht vor einem Dilemma. Einem Fremden gewährte man damals Unterhalt und Schutz, er arbeitete mit, aber ohne Gehalt. Lohnarbeiter wie Hirten erhielten eine Vergütung. Jakob ist beides nicht, er ist ein naher Verwandter. Laban hat aber nicht vor, ihn auch so zu behandeln. Lieber hat er ein Arbeitsverhältnis mit seinem Neffen. In Vers 15 fragt er Jakob, was er als Lohn für seinen Dienst haben will. Darüber muss Jakob nicht lange nachdenken. Er bittet

---

63 Vgl. V. 13. Eine Begrüßung mit einem Kuss war unter Verwandten üblich, siehe Hohelied 8,1.

Laban um die Hand Rahels, die jüngste und die hübschere seiner zwei Töchter, in die er sich gleich bei seiner Ankunft in Haran verliebt hat. Auf Labans Vorschlag, dass sieben Jahre Arbeit ohne Lohn als Brautpreis für Rahel gelten, geht Jakob gerne ein. Von einer Mitgift, die ein Vater seiner Tochter bei der Hochzeit übergab (das konnte Landbesitz oder Vieh sein),[64] wird nicht gesprochen.[65] Jakob fragt auch nicht danach. Die Aussicht darauf, dass Rahel seine Braut wird, ist ihm genug. Dass auf seine ersten sieben Jahre Dienst ohne Lohn noch weitere sieben Jahre folgen werden, kann er nicht ahnen. Jakobs Liebe zu Rahel ist eine starke und geduldige Liebe, denn er schafft es, die sieben unbezahlten Dienstjahre ohne Murren hinter sich zu bringen. Die Liebe verleiht ihm Flügel, denn die ersten sieben Jahre kommen ihm vor wie wenige Tage (V. 20).

DER BETRÜGER WIRD BETROGEN

Als Jakob sieben Jahre um seine Braut gedient hat und das Hochzeitsfest ansteht, geschieht es. Jakob wird von Laban betrogen, denn es ist nicht Rahel, die ihm abends verschleiert zugeführt wird, sondern ihre ältere Schwester Lea. Man muss beim Fest einen guten Wein ausgeschenkt haben, denn erst am Morgen nach der Hochzeit entdeckt Jakob die Verwechslung. Als er seinen Schwiegervater aufgeregt mit dem Betrug konfrontiert, bekommt er eine Antwort, die wie ein Dolchstich gewirkt haben muss: »Es ist nicht Sitte in unserem Ort, dass man die Jüngere vor der Älteren weggibt« (V. 26). Mit diesen Worten werden alte Wunden aufgerissen, denn sie erinnern Jakob an seine eigene Geschichte, in der er, als Jüngster, den Vorrang vor seinem älteren Bruder bekam, bzw. ihn sich erschlich. Laban hat sich das offensichtlich gemerkt, als Jakob am Abend seiner Ankunft in Haran ganz offen mit ihm über seine Vergangenheit gesprochen hatte (V. 13). Nun nützt er das

---

64 Vgl. Josua 15,17-19

65 Die Leibmägde der Schwestern, die später als Leihmütter gedient haben, hatten sie wahrscheinlich schon vor ihrer Hochzeit bekommen.

schamlos aus und setzt Jakob schachmatt.[66] Jakob bleibt keine andere Wahl, als die ältere der zwei Schwestern als seine Ehefrau anzuerkennen und Labans »Angebot« anzunehmen: Nach Abschluss der Festwoche bekommt er Rahel als (zweite) Braut, muss allerdings weitere sieben Jahre ohne Lohn für seinen Onkel arbeiten. Laban ist wirklich schlau und durchtrieben, denn auf diese Weise sichert er sich für weitere sieben Jahre eine gute Arbeitskraft, die er nicht entlohnen muss. Jakob muss der Betrug Labans sowohl peinlich als auch schmerzhaft sein. *Peinlich*, weil die Brautverwechslung ihn daran erinnert, dass er selbst ein Betrüger ist. So wie er sich vor seinem Vater als Esau ausgab, täuschte Lea ihn und ließ ihn in dem Glauben, sie sei Rahel. *Schmerzhaft* ist der Betrug, weil Jakob Lea ungewollt zur Ehefrau bekommt und sie und Rahel bittere Rivalinnen werden, die Unfrieden, Ärger und Streit in seine Familie bringen.

Jakob muss sich damit abfinden, dass er noch weitere sieben Jahre von seinem Schwiegervater abhängig ist. Was seine Arbeit als Ertrag einbringt, das geht alles auf das Konto von Laban. Im Laufe der Zeit wird Jakob klar werden, dass er in dessen Augen immer nur ein Dienstknecht sein wird.

Eine Frage, die unbeantwortet bleibt, ist die nach der Rolle Leas beim Brauttausch. Während ich geneigt bin, sie als Opfer ihres Vaters zu sehen (Laban hat ihr keine Wahl gelassen, sondern sie gezwungen mitzumachen), findet sich bei manchen Auslegern die Meinung, dass Lea heimlich in Jakob verliebt war und aktiv bei dem Betrug mitmachte, um auf diese Weise Jakobs Ehefrau zu werden.

LEA

Schauen wir uns die Schwestern Lea und Rahel näher an. Rahel wird in Vers 17 als eine Frau mit einer schönen Gestalt und einem

---

66 Diese Geschichte wirkt bis heute im Judentum nach. Bei orthodoxen Hochzeiten soll es Brauch sein, dass der Bräutigam vor der Eheschließung in der Synagoge kurz in dem Nebenzimmer, in dem seine Braut wartet, auftaucht und ihren Schleier hochhebt, um sich davon zu vergewissern, dass sie die richtige ist.

schönen Angesicht beschrieben. Im selben Vers erfahren wir über ihre Schwester Lea, dass sie matte Augen hat. Das könnte darauf hinweisen, dass Leas Augen schwach und glanzlos sind, man kann das hebräische *rach*, das hier verwendet wird, aber auch mit zart und mild übersetzen. Zwar wissen wir nicht, was hier genau gemeint ist, es ist aber deutlich, dass die beiden Schwestern miteinander verglichen werden und dabei die jüngere wegen ihrer Schönheit gelobt und die ältere quasi zur Seite geschoben wird.

Menschen miteinander zu vergleichen, kommt nicht nur in Familien vor, sondern auch in anderen Lebensbereichen und ist eine bekannte und gemeine Falle, in die wir öfter tappen. Sie hat die Kraft, Menschen fürs Leben zu verletzen. Wer schon einmal die Erfahrung gemacht hat, von anderen zurückgesetzt und nicht beachtet zu werden, wer immer wieder mit anderen verglichen wurde und dabei den Kürzeren zog, kann ein Lied davon singen, wie Lea sich gefühlt haben wird. Menschen, die es gewöhnt sind, dass man sie anderen vorzieht und ihnen besondere Aufmerksamkeit schenkt, sind aber nicht unbedingt besser dran. Oft sind sie Enttäuschungen nicht gewachsen, weil sie immer davor geschützt wurden. Auch in Jakobs Elternhaus haben wir schon das Vergleichen beobachten können. Der starke männliche Esau war in den Augen seines Vaters »besser« als Jakob, der der Liebling seiner Mutter war. Nun wird im Haus Labans die jüngste Tochter Rahel aufgrund ihres attraktiven Äußeren vorgezogen. Lea ist das blasse Mauerblümchen, das im Schatten der jüngeren Schwester steht.

Überraschend ist, dass wir in der Jakobsgeschichte eine Perikope vorfinden, die ausschließlich Lea gewidmet ist. Es sind die Verse 31-35, die mit Gott anfangen und mit Gott enden. In Vers 31 lesen wir, dass Lea »verschmäht« war. Im Grundtext heißt es, dass sie »gehasst« ist. In ihrer Herkunftsfamilie nimmt man im Vergleich zu ihrer Schwester kaum Notiz von ihr, sie fällt nicht ins Auge und in ihrer Ehe ist sie gehasst. Lea ist für Jakob und Rahel ungewünscht, überflüssig. Es wäre ihnen lieber, wenn es sie nicht geben würde. Gott merkt das nicht nur, sondern *sieht* das auch, im

Sinne von »durchschauen«. Er kennt nicht nur Leas Umstände, er kennt auch ihr Herz und er gibt ihr das Geschenk der Fruchtbarkeit. Bei Rahel dagegen bleibt eine Schwangerschaft aus.

In diesen wenigen Versen erfahren wir, dass Lea vier Kindern das Leben schenkt und bei allen diesen Geburten erfahren wir, wie es in Leas Herzen aussieht. Wir entdecken dabei eine überraschende Entwicklung. Bei den Geburten ihrer ersten drei Kinder klingen Leas Elend durch und ihr Verlangen danach, dass Jakobs Haltung ihr gegenüber sich verändern wird. Es ist schmerzhaft, von ihrer Einsamkeit und Verlassenheit zu lesen. Aber schauen wir genau hin: Bei der Geburt ihrer ersten zwei Söhne sagt Lea etwas, das deutlich macht, dass sie sich trotz allem nicht total verloren fühlt. Bei der Geburt Rubens (sein Name bedeutet: Siehe, ein Sohn!) sagt sie »*Der Herr hat mein Elend angesehen*« (V. 32). Bei der Geburt Simeons (sein Name ist abgeleitet vom hebräischen »*shama*«, was »hören« bedeutet) sagt sie: »*Der Herr hat gehört, dass ich verschmäht* (oder gehasst) *bin*« (V. 33). Bei aller Verlassenheit hält Lea daran fest: Gott sieht und Gott hört. Ihre Sehnsucht nach Jakobs Liebe aber bleibt. Nach der Geburt Levis (in seinem Namen ist der Begriff »anhängen« enthalten) sagt Lea: »*Nun wird mein Mann mir anhänglich sein, denn ich habe ihm drei Söhne geboren*« (V. 34). Beim vierten Sohn kommt eine überraschende Wendung, denn Lea nennt dieses Kind Juda (hebr. *Jehuda*), was vom hebräischen Zeitwort *jadah* (d. h. »loben« oder »preisen«) abgeleitet ist (V. 35). Der Name Juda ist eine Abkürzung von *jehud el*, d. h. Gott sei gepriesen. Lea begründet ihre Namenswahl mit den Worten: »*Nun will ich den Herrn preisen!*«

Wenn wir Leas Umstände betrachten, ist diese Aussage höchst auffallend, denn sie wird nach wie vor zurückgesetzt und gehasst. Wir lesen nichts von einem Überraschungsbesuch des Ehemannes nach der Geburt des Babys. Nichts von einem Blumenstrauß mit einem lieben Gruß von ihm und auch nichts von einem Gruß von Leas Schwester Rahel oder von ihrem Vater Laban. Das dürfen wir auch nicht erwarten, denn in der damaligen Welt und Kultur ging es ganz anders zu, als wir es heute kennen. Dennoch machen die Herzlosigkeit der direkten Umgebung Leas ihr Gotteslob auffallend und besonders. Ihr Lobpreis ist einer zarten Blume ähnlich, die sich durch einen harten Felsboden hocharbeitet. Der Felsboden hat nicht das letzte Wort, er kann die Blume nicht zurückhalten, sie bahnt sich ihren Weg und wächst dem Licht entgegen. Lea scheint sich damit ausgesöhnt zu haben, dass sie ihr Glück nicht in ihren Umständen finden wird. Ihr Fokus liegt auf Gott, der sie sieht und hört. Ihr Gotteslob macht diese kleine Geschichte zu einer Perle in der Jakobsgeschichte. Sie trägt auch eine Verheißung in sich, denn Leas Sohn Juda wird Hunderte von Jahren später einen ganz besonderen Nachkommen haben: Jesus, der in Bethlehem in Juda zur Welt kommen wird. Der Name Juda bzw. Jude wird einmal allen Nachkommen Jakobs ihren Namen geben.

RAHEL

Während Lea vier Söhne zur Welt bringt, ist Rahel noch immer unfruchtbar. In 1. Mose 30,1 steht sie total aufgebracht vor Jakob und verlangt Kinder von ihm. Ihre Worte: »*Schaffe mir Kinder! Wenn nicht, so sterbe ich!*« zeigen uns, wie sehr sie unter ihrer Kinderlosigkeit leidet. Es muss unerträglich für Rahel sein, dass ihre Schwester ohne Probleme schwanger werden kann.

Wenn Rahel jetzt aufgeregt vor Jakob steht, sehen wir nicht nur eine Frau, die von Eifersucht verzehrt wird, weil sie es nicht verkraften kann, dass ihre Schwester Jakob ein Kind nach dem anderen schenkt, während sie selbst nicht schwanger werden kann. Wir sehen auch eine Frau, die sich bewusst ist, dass sie ohne Kinder keine Anerkennung und keine Zukunft hat. Denn so war es damals: Kinderlosigkeit war eine Schmach (viele betrachteten Unfruchtbarkeit als eine Strafe Gottes) und eine kinderlose Frau hatte keine Stellung in der Gesellschaft. Im Grunde kämpft Rahel hier um ihre Zukunft. So muss man auch ihren Herzensschrei »*Wenn du mir keine Kinder schaffst, so sterbe ich!*« verstehen. Für Jakob sind ihre Worte eine unfaire Anklage und ein Schlag ins Gesicht.

Wir erleben hier das einzige Mal, dass er »sehr zornig« auf seine geliebte Rahel ist. Seine Worte zeigen seine Machtlosigkeit und seine Frustration: »*Bin ich denn an Gottes Seite, der dir Leibesfrucht versagt?*« (V. 2). Sicherlich erfüllt Jakob Rahel aus Liebe immer wieder ihre Wünsche. Hier aber stehen sie beide vor einer verschlossenen Tür, die niemand für sie öffnen kann. Außer Gott.

Beim Lesen dieses Abschnitts stellt sich die Frage, wie wir selbst mit unerfüllten Wünschen umgehen bzw. wie es uns ergeht, wenn andere Menschen das haben, was wir selbst gerne hätten. Können wir uns mit unserem Nachbarn freuen, der einen »grünen Daumen« hat und einen wunderschönen Garten angelegt hat, während unser Garten eine undurchdringliche Wildnis voller Unkraut ist? Können wir aufrichtig mit Freunden feiern, deren Kinder ihr Studium erfolgreich abgeschlossen haben, während unsere Kinder verschiedene Ausbildungen anfangen und wieder abbrechen, weil sie noch immer nicht so richtig wissen, was sie eigentlich wollen? Können wir einem Arbeitskollegen aufrecht zu seiner Beförderung im Betrieb gratulieren? Kennen wir das Gefühl von Eifersucht, das uns schier verzehren will? Bei Rahel sehen wir, wie destruktiv Eifersucht sein kann: Sie zerstört Beziehungen und nimmt uns unsere Freude und unseren Frieden. In der Großfamilie Jakobs führt sie zu Zerrissenheit und Hass. Die Verhältnisse sind hochexplosiv. Jakobus hat recht, wenn er sagt: »*Denn wo Neid und Streitsucht ist, da ist Unordnung und jede böse Tat.*«[67]

ERBITTERTE RIVALINNEN

Dass sowohl Lea, bei der die Fruchtbarkeit nach vier Schwangerschaften stagnierte, als auch Rahel ihre Sklavinnen als Leihmutter einsetzten, zeigt, wie sehr beide Frauen darauf fixiert sind, einander durch ihre Kinderzahl zu übertrumpfen. Eine Leihmutterschaft an sich war damals nichts Ungewöhnliches. Es war zu dieser Zeit Brauch, Frauen bei der Hochzeit eine »Leibmagd« mitzugeben, die als Leihmutter dienen konnte, falls die Frau selbst kinderlos blei-

---

67 Jakobus 3,16

ben sollte. Die Kinder, die diese Leibmägde für ihre kinderlose Herrin bekamen, wurden auf den Knien ihrer Herrin zur Welt gebracht und galten als deren Kinder. Auch Lea und Rahel hatten von ihrem Vater eine Leibmagd bekommen. In Vers 3 übergibt Rahel Jakob ihre Magd Bilha mit den Worten: »*Siehe, da ist meine Magd Bilha, gehe zu ihr ein, dass sie in meinen Schoß gebäre und ich durch sie Nachkommen erhalte!*« (V. 3). Bald darauf wird Bilha schwanger und sie bringt für ihre Herrin einen Sohn, Dan, auf die Welt. Für Rahel ist diese Geburt eine Art Rehabilitation (»*Gott hat mir Recht verschafft*«, V. 6). Das Warten hat ein Ende, sie ist jetzt durch Bilha Mutter geworden. Es bleibt nicht bei diesem einen Sohn, denn auf die Geburt Dans folgt eine neue Schwangerschaft bei Rahels Sklavin und es wird Naphtali geboren (V. 7-8). Sein Name bedeutet »der Erkämpfte«, was deutlich macht, dass Rahel in einen Kampf mit ihrer Schwester verwickelt ist. Die zwei sind mittlerweile erbitterte Rivalinnen. In Vers 9 setzt Lea, die »*aufgehört hatte zu gebären*«, ihre Magd Silpa als Leihmutter ein und auch diese bringt zwei Söhne zur Welt.

Mitten in dieser bitteren Geschichte taucht nun Ruben auf, der älteste Sohn Leas. Es ist die Zeit der Weizenernte und der Junge, der damals etwa sechs Jahre alt ist, findet auf dem Feld einige »Liebesäpfel« und sammelt sie.[68] Als er sie seiner Mutter bringt, wird das von Rahel wahrgenommen und diese fordert einen Teil für sich. Lea reagiert wie eine Furie. Rahel hat ihr schon den Mann genommen, von den Liebesäpfeln ihres Sohnes wird sie nichts bekommen! Rahel weiß sich zu beherrschen, denn ihr ist diese Sache zu wichtig, um sie durch einen Streit verderben zu lassen. Bevor eine heftige Keiferei entsteht, bietet sie ihrer Schwester einen Handel an: Für ein paar Liebesäpfel darf Lea Jakob eine Nacht lang für sich haben. Ob das darauf hindeutet, dass Jakob seit der Geburt ihres vierten Sohnes keine Nacht mehr bei Lea verbracht hat? Das

---

68 Die gelbroten Früchte der sogenannten Mandragora galten als Liebesäpfel. Sie sollten fruchtbarkeitsfördernd sein und auf der Basis von Wein konnte man aus ihnen einen Liebestrank brauen. Sie hatten die Größe einer Muskatnuss.

könnte man vielleicht aus Vers 9 schließen. Wie auch immer, hier bietet Rahel ihrer Schwester den eigenen Mann für eine Nacht an. Nicht nur Lea geht darauf ein, sondern auch Jakob. Der lässt sich einfach so von Rahel zu Lea schicken! Ich sage es wiederum: Jakobs Verhalten mag in seiner Kultur normal gewesen sein, aber in seinem Elternhaus hat Jakob anderes erlebt: Sein Vater hat sich nie eine Nebenfrau genommen, auch nicht in den Jahren, als bei Rebekka eine Schwangerschaft ausblieb. Jakob dagegen denkt sich nichts dabei, dass er mit vier Frauen Kinder zeugt. Die Sache mit Rubens Liebesäpfeln geht übrigens ganz anders aus, als Rahel es erwartet hat. Ihr helfen die Liebesäpfel nicht, Lea dagegen wird erneut schwanger und bekommt einen fünften und kurz darauf noch einen sechsten Sohn. Sie hofft darauf, dass sich Jakob nach diesen Geburten für sie entscheiden wird, aber davon erfahren wir nichts. In Vers 21 bekommt Lea eine Tochter, Dina. Sie ist wahrscheinlich Jakobs einzige Tochter gewesen. Zwar wird u. a. in 1. Mose 46,7 von Töchtern Jakobs gesprochen, damit können aber auch Schwiegertöchter gemeint sein.

JAKOB

Zum Schluss noch einige Gedanken zu Jakob. In diesen Versen geht es zwar vor allem um seine Frauen, dennoch ist auch er in dieser Geschichte anwesend, wenn auch nur im Hintergrund. Jakob hat zwei Frauen und nimmt sich auf deren Wunsch hin noch zwei Nebenfrauen. Mit allen vier Frauen zeugt er Kinder. Aus den Spannungen und der Eifersucht, die zwischen den Frauen herrscht, hält er sich raus. Dass Lea todunglücklich ist und sich nach seiner Aufmerksamkeit sehnt, muss Jakob wissen. Er lässt sie aber links liegen und unternimmt nichts, um ihr zu helfen, sei es auch nur durch ein Zeichen von Respekt oder von Dankbarkeit für die Söhne, die sie ihm geboren hat. Jakob schläft zwar mit Lea, sonst ignoriert er sie aber. Dass Lea und Rahel zerstritten sind, kann Jakob auch nicht entgangen sein. Rahel wird sich sicherlich öfter bei ihm beklagt haben, auch muss Jakob gemerkt haben, dass die Feindschaft zwischen seinen zwei Frauen in seinem Haushalt viel Unruhe, Klatsch und Ungerechtigkeit gebracht hat. In unserer Zeit und Kultur würden wir Jakob vorwerfen, dass er Lea (und der Familie) gegenüber versagt hat und seine Verantwortung als Oberhaupt der Sippe nicht konsequent wahrgenommen hat. In der damaligen Zeit ging es anders zu. Im Zeltlager hatten Männer und Frauen ihre eigenen Zelte (und Welten); die Männer mischten sich im Prinzip nicht in Frauensachen ein (zugegeben, das kann auch kompliziert werden!). Wir sehen, dass auch Abraham sich fernhielt von dem Streit zwischen seiner Frau Sarah und ihrer Sklavin Hagar. Als Sarah sich letztendlich über Hagars freche und herablassende Art ihr gegenüber bei ihm beklagte, griff er nicht einmal ein, sondern sagte ihr nur, sie dürfe mit Hagar machen, was sie wolle.[69] Auch Elkana, der wahrnahm, dass seine geliebte Frau Hanna von seiner Nebenfrau gereizt wurde, hat nicht eingegriffen, sondern versucht, seine Frau zu trösten.[70]

Überraschend ist der Gedanke, den ich bei einem amerikanischen Theologen fand: Jakob sei zu bewundern, weil er Lea nicht nur toleriert, sondern auch respektiert habe. Sein Respekt für sie sei besonders dadurch bewiesen, dass er sie schonte, indem er den Brautwechsel mit keinem Wort erwähnte, als er seinem Schwiegervater nach seiner Flucht aus Haran wütend unter die Nase rieb, was der ihm alles angetan hatte: »*14 Jahre habe ich dir um deine beiden Töchter gedient ...!*« Dass ihm, nachdem er um die Hand der jüngsten Tochter Labans angehalten hatte, zuerst die Ältere als Braut aufgezwungen worden war, erwähnte er mit keiner Silbe.[71]

Wir finden keinen Hinweis darauf, dass Jakob Lea je lieb gewonnen hat. Sie war die ungewünschte Braut, die ihm sechs Söhne und eine Tochter gebar. Auffallend ist, dass Jakob kurz vor seinem Sterben erwähnt, dass Lea in der Grabstätte beerdigt wurde, wo

69 1. Mose 16,6

70 1. Samuel 1,8

71 Siehe 1. Mose 31,38-41

auch seine Großeltern Abraham und Sarah und seine Eltern Isaak und Rebekka beigesetzt wurden. Er sagt es so:»... *dort habe ich auch Lea begraben* ...«[72] Lea hat ihre Schwester Rahel, die während der Reise von Haran nach Kanaan starb und in der Nähe von Bethlehem beerdigt wurde, um einige Jahre überlebt. Es ist gut möglich, dass Jakob in diesen Jahren, in denen die Familie frei von der Feindschaft und Rivalität zwischen den beiden Schwestern war, Respekt oder sogar Liebe für die Frau empfand, die seine erste (und ungewünschte) Braut und die Mutter von sechs seiner Söhne war und die ihm nun »übrig geblieben« war. Dass es Lea war, aus deren Nachkommenschaft Jesus geboren wurde, hätte sich niemand denken können.

Haran
Die Stadt Haran lag in Nordwestmesopotamien (auch »Zweistromland« genannt) an einem linken Nebenfluss des Euphrat, ca. 450 km nordöstlich von Damaskus. Haran lag an der Hauptroute von Ninive zum Euphrat und zur Stadt Aleppo. Sie war die wichtigste Stadt Mesopotamiens: eine Handelsmetropole mit Verbindungen zu Häfen wie Tyrus (der mächtigste Seehafen an der phönizischen Küste). Haran war eine Tempelstadt. Die Religion spielte dort eine wichtige Rolle. Der Stadtgott Harans war der Mondgott Sin, der Hauptgott des morgenländischen Mondkultus (»der Herr des Himmels, dessen Sichel unter den Göttern scheint«).

---

72 1. Mose 49,31

FRAGEN ZU KAPITEL 6

1. Betrachten Sie die Verse 33-36, in denen sowohl Leas Verzweiflung als auch ihr Gottvertrauen durchklingen. Was ist dafür nötig, dass nicht die Verzweiflung die Oberhand gewinnt?

2. Wie gehen Sie mit Wünschen um, die unerfüllt bleiben? Was kann man im Vorfeld tun, damit Enttäuschung nicht zur Bitterkeit wird?

3. Gott zu loben und ihm zu danken, ist eine Willensentscheidung. Was hilft uns dabei, diese zu treffen und danach zu leben?

4. Gefühle von Eifersucht können uns überfallen. Bei Rahel führten sie zu einem erbitterten Kampf zwischen ihr und ihrer Schwester. Was kann (und soll) man tun, damit es nicht so weit kommt, dass die Eifersucht uns in ihren Klauen hat?

5. Lesen und überdenken Sie Jakobus 3,13-18.

Kapitel 7

Josephs Geburt, eine neue Phase beginnt

1. Mose 30,22-43

»Aber Gott gedachte an Rahel und Gott erhörte sie …«

1. Mose 30,22

»Und es geschah, als Rahel den Joseph geboren hatte, da sprach Jakob zu Laban: Entlasse mich, dass ich an meinen Ort und in mein Land ziehe.«

1. Mose 30,25

Bitte lesen Sie zuerst den Bibeltext:

1. Mose 30,22-43

Als Rahel endlich schwanger wird, liegt die Sache mit den Liebesäpfeln einige Jahre zurück. Die Früchte haben ihr nicht geholfen, sondern Gott. In der Bibel lesen wir: »Aber Gott gedachte an Rahel und Gott erhörte sie und öffnete ihren Mutterschoß« (V. 22). Die Frage, warum Rahel so lange auf diese Gebetserhörung warten musste, bleibt unbeantwortet. Wir müssen uns damit versöhnen, dass Gott dafür seine Gründe hatte. Er ließ es zu, dass Rahels Kinderlosigkeit nicht nur für sie selbst sehr hart war, sondern in der Familie zu viel Leid und Spannung geführt und das Verhältnis zu ihrer Schwester schwer belastet und zerstört hat.

In Rahels Not erkennen wir uns wieder, denn auch wir sind mit Situationen vertraut, in denen wir uns fragen, warum Gott nicht eingreift. Manchmal bringt unsere Not uns zur Verzweiflung und wir meinen, dass Gott uns nicht sieht oder dass unsere Probleme ihn nicht wirklich bewegen. Manchmal verstehen wir erst im Nachhinein, warum wir so lange warten mussten, oft verstehen wir es nicht. Dann ist Vertrauen gefragt, immer und immer wieder. Unsere bitteren Umstände sollen nicht die Oberhand gewinnen, denn sie ändern nichts daran, dass Gott es gut mit uns meint. Daran sollten wir festhalten. Und darin sind uns viele Glaubenshelden in der Bibel ein starkes Vorbild. Wir sehen diese Menschen intensiv mit negativen Umständen (und auch mit Gott) ringen, aber ihr Ringen ist eingebunden in ein festes Gottvertrauen. So fängt der Dichter des 10. Psalms mit einer Klage an: »Herr, warum stehst du so fern, verbirgst dich in Zeiten der Not?«, aber er beendet seinen Psalm mit Vertrauen: »Das Verlangen der Elenden hast du, o Herr, gehört; du machst ihr Herz fest, leihst ihnen dein Ohr, um *der Waise Recht zu schaffen und dem Unterdrückten.«* David sagt in seinem Klagelied in Psalm 7,11: *»Mein Schild ist bei Gott.«* Das sollen wir üben und lernen, dass wir Gott in allen Umständen vertrauen. Er hört und wird zur richtigen Zeit handeln. Wir dürfen mit unseren Lasten zu ihm kommen und einen sicheren Zufluchtsort bei ihm finden.

EINE NEUE PHASE BRICHT AN

Rahel wird zu der Zeit schwanger, die Gott für richtig hält. Für sie ist die Geburt Josephs der Moment, in dem sie sich ohne Scham unter Menschen begeben kann. Ihre Worte *»Gott hat mir meine Schmach genommen«* sprechen Bände. Rahel ist nach vierzehn langen Jahren vom Stempel einer unfruchtbaren Frau befreit. Sie wünscht sich gleich noch mehr Kinder und äußert das auch (V. 24). Beides – das Wegnehmen der Schmach und der Wunsch, noch einen Sohn zu bekommen, finden wir in dem Namen Joseph, den Rahel ihrem neugeborenen Sohn gibt: »wegnehmen« (hebr. *asaph)* und »hinzufügen« (hebr. *jasaph).*

Josephs Geburt markiert eine neue Phase für Jakob und seine Familie. Der Vertrag, den er mit Laban abgeschlossen hat, ist inzwischen abgelaufen: Jakob hat die vierzehn Jahre Dienst in Haran hinter sich gebracht. Er hat bis jetzt in totaler Abhängigkeit von seinem Schwiegervater gelebt und ihm mit seiner ganzen Kraft gedient.[73] Er hat nicht nur akzeptiert, dass er keinen Lohn bekam, sondern auch, dass der Gewinn, den er durch seine Arbeit erwirtschaftete, voll auf Labans Konto ging. Beachtlich ist, dass Jakob sich nie bei Laban beklagt hat. Es war natürlich auch so ausgemacht worden, dass er für seine zwei Frauen insgesamt vierzehn Jahre ohne Lohn arbeiten sollte. Ungerecht war allerdings, dass Jakob ja nur eine Frau heiraten wollte, aber durch den Betrug Labans dann zwei Frauen hatte.[74] Verwunderlich ist, dass Jakob nach

---

73 1. Mose 31,6

74 Eine solche Ehe mit mehr als einer Frau wird später im Mosaischen Gesetz verboten, siehe 3. Mose 18,18. Zwar gab es dieses Gebot zu Jakobs Zeit noch

der Hochzeit mit Lea einstimmte mit den zusätzlichen sieben Jahren Arbeit ohne Lohn, die Laban von ihm forderte, ohne zu versuchen, seinen Schwiegervater zu einem besseren und faireren Deal
zu überreden. Schließlich wurde er ja von Laban betrogen! Heute
würden wir sagen, dass Jakob sich dadurch, dass er nicht protes-
tiert hat, jahrelang auf der Nase hat herumtanzen und ausbeuten
lassen. Vielleicht war das alles aber gar nicht naiv oder dumm von
ihm und wir sollten lieber Respekt vor Jakob haben, statt Kritik zu
äußern. Sicherlich hat Jakob wahrgenommen, dass sein Dienst in
Haran seinem Schwiegervater sehr viel Gewinn einbrachte, aber er
stellt sich auch nach vierzehn Jahren nicht mit breiter Brust vor ihn
und fordert mehr Lohn.

Mit dieser Haltung bleibt Jakob seinem Gelübde in Bethel treu.
Er hatte Gott dort um Schutz, Brot und Kleidung gebeten[75] und all
das bekommt er bei Laban und gibt sich damit zufrieden. Gott hat
ihn gesehen und ihm die Kraft gegeben, sein Elend und alle Ungerechtigkeit in Haran auszuhalten.[76] Nach der Geburt Josephs aber
möchte Jakob einen Strich setzen und gehen.

Heimweh nach Kanaan

Die Jahre in Haran haben Jakobs Heimweh nach Kanaan nicht
auswischen können. Jakob gehört hier nicht hin, sein Herz hängt
an dem Land, das Gott seinem Großvater, seinem Vater und auch
ihm und seinen Nachkommen als Wohngebiet zugesagt hat. Auch
will er nicht länger von seinem Schwiegervater abhängig sein, sondern selbst für seine Familie sorgen (V. 30). In Vers 25 spricht er
mit Laban über seine Wünsche. Er zeigt sich sehr bescheiden, als er
Laban darum bittet, ihn zu entlassen, denn er fragt ihn nur, ihm
seine Kinder und Frauen mitzugeben, um die er gedient hat, mehr

---

nicht, dennoch waren seine zwei Ehen im Widerspruch mit Gottes Schöp-
fungsordnung.

75 1. Mose 28,20

76 Vgl. 1. Mose 31,5b »… *der Gott meines Vaters ist mit mir gewesen.*« und V. 42
    »*Gott hat mein Elend und die Arbeit meiner Hände angesehen …*«

nicht![77] Laban ist nicht ohne Weiteres dazu bereit, Jakob gehen lassen, weil der ihm viel Gewinn einbringt. Um Jakobs Herz zu erweichen, bittet er ihn um Gnade. Er habe, so sagt er, *erfahren*, dass der Herr ihn um Jakobs willen gesegnet habe. Für dieses Wort »erfahren« (in V. 27) wird ein hebräisches Wort verwendet, das deutlich macht, dass Laban sich das durch Wahrsagerei hat zeigen lassen. Das soll uns nicht verwundern, denn später in der Geschichte wird uns klar, dass Labans Haus nicht frei von Aberglaube ist. Merkwürdig ist allerdings, dass Laban in einem Atemzug von Wahrsagerei und vom Segen Gottes redet!

Laban ist es dermaßen wichtig, Jakob nicht zu verlieren, dass er ihm vorschlägt, er dürfe selbst seinen Lohn bestimmen. Warum geht Jakob darauf nicht ein, sondern sagt zu Laban: »*Du sollst mir gar nichts geben*« (V. 31)? Vermutlich weiß er genau, dass es sinnlos wäre, Laban einen Vorschlag über einen angemessenen Lohn zu machen, weil er schon öfter erlebt hat, dass sein Schwiegervater nicht zuverlässig ist. Laban mag Jakob bei ihrer ersten Begegnung zwar gesagt haben, dass er ihn als Verwandten betrachtet (»*Du bist mein Gebein und mein Fleisch*«[78]), im Umgang mit seinem Neffen war davon aber in all diesen Jahren nichts zu sehen. Jakob wird im Haus seines Schwiegervaters und als Vater von dessen Enkeln wie ein Sklave behandelt. Von Labans jetzigem Angebot hält er daher nichts; er hat kein Vertrauen in diesen listigen Menschen. Selbst wenn er sich auf einen Lohn mit ihm verständigt, kann er nicht davon ausgehen, dass Laban sich auch daran halten wird.

Es kommt zu einem interessanten Vorschlag von Jakob, der Laban nichts kosten wird. Jakob bittet um die Möglichkeit, sich selbst eine Herde zu sammeln, während er für Laban arbeitet. Er schlägt vor, dass die Tiere in Labans Herden, die nicht einfarbig, sondern gefleckt oder unnormal gefärbt sind, ihm gehören sollen. Dabei ist zu bedenken, dass die Schafe im Orient in der Regel weiß sind, während die Ziegen dunkel und die Rinder braun gefärbt sind. Die

---

77 1. Mose 30,25-26
78 1. Mose 29,14

bunt gefärbten Tiere sind damit »zweite Wahl« und eher ungewollt, obwohl sie stärker sind. Das macht Jakobs Vorschlag überraschend und großzügig: Er wird sich mit den bunt gefärbten Tieren
zufriedengeben, die keine erstklassige Handelsware sind. Aber das
ist nicht alles. Jakob schlägt Laban weiter vor, dass die bunten und
gefleckten Tiere aus allen seinen Herden abgesondert werden sollen, sodass nur die reinrassigen Tiere übrig bleiben. Diese Herden
wird Jakob hüten. Wenn dort – also unter den einfarbigen Tieren
– bunte und gefleckte Tiere geboren werden, sollen diese Jakob gehören.

Aberglaube, Manipulation oder Gottes Hand?

Der Vorschlag von Jakob ist absurd. Eigentlich ist von vornherein
schon sicher, dass er bei diesem Deal den Kürzeren ziehen wird. Es
kommt darum zu keiner weiteren Verhandlung, denn Laban ist
gleich einverstanden. Er leitet drastische Maßnahmen ein und
sondert alle gefleckten Tiere in seinen Herden ab und übergibt sie
seinen Söhnen (von deren Existenz wir erst jetzt hören). Die sollen
diese Tiere mitnehmen und in einem Abstand von drei Tagesreisen
von Jakob und seiner Herde entfernt weiden. Aufgrund dieses Ab-
stands ist es ausgeschlossen, dass sich die Tiere vermischen. Dass
in Jakobs Herde mit nur einfarbigen Tieren bunte und gefleckte
Tiere geboren werden, ist nahezu unmöglich. Es kam zwar vor, war
aber eine große Ausnahme.

In Vers 33 sagt Jakob, dass »*seine Gerechtigkeit für ihn sprechen
wird*«. Damit begibt er sich in Gottes Hand. Es geschieht aber etwas, das diese Aussage zu unterminieren scheint, denn im Folgenden scheint Jakob eine Art genetische Manipulation anzuwenden:
Als die Tiere brünstig sind, nimmt er frische Ruten von Pappeln,
Mandel- und Platanenbäumen, schält einige Streifen von ihrer
Rinde ab und legt diese in die Tränkrinnen, aus denen die Herde
trinkt. So haben sie beim Trinken die Stäbe vor Augen. Die Tiere
paaren sich »*angesichts der Rute*« (und) »*werfen gestreifte, gespren-*

kelte und gefleckte Tiere«. Das macht Jakob ausschließlich mit den kräftigen Tieren (V. 37-42).

Manche Ausleger sind der Meinung, dass Jakob sich mit diesem Vorgehen des Aberglaubens schuldig gemacht hat, andere reden von zweifelhaften Praktiken, Kunstgriffen und Manipulation und nennen es List oder Betrug. Ja, es kann Manipulation gewesen sein, denn Jakob hat sich eines physiologischen Phänomens bedient, das in der Viehzucht bekannt ist. Noch im 19. Jahrhundert soll es den Brauch unter Schafzüchtern gegeben haben, weiße Steine in die Tränkrinnen der Schafe zu legen oder weiße Tücher in den Stallungen aufzuhängen. Man nahm an, dass sich visuelle Eindrücke im Augenblick der Paarung auf die Frucht auswirken, und so erhoffte man durch dieses Vorgehen, weiße Schafe zu züchten. Es besteht auch die Meinung, dass Chemikalien in den Zweigen fruchtbarkeitsfördernd waren. Als diese Chemikalien in das Trinkwasser der Tiere kamen, wurde dieses Wasser zur »Fruchtbarkeitsmedizin«. Eine sehr interessante Auslegung von Jakobs »Erfolg« bei der Züchtung seiner Herde finden wir beim Reformator Johannes Calvin. Er vergleicht die Ruten mit der bronzenen Schlange, die Mose in der Wüste errichten sollte. Die Schlange selbst hatte keine Kraft, um Menschen zu heilen, es war Gott, der sie heilte, als sie im Gehorsam ihm gegenüber auf die Schlange schauten. So soll Gott Jakob beauftragt haben, die Ruten in die Tränkrinnen der Herde zu legen und sein Vertrauen darauf zu setzen.[79] Einen »Beweis« für diese Theorie finden wir nicht im Text. Eines wird auf jeden Fall deutlich: Jakob ist fest entschlossen, sich mit allen erdenklichen Mitteln eine gesunde Herde zu züchten und Laban nur die schwachen und degenerierten Tiere zu hinterlassen. Ob Gott Jakobs Handlungsweise für gut erachtet oder abgewiesen hat, darüber macht der Text keine Angaben. Seine listigen Anstrengungen bei der Paarung der Tiere spielen im Grunde keine oder keine ausschlaggebende Rolle, weil es Gottes Werk war. Es

---

79 John Calvin, Commentaries on the first book of Moses, called Genesis (Grand Rapids, Eerdmans, 1948)

war nicht Jakobs Cleverness zu verdanken, dass er eine große Herde von starken Tieren bekam, sondern es war Gott, der ihm das gab, was er brauchte, um sich selbständig machen und aus Haran wegziehen zu können. Es ist anzunehmen, dass Jakob in dieser Zeit um viele seiner Tiere gehandelt bzw. dass er durch Tauschhandel Esel, Kamele und Sklaven erworben hat. Auf diese Weise ist Jakob während seiner letzten sechs Jahre in Haran sehr vermögend geworden (V. 43).

Kann man Jakobs Vorgehen als Betrug ansehen? Ja, man kann es, wenn man bedenkt, dass Jakob seinem Onkel den Vorschlag mit Bedacht unterbreitet. Er geht damit nicht nur klug, sondern clever vor, denn er hat sich offensichtlich schon vorher überlegt, wie er das anfassen will. Für Laban hört sich das so an, als sei Jakob bereit, einen Deal mit ihm zu machen, obwohl er weiß, dass das schlecht für ihn ausgehen kann. Wir erleben hier den dritten Betrug Jakobs, das Schummeln hat er noch nicht verlernt. Jakob selbst sieht nichts Falsches oder Listiges in seinem Handeln, er betont, dass sein Erfolg Gottes Werk ist. Die spätere Begegnung mit Gott am Fluss Jabbok lässt vermuten, dass es auch anders gewesen sein kann. Dort steht Jakobs Vergangenheit in der Nacht gegen ihn auf und er kämpft mit Gott. Er wird nach seinem Namen gefragt und dann steht ihm mit seinem Namen Jakob seine ganze Lebensgeschichte vor Augen. Aber das kommt später.

Fragen zu Kapitel 7

1. Rahel musste etliche Jahre warten, bis sie schwanger wurde. Jakob musste nach seinen vierzehn Dienstjahren in Haran noch sechs extra Jahre ausharren, bis Gott ihm sagte, dass die Zeit gekommen war, um nach Kanaan zurückzukehren. Wie gehen Sie damit um, wenn warten und ausharren gefragt sind? Lesen Sie Psalm 27,14.

2. Rahels größter Wunsch erfüllt sich, aber sie ist noch immer nicht zufrieden. Sie bekommt einen gesunden Sohn, aber anstatt die Fahne zu hissen, wünscht sie sich gleich noch einen zweiten Sohn.
   a. Was steckt dahinter, dass manche Menschen so unersättlich und deshalb nicht schnell zufrieden (oder rundum unzufrieden) sind?
   b. Wie kann man frei werden von dem Denken, man käme zu kurz?
   c. Wie lassen sich Dankbarkeit und Zufriedenheit einüben? Lesen Sie dazu 1. Timotheus 6,6.

3. Jakob hat Gott nicht um Erfolg und Reichtum, sondern um Schutz, Kleidung und Brot gebeten und damit ist er zufrieden gewesen, auch wenn er erlebte, dass sein Schwiegervater ihn ausbeutete und betrog. Wie schätzen Sie sein Verhalten ein? War es ein Zeichen von Schwäche, dass er nicht gegen Laban aufstand, oder eher ein Zeichen von Stärke? Könnte Philipper 2,14-15 hier zutreffen?

4. Worin besteht der Unterschied zwischen einem listigen und einem klugen Vorgehen? Wie schätzen Sie Jakobs Handeln bei dem Befruchtungsvorgang seiner Schafe und Ziegen ein? In welchem Verhältnis stehen hier Gottvertrauen und kluges zielgerichtetes Vorgehen? (Wie) hätte Jakob anders vorgehen können?

Kapitel 8
Die Flucht aus Haran

1. Mose 31,1-54

»Ich bin der Gott von Bethel, wo du den Gedenkstein gesalbt und mir ein Gelübde getan hast. Nun mache dich auf, geh hinaus aus diesem Land und kehre zurück in das Land deiner Geburt.«

1. Mose 31,13

»Da machte Jakob sich auf (...) um zu seinem Vater Isaak ins Land Kanaan zu ziehen.«

1. Mose 31,17-18

»Und er machte sich auf, entfloh mit allem, was er hatte, und setzte über den Euphrat und wandte sein Angesicht dem Bergland von Gilead zu.«

1. Mose 31,21

108

Bitte lesen Sie zuerst den Bibeltext:

1. Mose 31,1-54

Gottes Führung in unserem Leben ist eine Realität und zugleich eine Herausforderung, denn oft ist für uns nicht deutlich erkennbar, was Gott von uns erwartet. Der Herr hat verschiedene Wege, uns zu führen. Es kann sein, dass wir durch ein Bibelwort Wegweisung empfangen. Manchmal legt uns Gott etwas aufs Herz und manchmal führt Gott uns durch Umstände. Es kann auch sein, dass gläubige Freunde uns helfen, Gottes Willen für uns zu erkennen. Manchmal ist uns »einfach klar«, was dran ist. Wesentlich ist, dass wir nur Schritte gehen, die in Einklang mit Gottes Wort sind. Und dass unser Suchen nach Gottes Willen durchtränkt ist von Gebet.

In diesem Kapitel ist für Jakob die Zeit gekommen, nach insgesamt zwanzig Jahren bei Laban (V. 38) in das verheißene Land Kanaan zurückzukehren. Wir erhalten unterschiedliche Hinweise, die bestätigen, dass dieser Schritt nun der nächste sein soll. Wir betrachten sie der Reihe nach und erkennen, dass der Aufbruch Jakobs auf verschiedene Art und Weise von Gott bestätigt wird.

Führungszeichen
a) Mit seinem Herzen ist Jakob in Kanaan geblieben. Er war gezwungen, seine Heimat zu verlassen, und hat schon länger – wenn nicht immer – Heimweh verspürt. Bei der Geburt Josephs vor sechs Jahren hat er mit Laban darüber gesprochen wegzugehen. Auf Drängen Labans hin ist er geblieben, doch die Sehnsucht ist nicht weniger geworden. In Jakobs Herzen klingt der Ruf nach dem Gelobten Land. Und Laban weiß das.[80]

---

80 Siehe 1. Mose 31,30

b) Die Umstände in Haran haben sich verändert. In Vers 1 erfahren wir, dass Labans Söhne schlecht über Jakob reden. Sie sind neidisch auf dessen geschäftlichen Erfolg und beschuldigen ihn, er bestehle ihren Vater und bereichere sich auf seine Kosten (V. 1). Auch Labans Haltung Jakob gegenüber hat sich verändert (V. 2).

c) Mit allem, was Jakob in den letzten sechs Jahren erworben hat, kann er sich selbständig machen und für seine Familie sorgen.

d) Gott spricht zu Jakob und sagt ihm, dass er nach Kanaan zurückkehren soll. Er gibt ihm die Zusage, dass er mit ihm sein wird: *»Da sprach der Herr zu Jakob: Kehre zurück in das Land deiner Väter und zu deiner Verwandtschaft und ich will mit dir sein!«* (V. 3).

e) Lea und Rahel sind bereit, sich von ihrem Elternhaus zu verabschieden und mit Jakob wegzuziehen. Als Jakob sie zusammenruft, ihnen seine Situation in Haran schildert, ihnen erzählt, dass Gott ihrem Vater die Herde genommen und sie ihm gegeben hat und dass »der Gott von Bethel« ihn in einem Traum beauftragt hat, Haran zu verlassen und in das Land seiner Geburt zurückzukehren,[81] sind die Schwestern, die sich bis jetzt als Streithähne gegenüberstanden, überraschend einmütig in ihrem Einverständnis. Sie selbst fühlen sich auch von Laban betrogen. Bei ihrer Hochzeit haben sie vom Vater keine Mitgift bekommen. Auch von einer Erbschaft ist nicht die Rede. »Er benimmt sich uns gegenüber, als wären wir Fremde«, sagen sie Jakob. »All der Reichtum, den Gott unserem Vater genommen hat, gehört uns und unseren Kindern« (V. 14-17). Lea und Rahel betrachten Jakobs Gewinn und Reichtum als gerecht, er gehört ihm und ist ein Ausgleich für das, was ihnen allen vorenthalten wurde. Schlussfolgerung: *»So tue du*

---

81 Wir finden Jakobs Worte an Lea und Rahel in den Versen 5-13. Überraschend ist, dass wir von dem Traum, den Jakob gehabt haben soll in der Zeit, als sich Jakobs Herde von gestreiften und gesprenkelten Tieren bildete (V. 11ff), in 1. Mose 30 nichts erfahren.

nun alles, was Gott dir gesagt hat!« (V. 14-16). Kurz gesagt: »Wir gehen mit dir!« Mit diesen Worten trennen sie sich entschieden vom Haus ihres Vaters.

Ab Vers 17 werden in aller Eile Vorbereitungen für die Reise getroffen. Laban ist in diesen Tagen bei seinen Söhnen, etwa drei Tagesreisen entfernt. Es wird das Schafschurfest gefeiert, was zur Zeit des Alten Testaments eine fröhliche Angelegenheit war, zu der Verwandte und Nachbarn eingeladen wurden. Die Schafe wurden geschoren und einige Tage später in die Schwemme geführt, wo sie gebadet wurden.[82] Aus der Geschichte Abigails in 1. Samuel 25 wird deutlich, dass bei solchen Festen gut und viel gegessen wurde. Ein Schafschurfest konnte gut eine Woche dauern. Darin sieht Jakob seine Chance. Er braucht Zeit, denn der Aufbruch seiner Großfamilie ist eine gigantische logistische Operation. Jakob muss ein großes Zeltlager haben, denn er hat eine umfangreiche Sippe mit vier Frauen, einer großen Kinderschar, Dienerinnen und Dienern. Auch die Herden müssen mit, denn sie sind Jakobs Kapital. Wir stellen uns das vor: Esel und Kamele beladen mit Zelten, Hausrat und Proviant, dazu Schaf-, Ziegen- und Rinderherden.[83] Jakobs Frauen und Kindern dienen Kamele als Reittiere (V. 17). Alles in allem muss es eine große Kolonne von Menschen und Tieren sein, die sich in Haran auf die Reise macht. Das Ziel ist Vater Isaak im Land Kanaan (V. 18).

DIE FLUCHT AUS HARAN

Wieder täuscht Jakob seinen Schwiegervater, denn er lässt ihn nicht wissen, dass er vorhat zu gehen (V. 20). Eigentlich ist es eher eine Flucht. Man rechnet mit einem guten Vorsprung vor Laban. Falls Knechte aus Labans Haus ihren Chef über die Abreise Jakobs informieren wollen, brauchen sie drei Tage, bis sie ihn erreichen, dann sind für die Rückreise noch mal drei Tage nötig und

---

82 Vgl. Hohelied 4,2

83 An den vielen Tieren, die Jakob seinem Bruder Esau schenken wollte, lässt sich ablesen, dass sein Viehbestand enorm war (1. Mose 32,14-16).

schließlich vergeht noch Zeit, bis man Jakob eingeholt hat. In Vers 21 überquert Jakob mit seinen Frauen und seiner Habe den Euphrat und macht sich auf den Weg in das Bergland von Gilead, ein sehr fruchtbares Gebiet östlich des Jordans, das durch den Fluss Jabbok in einen südlichen und einen nördlichen Teil geschieden wird.

Man kann sich fragen, warum Jakob sich zu einer Flucht entschied? An sein Übereinkommen mit seinem Schwiegervater hatte er sich gehalten und ihm zusätzliche sechs Jahre gedient, nachdem sein Vertrag mit ihm beendet war. Seinem Schwiegervater gegenüber hat Jakob also keine Verpflichtungen mehr, er ist frei zu gehen. Seine Frauen sind mit der Abreise einverstanden. Außerdem hat Gott selbst zu Jakob gesagt, dass er Haran verlassen soll, und er hat ihm versprochen, mit ihm zu sein. Die Umstände sind damit günstig, aber in Jakobs Augen offensichtlich nicht günstig genug, um eine offizielle Verabschiedung zu wagen. Er rechnete wahrscheinlich mit einer gewissen Feindseligkeit seines Schwiegervaters, der er aus dem Weg gehen wollte. In Vers 31 sehen wir, dass er Angst hatte und befürchtete, Laban könnte ihm seine Frauen wegnehmen. Hat es Jakob an Gottvertrauen gefehlt? Oder war seine Flucht unter den gegebenen Umständen die richtige Entscheidung? Gott hatte doch gesagt: »Kehre zurück in das Land deiner Väter und zu deiner Verwandtschaft, *und ich will mit dir sein*«? (V. 3). In Jesaja 28,16 lesen wir: »*Wer glaubt, der flieht nicht (oder: der wird nicht ängstlich eilen) …*«

Von Laban gejagt

Fast beiläufig wird uns in Vers 19 gesagt, dass Rahel vor der Abreise aus Haran die Terafim ihres Vaters stiehlt, aber unbedeutend ist das nicht. Die Terafim waren aus Holz geschnitzte Götter mit menschlichen Formen und Zügen, die ihre Besitzer beschützen sollten. Sacharja 10,2 ist zu entnehmen, dass sie auch in Verbindung mit Wahrsagerei standen. Auch juristisch gesehen waren sie wichtig, denn sie garantierten dem Besitzer die Erbschaftsrechte.

Manchmal wurden sie zu Orakelzwecken gebraucht. Die von Rahel gestohlenen Terafim sind wohl eine Darstellung der Ahnengötter Labans gewesen. Sie waren nicht groß, denn Rahel konnte sie im Sattel ihres Kamels verstecken und darauf sitzen, ohne dass das auffiel (V. 34). Dass es auch viel größere Terafim gab, wissen wir aus der Geschichte Davids. Als der nämlich aus seinem Haus flüchtete, weil Boten Sauls unterwegs waren, um ihn zu töten, versteckte seine Frau Mikal eine solche Götzenfigur in seinem Bett und täuschte damit vor, dass der kranke David darin lag.[84]

Laban muss innerhalb kürzester Zeit über die Flucht von Jakob informiert worden sein, denn schon am dritten Tag (Laban befand sich ja drei Tagesreisen entfernt von seinem Haus) weiß er davon. Er zögert nicht, sondern jagt Jakob nach und holt ihn nach sieben Tagen auf dem Bergland von Gilead ein, wo Jakob seine Zelte aufgeschlagen hat. Weil er den Jabbok noch nicht überquert hat, befindet Jakob sich noch in der Nordhälfte des Gebirges und damit im Land Labans. Der könnte sich also noch rächen und Jakob zwingen, nach Haran zurückzukehren. So weit kommt es aber nicht. Denn in diesen Tagen erscheint Gott nachts dem Laban und warnt ihn: Laban soll sich Jakob gegenüber freundlich verhalten (V. 24). Hier sehen wir Gottes Treue und Fürsorge. Er hatte Jakob versprochen, bei ihm zu sein, und nun beschützt er ihn, indem er Laban verbietet, Jakob etwas anzutun. Gott spricht mit einem Menschen, der sich mit Wahrsagerei und Hausgötzen eingelassen hat, damit der Jakob verschont. Das tut er auch. Denn als Laban seine Familie erreicht, tut er Jakob nichts Böses. Stattdessen spielt er die Rolle des tief enttäuschten Vaters, dem die Gelegenheit genommen wurde, sich gebührend von seinen Töchtern und Enkeln zu verabschieden. Laban hat damit nicht unbedingt unrecht, denn eine Verabschiedung geschah in seiner Kultur nicht so nebenher.[85]

---

84 1. Samuel 19,13-16

85 Der Abschied von Labans Schwester Rebekka (Jakobs Mutter), die von Abrahams Knecht als Braut für Isaak abgeholt wurde, geschah nach guten, freundlichen Gesprächen und sie wurde mit einem Segen verabschiedet (1. Mose 24,59-61).

Außerdem war die Abreise Jakobs hinter seinem Rücken geschehen. »*Du hast mich getäuscht und meine Töchter entführt*«, wirft Laban seinem Schwiegersohn vor. »*Du bist heimlich geflohen und hast mich hintergangen (...) du hast töricht gehandelt*« (V. 26-28). Und dann: Wenn der Gott eurer Väter nicht gestern mit mir gesprochen hätte, hätte es schlecht für dich ausgehen können (V. 29). Wie großartig, wie fürsorglich, dass Gott Laban angesprochen und gewarnt hat! Er hat einen Heiden gewarnt, seinen »Besitz« – Jakob – nicht anzutasten!

Nicht nur wirft Laban Jakob Täuschung und Betrug vor, er beschuldigt ihn auch, seine Terafim gestohlen zu haben. Offensichtlich hat Laban sich noch die Zeit genommen und zu Hause überprüft, ob sie noch da waren (wahrscheinlich wollte er seine Hausgötzen mitnehmen, weil sie ihm »helfen« sollten), nun ist ihm alles daran gelegen, sie zu finden. Das gelingt nicht, denn als er die Zelte Jakobs, Leas und der zwei Nebenfrauen ohne Erfolg durchsucht und sich in Rahels Zelt umschaut, bleibt Rahel unter dem Vorwand, sie habe ihre Tage, stoisch im Sattel ihres Kamels sitzen. Die Terafim im Sattel ihres Kamels bleiben damit unsichtbar.

Wieder gibt es List und Täuschung! Rahel, die vor Jahren von ihrem Vater betrogen wurde, betrügt nun ihn. Sie hätte für ihn aufstehen müssen, bleibt aber sitzen. Und weil sie Laban sagt, sie habe ihre Tage, kann er ihr nicht nahe kommen, weil sie nach der Sitte unrein ist.

Laban ist frustriert und Jakob, der nicht weiß, dass Rahel die Terafim ihres Vaters gestohlen hat, wird zornig. Er fängt an, mit Laban zu streiten. Das arrogante Suchen Labans nach seinen Terafim ärgert ihn und es kommt alles hoch, was während seiner Zeit in Haran geschehen ist. Er wirft seinem Schwiegervater vor, dass er ihm zwanzig Jahre treu gedient hat, aber nun sei eine Grenze erreicht. Wäre Gott nicht mit ihm gewesen, dann würde er hier mit leeren Händen stehen. Aber Gott hat das Unrecht gesehen, das ihm angetan wurde, und hat Recht gesprochen (V. 42).

GOTT SIEHT, HILFT UND SCHULT

Lea hat es bei der Geburt ihrer Söhne gesagt: »*Gott hat mein Elend angesehen, der Herr hat gehört ...*«[86] Nun sagt Jakob dasselbe. Er unterstreicht, dass unser Gott ein Gott ist, der seine Kinder sieht bzw. im Auge behält. Der alles sieht, auch bei uns. Er kennt unsere Umstände, er merkt es auf, wenn wir übersehen, zurückgesetzt oder ungerecht behandelt werden. Es entgeht ihm nicht, wenn jemand uns kränkt oder uns Böses tut. Er weiß von unseren Tränen, er sieht unsere Ohnmacht und Mutlosigkeit, er kennt unsere Verzweiflung. In Jakobs Situation hat er Recht gesprochen (V. 42). Das macht auch uns Mut, ihm zu vertrauen. Denn der Gott, der uns sieht, ist auch der, der handelt. Warum Jakob zwanzig Jahre warten musste, bis Gott eingriff, wissen wir nicht. In Gottes Augen aber war es notwendig. Jakob befand sich in der Schule Gottes, er musste sich seiner Lehre unterziehen. Es war ein hartes, aber notwendiges Training. Im Ausharren. In Geduld. Im Vertrauen nicht auf sich selbst, sondern auf Gott. Dieselbe Schule müssen auch wir durchlaufen, wobei wir uns immer wieder Praktika verschiedener Art unterwerfen müssen, die nicht unbedingt schön und angenehm sind, sondern eher schwierig und mühsam (und immer herausfordernd).

Wir haben Jakob bisher als einen Menschen kennengelernt, der sich die Umstände so hinbog, dass alles kam, wie er es haben wollte. Er war ein Mann, der mehr als einmal auf List und Betrug zurückgriff. Eins seiner Hauptfächer in der Schule Gottes war »Vertrauen«. Jakob sollte es lernen und üben, seinen Weg in Abhängigkeit von Gott zu gehen. Und im Gehorsam.

Mit dem Abschied von Laban beginnt für Jakob und seine Familie eine neue Phase. Bald wird er eine Nacht lang allein mit Gott ringen. In dieser Nacht wird Jakob ein neuer Mensch werden und einen neuen Namen bekommen: Israel. Aber so weit ist es noch nicht.

---

86 1. Mose 29,31.33

ABSCHIED VON LABAN

In Vers 44 sagt Laban seinem Schwiegersohn, wie er die Dinge sieht. Alles hier – Jakobs Frauen, Kinder und Herden und »alles, was du siehst« – gehören ihm. In diesem einen Satz kommt viermal das Wort »meine« und viermal das Wort »mir« vor! Laban sieht sich noch immer als Besitzer und Herr über Jakob, seine Familie und seine Habe. Er ist aber bereit zu einer Lösung, in Form eines Vertrags (oder Bundes) zwischen ihm und Jakob. Aufgrund dieses Vertrags darf Jakob mit seiner Familie und der ganzen Habe gehen.

Jakob nimmt einen Stein und stellt ihn als Denkmal auf. Hier wird eine Mazzebe (ein Gedenkstein) errichtet, wie wir ihn auch aus Bethel kennen, wo Jakob den Engeltraum hatte.[87] Dann werden Steine gesammelt, mit denen ein Steinhaufen errichtet wird. Auf diesem Steinhaufen wird gemeinsam gegessen, wie es beim Schließen eines Bundes und bei anderen formellen Anlässen üblich war.[88] An diesem Tag stellen Jakob und Laban Regeln auf, an die sie sich beide halten sollen. Der Steinhaufen[89] ist damit nicht nur ein Zeugnis für den Bund, sondern auch ein Wachturm oder ein Wachposten (die Bedeutung des Namen Mizpa), der Laban und Jakob daran hindern soll, sich auf das Terrain des anderen zu begeben (V. 52). Jeder hat das Seine und man darf einander nichts Böses tun und sich keinen Schaden zufügen. Auch darf Jakob die Töchter Labans nicht schlecht behandeln und sich keine anderen Frauen nehmen (V. 50).

Als Laban schwört, nennt er sowohl den Gott Abrahams als auch den Gott Nahors (V. 53).[90] Jakob dagegen nennt nur den Gott seines Vaters Isaak (der auch Abrahams Gott war). In diesem Au-

---

87 1. Mose 28,18-19

88 Vgl. 1. Mose 26,26-31 (insbesondere die Verse 30 und 31)

89 Laban nennt ihn Jegar-Sahaduta, Jakob nennt ihn Gal-Ed. Beides bedeutet in Aramäisch und Hebräisch »Steinhaufen des Zeugnisses«.

90 Abraham und Nahor waren Söhne Terachs und damit Brüder, 1. Mose 11,26-27. Jakob war der Enkel Abrahams, Laban war der Enkel Nahors.

genblick werden wir uns bewusst, dass Jakob und Laban zwei verschiedene Religionen vertreten. Abraham hatte die Götzen seiner Familie zurückgelassen. Aber im Haus Labans ist man davon nicht frei, sonst hätten wir in seinem Haus keine Terafim vorgefunden. Jakob will hier eindeutig klarmachen, wer sein Gott ist. Er ist wachsam, wenn es um das Mischen von Religionen oder Synkretismus geht! Darum schwört er nur bei Isaaks Gott und trennt sich so von dem Teil der Familie, der nicht frei vom Götzendienst ist.

In Vers 54 wird der Vertrag mit einem gemeinsamen Mahl besiegelt und danach übernachten alle auf dem Berg. Am nächsten Morgen reisen Laban und seine Leute ab. In 1. Mose 32,1.2 lesen wir: »*Laban kehrte wieder an seinen Ort zurück ... Jakob aber ging seines Weges.*« Mit diesen Versen wird das Kapitel »Laban« abgeschlossen, der Kontakt ist beendet. Die Familie Jakobs wird bald über den Jabbok ziehen und endgültig Labans Gebiet hinter sich lassen. Es geht nach Hause, in das Land, das Gott Abraham, Isaak, Jakob und ihren Nachkommen als Wohnort zugesagt hat.

Götzendienst

Jede Form von Götzendienst ist Gott ein Gräuel. Er ist der einzig wahre Gott, der keine anderen Götter neben sich duldet. In Josua 24,2 lesen wir, dass er Abraham aus dem Götzendienst herausrief (Abrahams Vater Terach war ein Götzendiener). Aus ihm und seinen Nachkommen sollte Gottes Volk entstehen und es sollte den Völkern ringsum sichtbar sein, dass dieses Volk ihm, dem lebendigen Gott, gehörte und diente. Im Mosaischen Gesetz wird jede Form von Götzendienst unter Todesstrafe verboten und die Ausrottung aller Abgötterei in Kanaan befohlen (u. a. 2. Mose 20,3-5; 23,13.24.32f; 5. Mose 12,1-3.29-31). Die Propheten bezeichnen den Götzendienst als Ehebruch, Unzucht und Hurerei. In 2. Könige 23,28 macht König Josia von Juda kurzen Prozess u. a. mit den Wahrsagern und den Terafim im Südreich.

FRAGEN ZU KAPITEL 8

1. Lesen Sie Psalm 119,10. Gottes Wort ist die wichtigste Quelle, wenn wir Gottes Führung suchen. Es kommt auch vor, dass es (zusätzlich) Zeichen gibt, die Gottes Führung bestätigen. Welche Erfahrungen haben Sie in Ihrem Leben mit Gottes Führung gemacht? Welche Rolle hat Gottes Wort in dieser Situation gespielt und welche Zeichen hat es (eventuell) gegeben?

2. Lesen Sie eine (oder auch alle) der folgenden Geschichten und überdenken (oder besprechen) Sie, wie die Menschen von Gott geführt wurden und welche Lektionen sie für uns enthalten könnten.

   a) 1. Samuel 9,1-10,1. Hier arrangiert Gott eine Begegnung zwischen dem Propheten Samuel und dem Bauernsohn Saul, den Samuel als König Israels salben soll. In 10,2-8 sagt Samuel Saul, welche Zeichen für ihn als Bestätigung seiner Erwählung zum Fürst Israels eintreffen werden.

   b) Apostelgeschichte 8,26-40: Hier führt Gott den Apostel Philippus zu einem Äthiopier, der das Evangelium hören soll.

   c) Apostelgeschichte 16,6-10: Hier führt Gott Paulus und Timotheus, die eine Missionsreise machen.

3. Gott hat Jakob beauftragt, Haran zu verlassen, und der bricht – trotz der Zusage Gottes, mit ihm zu sein (V. 3) – heimlich auf. Ist es fair zu sagen, dass es Jakob an Gottvertrauen mangelte? Wie hätten Sie selbst gehandelt und warum?

4. Sowohl Jakob als auch Laban und Rahel haben sich des Betrugs schuldig gemacht. Betrug und Lüge sind ein Verstoß gegen die Wahrheit und damit eine Sünde. In welchen Situationen waren oder sind Sie in Versuchung, Betrug oder eine Lüge in Ihrem Leben zuzulassen? Was ist dafür nötig, davon frei zu werden?

5. In Epheser 4 gibt Paulus seinen Lesern Anweisungen für ihr neues Leben in Christus. Er sagt z. B., dass Christen »*die Lüge ablegen und die Wahrheit reden sollen, jeder mit seinem Nächsten*« (V. 25). Lesen und überdenken Sie die Verse 20-32 (oder tauschen Sie sich darüber aus).

KAPITEL 9
EIN NEUER NAME
1. Mose 32,1-33

»Schon im Mutterschoß hielt er die Ferse seines Bruders und in seiner Manneskraft kämpfte er mit Gott; er kämpfte mit dem Engel und siegte, er weinte und flehte zu ihm ...«

Hosea 12,4-5

»Die Opfer, die Gott gefallen, sind ein zerbrochener Geist; ein zerbrochenes und zerschlagenes Herz wirst du, o Gott, nicht verachten.«

Psalm 51,19

»Ich lasse dich nicht los, es sei denn, du segnest mich!«

1. Mose 32,27b

»Weil er sich an mich klammert, darum will ich ihn erretten; ich will ihn beschützen, weil er meinen Namen kennt.«

Psalm 91,14

Bitte lesen Sie zuerst den Bibeltext:

1. Mose 32,1-33

Mit dem Abschied von Laban geht ein mühsames Kapitel in Jakobs Leben zu Ende. Die Familie ist nun unterwegs nach Kanaan. Jakobs Probleme sind aber noch nicht vorbei, denn es steht die Begegnung mit seinem Zwillingsbruder Esau bevor. Das letzte Mal, dass sie sich gesehen haben, liegt inzwischen gut zwanzig Jahre zurück. Damals war Esau fest entschlossen, seinen Bruder umzubringen. Ob das noch so ist, weiß Jakob nicht. Er hat Angst. Dann aber geschieht Unerwartetes.

Unterwegs begegnet Jakob einer Engelschar. Diese muss ihn an seinen »Leitertraum« in Bethel vor zwanzig Jahren erinnert haben. Gott schenkte ihm damals in der Nacht einen Traum mit vielen Engeln, die auf einer Leiter auf- und niederstiegen. Das war kurz bevor Jakob das Gelobte Land verließ. Nun erscheint ihm eine Engelschar, nachdem er sich aufgemacht hat, um in das Gelobte Land zurückzukehren. Jakob ist nicht mehr auf der Flucht, sondern auf der Heimreise. Er ist jetzt siebenundneunzig Jahre alt und er erlebt es wieder: Gottes Herrlichkeit ist nicht nur im Himmel, sondern auch auf Erden. Und zwar bei ihm! Er ist nicht allein, Gottes Heer von Engeln umgibt ihn. Sind diese Engel vielleicht seit Bethel unsichtbar bei ihm geblieben? Beeindruckt und erfreut gibt Jakob dem Ort den Namen *Mahanajim*, was »Doppellager« oder »die beiden Lager« bedeutet. Seine Familie lagert hier und Gott hat direkt bei Jakob sein Lager errichtet. Wie liebevoll von Gott, dass er Jakob am Anfang seiner Reise seine Anwesenheit und Macht zeigt. Als Jakob Gottes Beistand braucht, wird dieser ihm zugesagt. Vor seiner Begegnung mit Esau wird Jakob am Fluss Jabbok noch eine zweite Gotteserscheinung erleben, die einen neuen Menschen aus ihm machen wird.

VON ANGST GEPACKT

Obwohl die Begegnung mit Gottes Engeln trostreich und ermutigend für Jakob ist, nimmt sie seine Angst nicht weg. Jakob sieht der Begegnung mit seinem Zwillingsbruder mit großer Sorge entgegen. Esau, der »vom Schwert« lebt,[91] ist ein rauer Kerl. Die Männer, die sich ihm angeschlossen haben, sind ohne Zweifel schwer bewaffnet.

Man sagt, die Zeit heilt alte Wunden, aber hier geht es nicht um Wunden, sondern um Sünde, die nie ausgesprochen wurde und wofür nie um Vergebung gebeten wurde. Wir verstehen jetzt, warum Jakob, als er Laban gegenüberstand, keine Angst hatte und freimütig reden konnte. Jakob fühlte sich Laban gegenüber nicht schuldig; er hatte ihm zwanzig Jahre gedient und immer wieder Unrecht ertragen, ohne sich darüber zu beklagen und ohne zu revoltieren. In dieser Situation war Laban der Schuldige. Esau aber ist eine andere Geschichte: Hier ist Jakob der Schuldige und er hat Angst.

Der Bibelausleger Warren Wiersbe sagt: »Ein schlechtes Gewissen lässt uns oftmals das dunkelste Bild ausmalen.«[92] Genau das sehen wir hier bei Jakob. Er ist nicht frei von dem, was vor gut zwanzig Jahren in seinem Elternhaus stattfand, und darum ist das Bild, das er in diesen Tagen vor Augen hat, ein düsteres Bild der Bedrohung. Jakob scheint davon auszugehen, dass die Begegnung mit seinem Zwilling schlecht für ihn ausgehen wird. Er wagt es nicht zu glauben, dass Esau vielleicht nicht mehr darauf aus ist, ihm die alte Schuld heimzuzahlen.

Um zu verhindern, dass die Begegnung mit seinem Bruder explosiv verläuft und eskaliert, trifft Jakob allerhand Vorkehrungen. Als Erstes sendet er Boten aus, die Esau eine Nachricht überbringen sollen. In dieser Botschaft beugt Jakob sich vor seinem Zwil-

---

91 1. Mose 27,40. Dass Esau vom Schwert lebte, deutet darauf hin, dass er von der Beute lebte, die ihm nach einer siegreichen Schlacht oder einem gelungenen Raubüberfall zufiel.

92 Warren W. Wiersbe, Sei Echt. Echten Glauben in einer realen Welt unter Beweis stellen, Christliche Verlagsgesellschaft Dillenburg 2003

ling. Er sagt seinen Boten: »*So sollt ihr zu meinem Herrn Esau sagen: So spricht dein Knecht Jakob ...*« (V. 5). Die Boten sollen Esau auch sagen, dass Jakob darauf hofft, Gnade bei ihm zu finden (V. 6b). Das Letztere ist eine versteckte Bitte um Vergebung für das, was er seinem Bruder vor Jahren angetan hat. Was fehlt, ist ein klares Schuldbekenntnis Jakobs. Das können wir übrigens hier auch noch nicht erwarten, denn ein Schuldbekenntnis an Esau kann Jakob nicht von seinen Knechten überbringen lassen, das müsste er selbst tun. Enttäuschend ist: Als er Esau später selbst begegnet, kommt es ihm nicht über die Lippen, dass er sein Verhalten in seinem Elternhaus zutiefst bereut.

Als die Boten Jakobs zurückkehren, wird nichts über eine Reaktion Esaus gesagt. Sie melden lediglich, dass Esau seinem Bruder mit 400 Mann entgegenkommt. In diesem Moment steht Jakob vor einer Wahl. Nach menschlichem Ermessen sieht es schlecht für ihn aus. Dessen ist er sich bewusst. Seine Angst führt zu düsteren Gedanken. Die sichtbare Realität zeigt ihm das Bild eines Mannes mit einem starken, schwer bewaffneten Heer. Für Jakob kann es nicht anders sein, als dass Esau und seine 400 Mann Böses im Sinn haben (V. 12). Er weiß, dass er dieser Übermacht nicht gewachsen ist. Es gibt aber noch eine andere Realität: Gott hat Jakob Engel gesandt, womit er ihm seine Gegenwart und Macht gezeigt hat. Jakob ist also nicht allein!

Die Frage ist, welche der beiden Realitäten bei Jakob das Sagen haben wird. Was wird lauter sprechen, seine eigene Ohnmacht oder Gottes Macht und Kraft? Die sichtbare oder die unsichtbare Welt? Es ist das Erstere. Leider. Erst wenige Tage sind vergangen, seit Gott Jakob vor Laban in Schutz nahm und ihm sagte, dass er nicht hart gegen seinen Schwiegersohn auftreten darf. Nach dem Abschied von Laban sah Jakob dann eine Engelmacht Gottes und nannte sie das Heerlager Gottes (31,29 und 32,2.3). Sein Staunen über Gott und seine Ehrfurcht vor ihm werden in diesen Tagen von der sichtbaren Realität eingeholt. Die 400 Mann, mit denen Esau ihm entgegenkommt, beherrschen sein Denken.

In Vers 8 lesen wir, dass Jakob von Angst gepackt wird. Das hebräische Wort *zarar*, das mit »angst und bange werden« übersetzt werden kann, vermittelt, dass Jakob nicht mehr in der Lage ist, sich frei zu bewegen. Es ist so, als habe seine Angst ihn im Würgegriff. Es ist die Art von Angst, die auch David kannte und von der er befreit wurde! In Psalm 31,9 spricht er von dieser Erfahrung. Man spürt David eine große Erleichterung ab, wenn er Gott für die Befreiung aus seiner beklemmenden Angst dankt. *»Du hast meine Füße in weiten Raum gestellt«*, sagt er in Vers 9. Das braucht Jakob! Das brauchen wir! Der Schlüssel zu dieser inneren Befreiung ist Gott. Er ist es, der uns von unserer Angst befreit und uns mit seiner Kraft umgürtet.[93] Jakob gelingt es leider noch nicht, in dieser Situation sein Vertrauen auf Gott zu setzen. Er handelt, als ob er allein dafür verantwortlich ist, wie die Begegnung mit Esau ausgehen wird. In den Versen 8 und 9 ist er völlig von den Vorbereitungen für die Konfrontation mit Esau vereinnahmt. Er trifft sorgfältige Vorsichtsmaßnahmen und teilt sein Volk und sein Vieh in zwei Lager auf. Wenn Esau eins der Lager angreift, könnte es dem zweiten Lager gelingen zu entkommen.

OHNE GEBET SIND WIR HILFLOS

In den Versen 10-13 treffen wir Jakob betend an. Zuerst erinnert er Gott an seinen Auftrag und seine Verheißung an ihn (*»Kehre wieder in dein Land und zu deiner Verwandtschaft zurück; ich will dir wohltun«*). Dann sagt er Gott, dass er dessen Gnade und Treue nicht verdient (*»Ich bin zu gering …«*). Jakob *macht* sich nicht nur klein vor Gott, sondern er *weiß*, dass er vor Gott gering *ist*. Er betont, dass er sein Elternhaus vor zwanzig Jahren mit leeren Händen verlassen hat und von Gott reich beschenkt wurde (*»… ich hatte nur einen Stab (…) und nun bin ich zu zwei Heerlagern geworden«*). Dann kommt die Bitte um Rettung aus der Hand Esaus (*»denn ich fürchte ihn«*). Schließlich erinnert Jakob Gott wieder an seine Verheißung und an seine Vorfahren (*»Du hast gesagt: Ich will dir ge-*

---

93 Psalm 18,33

*wisslich wohltun und deinen Samen machen wie den Sand am Meer,
der vor Menge nicht zu zählen ist«).*[94]

Es ist das erste Mal in der Jakobsgeschichte, dass wir Jakob so
leidenschaftlich beten sehen (und das erste Gebet Jakobs in der Bibel seit seiner Begegnung mit Gott in Bethel auf dem Weg zu Laban. [95]). Bei der Gottesoffenbarung in Bethel hat er einen Gedenkstein errichtet, ihn mit Öl gesalbt und mit Gott gesprochen bzw.
vor Gott ein Gelübde abgelegt. Dass er nun so persönlich und eindringlich betet, hat sicherlich auch damit zu tun, dass seine Not
noch nie so groß war wie in diesen Stunden, in denen er einen
Angriff von Esau erwartet. Aber warum betet er erst jetzt? Zuerst
hat er Esau eine Nachricht überbringen lassen, dann hat er Menschen und Vieh in zwei Lager geteilt und dann – erst nach all diesen Maßnahmen – nimmt er Zuflucht zum Gebet und fleht Gott
an, er möge ihn aus der Hand seines Bruders retten.

Was hier geschieht, kennen wir auch aus unserem Leben. Wenn
wir Probleme haben oder in der Klemme sitzen, versuchen wir da
nicht auch zuallererst, die Sache selbst zu klären? In schlaflosen
Nächten bedenken wir alles Mögliche, das wir vielleicht tun sollten, damit wir »gerettet« werden. Wir denken, wir planen, wir bereiten alles bis ins kleinste Detail vor, damit nur nichts schiefgeht.
Und dann … ja, erst dann kommt das Gebet um Gottes Hilfe und
Segen. Warum machen wir es nicht umgekehrt? Warum fragen
wir Gott nicht gleich, wie wir handeln oder vorgehen sollen?

GESCHENKE ZUR VERSÖHNUNG

Am Morgen nach seinem Gebet wählt Jakob aus seinem Besitz ein
riesiges Geschenk für seinen Bruder. Es sind mehr als 500 Tiere –
Ziegen, Böcke, Schafe, Widder, Kühe, Stiere, Eselinnen und Esel-
hengste. Die Hirten sollen Esau mit den Tieren entgegengehen,
doch nicht als geschlossene Gruppe. Zwischen den einzelnen Herden soll Raum gelassen werden. Mit dieser Aufstellung hofft Jakob,

94 1. Mose 22,17
95 1. Mose 28,20-22

Zeit zu gewinnen. Sein Bruder wird bei der Begegnung bei jedem Hirten nachfragen, zu wem er und seine Herde gehören und wo es hingeht. Jeder Hirte soll Esau sagen, dass Jakob (»dein Knecht«) hinter ihnen herkommt. Die Herden dienen als Versöhnungsgeschenke, sie sollen Esaus Herz weich machen. Vers 21: »*Denn er* (d. h. Jakob) *dachte: Ich will sein Angesicht günstig stimmen mit dem Geschenk, das vor mir hergeht; danach will ich sein Angesicht sehen; vielleicht will er mich gnädig ansehen.*«

Es ist auffallend, wie demütig Jakob hier vorgeht. Es ist so, als wolle er seine Schuld Esau gegenüber mit Zinsen zurückzahlen. Es ist nicht nur die Größe und der Wert seiner Geschenke, die auffallen, sondern auch die Ehre, die Jakob seinem Bruder erweist. Wenn der Letzte seiner Hirten mit Geschenken vor Esau erscheint, hat dieser inzwischen mehrere Male die Worte »dein *Knecht* Jakob« gehört und ist einige Male als Jakobs *Herr* (hebr. *adonai*) bezeichnet worden. Wenn die Brüder sich schließlich persönlich treffen, wird Jakob sich sieben Mal vor Esau verbeugen. Und wieder wird er betonen, dass er Esaus Knecht ist, und er wird ihm sagen: »*Ich wollte Gnade finden in den Augen meines Herrn!*« (V. 8). Der Mann, der seinen Bruder nie als den Älteren geehrt, sondern ihn durch seinen Betrug sogar entehrt hat, will sein Versäumnis mit einem Haufen Geschenke und zahlreichen Ehrerweisungen und Verbeugungen wiedergutmachen.

Angriff in der Nacht

Als sich die Hirten Jakobs auf den Weg machen, bleibt Jakob zurück. Er hat vor, die Nacht mit seinen Frauen und Kindern im Lager zu verbringen. Sie befinden sich am Fluss Jabbok, einem saisonalen Nebenfluss des Jordan, der etwa 40 Kilometer nördlich des Toten Meeres in den Jordan mündet. Dieser Strom, der ca. 90 Kilometer lang ist, ist streckenweise ein reißender Fluss mit steilen Ufern. Hier und da gibt es aber Furten, an denen das Wasser weniger tief ist. An einer solchen Stelle finden wir die Familie in diesen Stunden. Viel Schlaf gönnt Jakob seiner Familie nicht, denn er steht mitten in der Nacht auf und bringt seine Frauen Lea und Rahel, ihre beiden Dienerinnen, seine Kinder und »*alles, was er hatte*«, über den Fluss (V. 24). Man kann das so verstehen, dass Jakob vor innerer Unruhe keinen Schlaf findet. Dennoch ist das, was hier geschieht, an sich nicht außergewöhnlich, da Herden und Karawanen oft nachts unterwegs sind. Die Frage ist eher, warum Jakob nicht mit seiner Familie und Habe mitzieht. Offen bleibt auch, an welchem Ufer Jakob zurückbleibt. Es kann so gewesen sein, dass er den Fluss wieder überquert hat und auf der »sicheren Seite« (der Ostseite des Flusses) zurückgeblieben ist. Die »unsichere Seite« ist die Westseite des Ufers, wo ihm Esau entgegenkommt. Jakob kann nicht ahnen, dass ihm in den nächsten Stunden eine erschütternde Begegnung mit Gott bevorsteht. Diese Nacht wird die wohl dunkelste Nacht in seinem Leben. Es wird aber in dieser Nacht das Licht aufgehen.

Warum bleibt Jakob in dieser Nacht allein zurück? Sucht er die Einsamkeit, um sich innerlich auf das vorzubereiten, was unabwendbar ist: die Begegnung mit Esau? Wendet er sich wiederum an Gott? Es wird uns nicht gesagt. Die ersten Worte in Vers 25 markieren aber den Beginn einer völligen inneren Umwandlung Jakobs: »*Jakob aber blieb allein zurück.*«

Wenn ein Mensch ganz allein und sich selbst überlassen ist, ist das oft der Moment, in dem Gott spricht. Auch jetzt, beim Jabbok, ist das der Fall. Gott offenbart sich an Jakob, aber dieses Mal nicht durch einen Traum oder eine Wortoffenbarung. Abgesondert von seiner Familie und den Dienern wird Jakob in der Dunkelheit angegriffen. Es folgt ein schwerer Kampf, bei dem ihm keiner hilft. In dieser Nacht ringt ein Mann mit Jakob (V. 25). Ein Mann oder »ein Jemand« (so kann man das aus dem Hebräischen herauslesen) und das lässt offen, um wen es sich handelt. Ein Bibelausleger schreibt von einem »auf Jakob eindringenden Gegenüber«, das angreift und stark ist.[96] Von sich aus gibt der Angreifer seine Identität nicht preis.

---

96 Hannsjörg Bräumer, Wuppertaler Studienbibel, SCM R. Brockhaus

In dieser Nacht ringt Jakob um sein Leben. Er wird dabei körperlich verletzt und er bleibt behindert zurück, denn sein Angreifer hat seine Hüfte »berührt«. Dass es die Hüfte ist, ist vielsagend, denn die Hüften oder Lenden sind der Bereich, wo die Manneskraft ihren Sitz hat. Im Alten Testament finden wir immer wieder Texte, die das unterstreichen. In 1. Mose 35,11 z. B. sagt Gott Jakob, dass Könige aus seinen Lenden hervorgehen sollen, und in 1. Mose 46,26 werden die Söhne Jakobs beschrieben als die, die *aus seinen Lenden* hervorgegangen sind. Die Hüften oder Lenden werden in der Bibel auch metaphorisch gebraucht: das Umgürten der Hüften macht aufbruchs- und handlungsbereit,[97] Krieger gürten ihr Schwert um die Hüften, wenn sie in den Kampf ziehen,[98] und wer »zerschmetterte Lenden« hat, kann nicht mehr aufstehen und ist kampfunfähig.[99]

Für die Berührung der Hüfte Jakobs wird das hebräische Wort *naga* verwendet, das sowohl eine sanfte Berührung als auch ein heftiges Schlagen bedeuten kann. Es muss das Letztere sein, denn Jakob ist danach angeschlagen. In Vers 32 erfahren wir, dass »*er hinkte wegen seiner Hüfte*«. In dieser Nacht hat Jakob an physischer Kraft eingebüßt: Er konnte sich nicht mehr völlig auf seine eigene Kraft stützen, sondern war ein Stück weit »lahm« geworden. In Vers 33 wird erwähnt, dass die Kinder Israels als Erinnerung an den nächtlichen Kampf Jakobs beim Fluss Jabbok »bis zum heutigen Tag« nicht die Sehne essen, die über das Hüftgelenk läuft. Dieser *nervus ischiadicus* wird auch heute noch beim rituellen Schlachten sorgfältig entfernt.

Was in dieser Nacht genau vor sich geht, bleibt ein Geheimnis. Jakob wird überfallen und muss allein, ohne fremde Hilfe, um sein Leben kämpfen. Er muss hin und her gerissen sein von der Frage, wer sein Angreifer ist? Kann das Gott sein? Und, wenn ja, wie soll er das verstehen? Gott ist doch sein Helfer und nicht sein Angreifer? Sein Beschützer und nicht sein Feind? Jakob selbst erlebt sei-

---

97 z. B. 2. Mose 12,11; 2. Könige 4,29
98 z. B. 2. Mose 32,27
99 5. Mose 33,11

nen Angreifer als einen Fremden und doch auch nicht. Er sagt nach dieser dunklen Nacht: »*Ich habe Gott von Angesicht zu Angesicht gesehen und meine Seele ist gerettet worden*« (V. 31). Der »Jemand« ist also Gott gewesen. Hat Jakob ihn in Menschengestalt erlebt, wie Abraham, der von drei Männern besucht wurde, von denen einer als »der Herr« bezeichnet wird?[100] Das ist gut möglich, denn Jakob hat nicht mit einem »Geist« gerungen, sondern mit einer Gestalt, die ihn auch physisch geschlagen hat. Der Prophet Hosea spricht von einem Engel.[101]

Wir kennen auch aus Moses Leben einen Kampf mit Gott. Weil Mose nachlässig darin war, seinen Sohn zu beschneiden, was eine Bedingung in Gottes Bund war, wollte Gott Mose töten. Durch das beherzte Eingreifen von Moses Frau, die ihren Sohn direkt beschnitt, ließ Gott von Mose ab und er blieb am Leben. Auffallend in dieser Geschichte, die wir in 2. Mose 4,24-28 vorfinden, ist die deutliche Aussage, dass der Herr selbst der Angreifer war. Beim nächtlichen Kampf Jakobs wird das nicht direkt gesagt. Anders als bei Mose hat Jakob auch nicht etwas Wesentliches unterlassen, wofür Gott ihn strafen wollte. Für Jakob ist anderes dran; die Zeit ist reif für eine radikale und totale Erneuerung. Es soll ein Strich unter seine Vergangenheit gesetzt werden; sein eigenmächtiges Auftreten, seine Lügen und Halbwahrheiten sollen ein Ende nehmen. Aus Jakob soll ein Mann werden, der sein ganzes Vertrauen auf Gott setzt. Anders ausgedrückt: Der alte Jakob soll besiegt werden. Eigentlich ist es in dieser Nacht so gewesen: Während Jakob um sein Leben kämpft, kämpft Gott um Jakob. Ein Bibelausleger sagt, dass Gott hier der Verwundende und Segnende zugleich ist. Der Angreifer und der Helfer. Mit der einen Hand kämpft er *gegen* Jakob, mit der anderen *für* ihn. Jakob wird sowohl angeschlagen (verletzt) als auch gesegnet. Die große Frage ist, ob Jakob in diesen Stunden verstehen und erkennen wird, dass er ohne Gott nicht auskommt?

---

100 1. Mose 18,1-3.13

101 Hosea 12,4-5

OHNE GOTTES SEGEN SIND WIR HILFLOS

Der nächtliche Kampf beim Fluss Jabbok ist ein Kampf auf Leben und Tod. Jakob gibt sich aber nicht geschlagen. Es wird nicht gesprochen, dafür reicht während des Kampfes nicht die Luft. Dann, am frühen Morgen, klingt die Stimme des »Jemand«: *»Lass mich gehen; denn die Morgenröte bricht an.«* Noch immer halten sie sich fest, der Kampf ist noch nicht vorbei. Verschwitzt und außer Atem antwortet Jakob: *»Ich lasse dich nicht los, es sei denn, du segnest mich!«* (V. 27).

Jakobs Antwort ist eindringlich und ergreifend. Ihm muss bewusst sein, dass er mit Gott gerungen hat. Aber nicht nur das. Der Kampf hat ihn physisch und geistlich in eine Position gebracht, in der er sich Gott unterworfen weiß. Als Gott ihn prüft *(»Lass mich gehen«),* ist er nicht bereit, ihn gehen zu lassen. Er klammert sich an ihn und sagt: »Ohne dich und ohne deinen Segen will ich nicht und geht es auch nicht.«

Man mag sich fragen, welchen Segen Jakob haben will. Er ist doch ein gesegneter Mensch: Er hat das Erstgeburtsrecht und den Segen Isaaks, er hat Frauen und Kinder und großen Besitz. Ja, all das hat er, aber seine Schuld gegenüber Gott ist groß. Jakob hat sich in seinem Leben mehrmals des Betrugs, der List und der Lügen schuldig gemacht. Er hat immer wieder unabhängig von Gott gehandelt. In seinem Kampf mit Gott müssen ihm diese Dinge schmerzhaft bewusst geworden sein. Gott hat ihn zwar treu begleitet und sich mehrmals an ihm offenbart, aber es ist noch immer Jakob gewesen, der die Fäden in der Hand hielt. In dieser Nacht bröckelt Jakobs Selbstsicherheit und es kommen ihm die Tränen.

Der Prophet Hosea sagt: *»Schon im Mutterschoß hielt er (Jakob) die Ferse seines Bruders und in seiner Manneskraft kämpfte er mit Gott; er kämpfte mit dem Engel und siegte, er weinte und flehte zu ihm.«*[102] Warum fleht Jakob Gott unter Tränen an? Hat er Angst, Gottes Gunst zu verlieren? Befürchtet er, die großen Verheißungen

---

102 Hosea 12,4

Gottes an Abraham und Isaak und auch an ihn zu verlieren? Eine große Nachkommenschaft, ein großes Volk mit einem eigenen Land? Sollten nicht auch durch Jakob alle Geschlechter der Erde gesegnet werden? Meint Jakob diesen »Abrahamssegen«, als er Gott erwidert, er würde ihn nicht gehen lassen, ohne von ihm gesegnet zu werden? Es ist anders: Aus Jakobs Tränen und seinem Flehen, daraus, dass er sich an Gott klammert, spricht eher, dass ihm in dieser Nacht vor allem anderen eines bewusst geworden ist: Ohne Gott ist er hilflos und verloren.

Das Prinzip des Unvermögens

Über diesem Kapitel stehen u. a. die Worte aus Psalm 51,19: »*Die Opfer, die Gott gefallen, sind ein zerbrochener Geist; ein zerbrochenes und zerschlagenes Herz wirst du, o Gott, nicht verachten.*« In Jesaja finden wir ähnliche Worte. Dort sagt Gott: »*Ich will aber den ansehen, der demütig und zerbrochenen Geistes ist und der zittert vor meinem Wort.*«[103] Das hebräische Wort, das in unseren Bibeln mit »zerbrochen« übersetzt wird, geht auf die Wurzel »zerbrechen, in Stücke brechen, zerschmettern (oder niederschmettern), demütigen« usw. zurück. Es sind radikale Worte, die unterstreichen, dass der Allmächtige seine Wohnung in Menschen machen will, die wissen, dass sie ohne Gottes Beistand und Segen hilflos sind. Ihr Wissen ist kein intellektuelles Wissen, sondern eine Erkenntnis, die sich meistens auf eine persönliche (und meist schmerzhafte) Erfahrung der eigenen Unzulänglichkeit und Hilflosigkeit gründet. In solchen Menschen findet Gott Raum, nicht in stolzen.[104]

In Psalm 51,19 begegnen wir zweimal dem Wort *zerbrochen* und einmal dem Wort *zerschlagen*. König David, der diesen Psalm schrieb, wusste aus eigener Erfahrung, wie es ist, zerbrochen oder zerschlagen zu sein. Seine Worte in Psalm 51 sind verbunden mit seiner Affäre mit Batseba und dem Mord an ihrem Ehemann Urija.

---

103 Jesaja 66,2b
104 Siehe auch Jesaja 57,15

In der Zeit danach war der stolze König sowohl körperlich als auch emotional zerbrochen. In diesem Zustand besuchte ihn der Prophet Nathan. Er machte David klar, dass er alles, was er war und hatte, Gott zu verdanken hatte. Es kam bei David zur Einsicht und Buße und dann zur Erneuerung. Wir erleben bei ihm, was Gott durch Jesaja sagt: Er will bei denen wohnen, die *»zerschlagenen und gedemütigten Geistes«* sind, damit er *»den Geist der Gedemütigten belebe und das Herz der Zerschlagenen erquicke«*.[105]

Für Jakob kommt die Erfahrung des Zerbrochenseins am Jabbok. Der Mann, der in der Nacht am Ufer des Flusses von Gott angegriffen wird, ist bisher im Grunde der Kapitän auf seinem Lebensboot gewesen. Er hat nicht wirklich mit Gott gerechnet oder in Abhängigkeit von ihm gelebt. Jakob empfindet Ehrfurcht für ihn, er hat Gedenksteine und sogar einen Altar errichtet an den Orten, wo Gott sich an ihn offenbart hat. Aber trotz dieser Dinge ist er selbst noch immer derjenige, der das Heft in der Hand hat und der die Dinge zustande bringt, die in seinen Augen nötig sind.

Am Jabbok steht Jakob an einer Kreuzung und es stellt sich die Frage, wie es weitergeht. In dieser Nacht, wo er alleine ist, greift Gott ein (und an!) und es geht darum, wer der wirklich Stärkere ist. Es geht darum, ob Jakob bereit ist, sich als besiegt zu erklären, sein Selbstbestimmungsrecht aufzugeben und sein Leben und seine Zukunft (inklusive die bevorstehende Begegnung mit Esau) in Gottes Hände zu legen. Wir denken an Jesu Worte.

»Wer mir nachkommen will, der verleugne sich selbst ...«[106] Darum geht es am Jabbok: Jakob muss sich geschlagen geben, sich Gott übergeben. Das eigene Ich (oder das Fleisch mit seinen Leidenschaften und Lüsten) muss gekreuzigt werden.[107]

---

105 Jesaja 57,15b

106 Markus 8,34

107 Galater 5,24

EIN NEUER MENSCH, EIN NEUER NAME

Es ist noch immer Nacht und es wird noch immer gerungen, als Gott Jakob nach seinem Namen fragt (V. 28). Wir erinnern uns, dass der Name Jakob (Gott möge beschützen) in der hebräischen Sprache eine Klangähnlichkeit sowohl mit dem Wort *akeb* (Ferse) als auch mit dem Wort *akab* (betrügen) hat. Wir erinnern uns auch an den Moment, als Esau seinem Vater sagte: *»Er heißt mit Recht Jakob, denn er hat mich nun zweimal überlistet.«*[108] Die Bedeutung des Namens *Jakob* gibt sowohl der Frage Gottes als auch der Antwort Jakobs ein besonderes Gewicht. Vor gut zwanzig Jahren hatte Jakobs Vater ihn nach seinem Namen gefragt und Jakob hatte ihm geantwortet: »Ich bin Esau, dein Erstgeborener!« Dieses Mal in der Nacht beim Jabbok erklingt dieselbe Frage und diesmal ist die Antwort: »Jakob«. Es ist ein entscheidender Moment, denn mit dem Aussprechen seines Namens deckt Jakob seinen alten Lebensweg auf: »Ich bin Jakob, der Betrüger, der Manipulator.« Der Name ist ein Bekenntnis und dieses Bekenntnis markiert einen Wendepunkt in Jakobs Lebensgeschichte. Erst als er seinen Namen laut und hörbar vor Gott ausgesprochen hat, sagt Gott zu ihm: *»Dein Name soll nicht mehr Jakob sein, sondern Israel; denn du hast mit Gott und Menschen gekämpft und hast gewonnen!«* (V. 29). Israel bedeutet »Gotteskämpfer« oder »Der Herr wird kämpfen«. Dieser Name soll die Parole oder das Motto des neuen Lebens von Jakob sein. Wir erfahren hier zum ersten Mal den Namen des auserwählten Volkes Gottes, dessen Stammväter die zwölf Söhne Jakobs wurden.

»Du hast mit Gott und Menschen gekämpft«, das beschreibt das bisherige Leben von Jakob recht gut. Er hat mit seinem Zwillingsbruder Esau gekämpft, mit seinem Vater (indem er ihn betrogen hat), mit Laban und mit seinen Frauen (er ist mitschuldig an der Rivalität zwischen Lea und Rahel). Der schwerste Kampf aber ist der am Jabbok, es ist der Kampf mit Gott, der Jakob angreift, weil

---

108 1. Mose 27,36a

er ihn für sich haben will. Jakob siegt, das sagt Gott selbst (V. 29).
Er geht als Sieger vom Platz, als er sein Ringen mit Gott aufgibt,
sich an Gott klammert und sich von seinem Segen abhängig macht.
Wer Gott festhalten will, muss sich selbst verlieren. Wer sich an
Gott klammern will, kann sich nicht auch an menschliche Sicherheiten (die eigene Klugheit, die guten Pläne) klammern. Diese Einsicht gewinnt Jakob während des nächtlichen Kampfes. Der Kampf
ist eine Läuterung. Das macht diese Jabbok-Erfahrung äußerst
kostbar.

In Vers 30 fragt Jakob seinen Angreifer nach dessen Namen.
Der antwortet mit einer Gegenfrage: *»Warum fragst du nach meinem Namen?«* Er wartet nicht auf eine Antwort, sondern er segnet
Jakob. Dem ist eigentlich schon klar, mit wem er gerungen hat und
wer ihm den neuen Namen »Israel« oder »der Herr wird kämpfen«
oder »Gotteskämpfer« gegeben hat.

Jakob nennt den Ort des Kampfes »Pniel« (Angesicht), denn, so
sagt er, *»ich habe Gott von Angesicht zu Angesicht gesehen und meine Seele ist gerettet worden«* (V. 31). Es scheint, als sei Jakob nach
dieser ergreifenden Gottesbegegnung verwundert, dass er noch
am Leben ist. Er wird weder verurteilt noch bestraft und er kommt
auch nicht um. Es geschieht etwas anderes: Aus dem Erzschelm
wird ein Erzvater. In Vers 32 geht die Sonne auf, als Jakob Pniel
hinkend verlässt. Ein neuer Tag beginnt und der Mann, der sich im
Licht der Sonne auf den Weg macht, ist ein neuer Mensch geworden. Einer, der es üben wird, als ein Kind des Lichts zu leben.

JABBOK FÜR UNS

Eine Jabbokerfahrung ist sowohl schrecklich als auch kostbar, sie
tut weh und sie tut gut. Sie ist schrecklich, weil wir »am Jabbok«
völlig erschüttert, hilflos und ratlos sind. Sie ist kostbar, weil die
finstere »Jabboknacht« zu einem neuen Morgen führt, an dem das
Licht aufgeht. In der Jabboknacht wird uns bewusst, dass wir uns
bisher vorwiegend auf die eigene Klugheit und Erfahrung stützen.
Wir fühlen uns zwar abhängig von Gott, sitzen aber im Grunde

selbst am Steuer und lassen uns nicht wirklich von Gott führen, sondern hoffen, dass er uns beisteht, hilft und uns segnet. Wir lassen uns nicht von ihm beschlagnahmen, sondern vertrauen auf die eigenen Erkenntnisse und guten Pläne. Unser »Ich« hat noch immer das Sagen.

Am Jabbok wissen wir nichts mehr zu sagen. Wir sind wie Petrus, der so voller Selbstvertrauen war, dann aber tränenerstickt und völlig am Ende den Hof des Hohenpriesters verließ. Wir sind wie Elia, der viel Mut zeigte und Großes für Gott leistete, dann aber erschöpft in der Wüste lag und keine Perspektive mehr hatte. Wir sind wie der intelligente und stolze Pharisäer Paulus, der meinte, dass Gott seinen Dienst zu schätzen wisse, aber auf dem Weg nach Damaskus seinen Jabbok erlebte. Dort wurde sein »Ich« gekreuzigt: sein Stolz, sein Selbstbestimmungsrecht, seine Rechthaberei. Ihm wurde die Regie über sein Leben aus der Hand genommen; wir finden ihn blind und hilflos auf der Straße. Völlig überwältigt und zitternd kann er nur noch fragen: »Herr, was willst du, dass ich tun soll?«[109] Der Jabbok ist der Ort, wo wir endlich einsehen, dass unsere eigene Klugheit Gottes Wirken im Weg steht. Eine Jabbokerfahrung vermittelt das Prinzip des Unvermögens. Am Jabbok stehen wir mit leeren Händen vor Gott. Es ist keine angenehme Erfahrung, aber dennoch die beste und kostbarste, die es gibt. Denn am Jabbok stirbt der alte und steht der neue Mensch auf. Einer, der sich an Gott klammert, weil er erkannt hat, dass wir ohne Gottes Anwesenheit und Segen hilflos sind.

Wir werden die Fülle des Lebens mit Gott erst dann wirklich kennenlernen, wenn wir uns unseres Unvermögens, unserer Untauglichkeit oder unserer Krankheiten und Schwächen bewusst sind und *wissen*, dass an Gottes Beistand und Segen *alles* gelegen ist.

---

109 Apostelgeschichte 9,3-6

JAKOB HABE ICH GELIEBT

Schließlich noch dies: Im ersten Kapitel dieses Buches haben wir uns mit der Erwählung Jakobs beschäftigt, den Gott als dritten Erzvater seines Volkes und als Vorfahr seines Sohnes Jesus Christus bestimmt hat. Das große Wunder ist, dass Jakob nicht erst dann von Gott gewählt (oder geliebt) wurde, als er Israel geworden war. Gott liebte Jakob schon in seiner »rohen, ungeläuterten Form«, er liebte den Betrüger und Manipulator. Wir treffen hier auf eine grandiose biblische Wahrheit: die bedingungslose Liebe Gottes für Sünder. Der Apostel Paulus wurde von Jesus gerufen, als er noch Saulus (und ein passionierter Christenverfolger) war. Wie Jakob wurde auch er »angegriffen« und wie Jakob bekam auch er einen neuen Namen, er wurde Paulus. Er ließ sein altes Leben hinter sich und stand als neuer Mensch auf. Die Verwunderung des Apostels über Gottes Liebe spricht aus seinen Worten, die er in einem Brief an die Römer verwendet: »*Gott aber beweist seine Liebe zu uns dadurch, dass Christus für uns gestorben ist, als wir noch Sünder waren.*«[110] Sein neues Leben beschreibt Paulus so: »*... nun lebe ich, aber nicht mehr ich selbst, sondern Christus lebt in mir.*«[111]

Die Liebe Gottes für uns Sünder ist Trost, Ermutigung und Herausforderung zugleich. Gott liebt uns nicht, weil wir vollkommen sind (oder danach streben, es zu werden!), er liebt uns bedingungslos! Er will uns für sich gewinnen und neue Menschen aus uns machen. Er liebt und wählt rohes Material und läutert es, damit es Gold wird. Er hat Jakob gewählt mit der Absicht, Israel aus ihm zu machen. Man kann es auch so sagen: Gott hat Jakob geschaffen und Israel gebildet.[112]

110 Römer 5,8

111 Galater 2,20

112 Vgl. Jesaja 43,1

Jabbok und Jakob

Die Klangähnlichkeiten hebräischer Wörter bringen interessante Erkenntnisse: das Verb, das mit »Ringen« (hebr. *»vayye aveq«)* übersetzt wird, klingt in der hebräischen Sprache nicht nur wie der Name Jakob (hebr. *»ya aqov«*), sondern auch wie der Name des Jabbok Flusses (hebr. *yaboq*). Die drei Wörter »Ringen«, »Jabbok« und »Jakob« sind miteinander verwoben und geben eine Erfahrung wieder, die Jakob nie losgelassen hat.

Der Name Israel

Nach dem nächtlichen Kampf mit Gott ist aus Jakob Israel geworden. In dem Namen Israel sind zwei Wörter miteinander verbunden: *sarah* (Kampf) und *el* (Gott). Man kann diesen Namen übersetzen mit »Gotteskämpfer«. Auffallend ist, dass Jakob in der restlichen Geschichte (1. Mose 33-50) fünfundvierzig Mal Jakob genannt wird und dreiundzwanzig Mal Israel. Offensichtich hat der »alte Mensch« im »neuen Erzvater« noch oft das Sagen. Bei Abraham war es ganz anders. Nachdem er seinen neuen Namen Abraham bekommen hatte, wurde dieser Name weiterhin verwendet und der Name Abram kam nicht mehr vor.

Fragen zu Kapitel 9

1. Es gibt eine sichtbare und eine unsichtbare Realität: unsere Wirklichkeit und Gottes Wirklichkeit. Jakobs Wirklichkeit war die bevorstehende Begegnung mit Esau, vor der er eine so große Angst hatte, dass er an nichts anderes denken konnte. Was brauchen wir, damit wir die richtige Perspektive bekommen bzw. eine »Antenne« (Augen und Ohren) für die Wirklichkeit Gottes entwickeln? Lesen Sie 2. Könige 6,15-17.

2. Jakob versuchte mit Geschenken und Ehrenerweisungen seine Schuld vor Esau zu *bedecken* und ihn günstig zu stimmen. Kennen Sie aktuelle Beispiele eines solchen Vorgehens, vielleicht auch aus Ihrem Leben? Was ist ein besserer Weg und warum?

3. Erst nachdem Jakob sich gegen einen eventuellen Angriff Esaus gewappnet und allerhand Vorbereitungen für sein Überleben und das seiner Familie getroffen hatte, suchte er die Nähe zu Gott. Wie sieht das bei Ihnen aus? Suchen Sie zuerst selbst eine Lösung für Ihre Probleme und bitten Sie dann um Gottes Hilfe und seinen Segen oder gehen Sie umgekehrt vor?

4. Was kann man tun, um sich von seinen Sorgen und Ängsten nicht gefangen nehmen zu lassen?

5. Eine »Jabbok-Erfahrung« ist erschütternd, aber sie wirkt wie eine starke Läuterung. Braucht jeder Christ eine solche Erfahrung? Versuchen Sie Gründe dafür und dagegen zu finden.

6. Nach seinem nächtlichen Ringen mit Gott steht Jakob als neuer Mensch mit einem neuen Namen da. Aus Jakob, dem Fersenhalter und Betrüger, ist Israel (Gotteskämpfer) geworden.

7. Paulus spricht an mehreren Stellen davon: Wer in Christus ist, der ist ein neuer Mensch. Er sagt, dass wir den alten Menschen ablegen und den neuen Menschen anziehen sollen. Denken Sie über diese Umwandlung nach (oder tauschen Sie sich darüber aus). Wie kann sie eine Realität in unserem Leben werden? Lesen Sie dazu 2. Korinther 5,17; Galater 6,15 und Epheser 4,24.

8. Was bedeuten die Worte: Der Herr wird nicht in Jakob, sondern in Israel verherrlicht. Lesen Sie dazu Galater 5,24.

KAPITEL 10

JAKOB UND ESAU BEGEGNEN SICH

1. Mose 33,1-20

»Und siehe, ich bin mit dir und ich will dich behüten überall, wo du hinziehst, und dich wieder in dieses Land bringen. Denn ich will dich nicht verlassen, bis ich vollbracht habe, was ich dir zugesagt habe!«

1. Mose 28,15 (Gottes Worte an Jakob,
als er auf der Flucht vor Esau war)

So können wir nun zuversichtlich sagen: »Der Herr ist mein Helfer und deshalb fürchte ich mich nicht vor dem, was ein Mensch mir antun könnte.«

Hebräer 13,6

»Vertraue auf den Herrn von ganzem Herzen und verlass dich nicht auf deinen Verstand; erkenne Ihn auf allen deinen Wegen, so wird Er deine Pfade ebnen. Halte dich nicht selbst für weise ...«

Sprüche 3,5-7

BITTE LESEN SIE ZUERST DEN BIBELTEXT:

1. MOSE 33,1-20

In diesem Kapitel findet Jakobs gefürchtete Begegnung mit seinem Zwillingsbruder Esau statt. Es wird sich herausstellen, dass Jakob sich die schlaflosen Nächte voller Sorgen und Ängste hätte ersparen können. Auch die großen Anstrengungen, die er unternimmt, um seinen Bruder gnädig zu stimmen, werden sich als unnötig erweisen.

Jakob hat sich nach seinem nächtlichen Kampf am Fluss Jabbok wieder seiner Familie angeschlossen. Sie werden sich über seine Verletzung an der Hüfte und sein Hinken gewundert haben. Davon wird aber nichts erwähnt. Das Wichtigste in diesem Moment ist die Begegnung mit Esau, die nun direkt bevorsteht. In Vers 1 lesen wir: »*Und Jakob erhob seine Augen und schaute, und siehe, Esau kam heran und 400 Mann mit ihm.*«

Jakob verliert keine Zeit, sondern handelt direkt und verteilt seine Kinder auf Lea, Rahel und die beiden Leihmütter. Er stellt sie so auf, dass die Sklavinnen mit ihren Kindern vorangehen. Dann folgt Lea mit ihren Kindern und danach Rahel und ihr Sohn Joseph. Die geliebte Frau Jakobs und ihr Sohn sind ganz hinten und damit an sicherster Position. Sollten Esaus Truppen die Familie angreifen, dann könnten sie als Letzte in der Reihe vielleicht noch entkommen. Diese Aufstellung lässt aber auch eine andere Interpretation zu: Esau soll von den Frauen und Kindern Jakobs in aufsteigender Rangfolge begrüßt werden, von Rahel und Joseph, den am höchsten angesehenen, zuletzt (V. 6-7). Ja, so kann es gemeint gewesen sein, aber im Licht der besonderen Position Rahels in Jakobs Herzen ist das Erstere wahrscheinlich eher der Fall: Jakob will Rahel schützen. Er selbst geht wehrlos und schutzlos voran, wobei er sich immer wieder, insgesamt sieben Mal, verbeugt, bis er

vor seinem Bruder steht (V. 1-3). Sieben Verbeugungen! Normalerweise würde eine reichen, selbst wenn es sich um eine hochrangige
Person handeln würde. Jakob ist aber zu allem bereit, um die Rache seines Bruders abzuwenden und ihm seine genommene Würde
zurückzugeben. Wie im vorigen Kapitel schon erwähnt, nennt er
Esau »Herr« und sich selbst Esaus »Knecht«.[113]

Jakobs Vorgehen mit den vielen Ehrenbeweisen ist im Lichte
der herrschenden Rachekultur gut zu verstehen. Auf eine Entehrung war ja nur eine Reaktion möglich: Rache. Jakob hatte seinen
Bruder Esau entehrt, indem er ihm sein Erstgeburtsrecht abgekauft
und ihm den väterlichen Segen für den Erstgeborenen genommen
hatte. Das mag zwar schon mehr als zwanzig Jahre her sein, die
Entehrung aber ist noch immer nicht gerächt worden. Dass diese
Rache nicht ausgeführt wird, ist ein Wunder Gottes!

Die Begegnung der Brüder

Bei Esau ist erstaunlicherweise von Wut oder Rache nichts mehr zu
spüren. Bevor Jakob vor Esau steht, läuft sein älterer Bruder ihm
schon entgegen, fällt ihm um den Hals und küsst ihn. Beide Männer weinen. Es ist Esau, der das Schweigen bricht. In Vers 5 fragt er
Jakob, wer die Menschen sind, die bei ihm sind, und etwas später,
in Vers 8, was das ganze Heer zu bedeuten hat, das Jakob vorausge-
sandt hat. Als Jakob ihm erklärt, dass die Hirten mit ihren Herden
als Geschenk gemeint sind, lehnt Esau das ab: »*Ich habe genug,
mein Bruder: behalte, was du hast!*« Jakob sagt ihm darauf, dass er
diese Segensgeschenke doch annehmen soll, weil er »*mit allem versehen*« ist (V. 12).

Es stehen sich zwei vermögende Brüder gegenüber, die beide
mehr als genug haben. Auffallend ist, dass Jakob sowohl seine Kinderschar als auch seinen Wohlstand mit den Worten »*Gott hat*

---

113 Ironisch ist, dass in dem Segen, den Jakob seinem Bruder stahl, gesagt wurde, dass Völker ihm dienen und Geschlechter sich vor ihm beugen sollten. Er
sollte ein Herr sein über seine Brüder und die Söhne seiner Mutter sollten
sich vor ihm beugen (1. Mose 27,29). Hier aber ist Jakob derjenige, der sich
mehrmals vor seinem Bruder verbeugt.

mich begnadigt« begründet (V. 5). Auch später, in Vers 11, spricht Jakob von Gott, der ihn begnadigt hat. Das finden wir bei Esau nicht. Der Gott seines Großvaters und Vaters spielt offensichtlich keine Rolle in seinem Leben.

Esau hat in Kanaan fünf Söhne bekommen. Dann hat er sich von seinen Eltern getrennt und ist mit seiner Familie und seiner Habe weggezogen. In seinem neuen Wohnort im Gebirge Seïr ist seine Familie weiter gewachsen und er ist vermögend und *stark* geworden. Will er seinem Zwilling mit seinen 400 Mann imponieren? Einen Angriff hat er offensichtlich nicht im Sinn.

Während Jakob sich durch seine Ehrerweisungen darum bemüht, Esau günstig zu stimmen, hat Esau überhaupt kein Bedürfnis nach einem solchen Aufwand. Er kann das, was früher war, sein lassen und unbeschwert und freundlich mit Jakob reden. Esau ist ein Mann, der im Jetzt lebt und sich nicht viele Gedanken über gestern oder morgen macht. In seinen frühen Jahren lernten wir ihn kennen als einen, der sich nicht für den Betrieb seines Vaters verantwortlich fühlte. Vielleicht hat er nie wirklich das Bedürfnis verspürt, als Haupt der Familie die Verantwortung für die Sippe zu tragen. Esau liebte die Freiheit, er war immer wieder einige Tage fort, ohne sich um das zu kümmern, was im Zeltlager der Sippe passierte. Er beschäftigte sich nicht mit der Zukunft, sondern lebte stark im Heute. Er war bereit, sein Erstgeburtsrecht gegen eine frisch gekochte Suppe einzutauschen, weil er Hunger hatte und dieses Bedürfnis stillen wollte. Das war Esau: oberflächlich, gleichgültig, unbesonnen und ja, auch gottlos, wie es im Hebräer 12,16 steht. Es hätte geschehen können, dass beim Anblick seines Bruders plötzlich die alte Wut in ihm hochgekommen wäre und es doch einen Kampf gegeben hätte. So weit kommt es aber nicht. Denn Gott ist da und er hält seine Hand über die beiden Männer. So wie er damals Laban von einer Racheaktion zurückgehalten hat (auch Laban war entehrt worden, da Jakob ihn heimlich verlassen hatte),[114] muss Gott auch am Herzen Esaus gewirkt haben, denn

---

114 1. Mose 31,29

der raue Krieger ist seinem Bruder gegenüber überraschend milde gestimmt.

Von Gott überrascht

Jakob ist überwältigt von Esaus Freundlichkeit. Er hat keinen Moment mit Frieden gerechnet, sondern ist davon ausgegangen, dass Esau noch immer auf Rache aus ist und ihm Böses antun wird. Nun kommt alles ganz anders; in Esaus Gesichtsausdruck ist kein Hass, sondern Bruderliebe zu sehen. Es fällt eine schwere Last von Jakobs Schultern. Aus seinen Worten in Vers 10 (*»Ich habe dein Angesicht gesehen als sähe ich Gottes Angesicht, und du warst so freundlich gegen mich!«*) wird deutlich, dass Jakob in dieser Situation Gottes Hand und in Esaus Blick Gottes Freundlichkeit und Trost erkennt.

Jakob wird von Gott überrascht. Er hatte Gott angefleht, aber vielleicht doch nicht wirklich mit seiner Hilfe gerechnet. Das ist ein nicht unbekanntes Muster. Vielleicht haben auch wir Gott um etwas gebeten, ihn sogar angefleht, aber nicht wirklich damit gerechnet, dass er unsere Gebete erhören wird (oder kann!): Da ist ein bitterer Konflikt mit einem Kollegen oder ein schwerer Streit in der Gemeinde, der schon so lange anhält, dass wir nicht mehr an eine Lösung glauben. Am Arbeitsplatz ist die Atmosphäre verpestet. In der Gemeinde herrscht Unfrieden und es droht eine Spaltung. Ja, wir haben gebetet, natürlich! Wir haben Gott gebeten, einzugreifen und zu helfen. Dennoch gehen wir vom Schlimmsten aus. Und dann plötzlich läuft alles anders, als wir dachten. Mit dem Kollegen ergibt sich ganz überraschend ein positives Gespräch, in dem die Ursache für den Unfrieden angesprochen und aus dem Weg geräumt wird. In der Gemeinde kommt es zur Buße und Versöhnung. Wir sind baff, wir haben überhaupt nicht damit gerechnet, wir können es kaum glauben! Haben wir vielleicht trotz unserer Gebete gar nicht wirklich mit Gott gerechnet? Haben wir es nicht gewagt zu glauben, dass er die Dinge in Bewegung bringen kann? Dass er das auch mit Menschen schafft, die gar nicht an ihn glauben?

Versöhnung?

Ich habe das Wort Versöhnung als Überschrift über diesem Abschnitt mit einem Fragezeichen versehen. Dafür gibt es einen Grund. Ja, die Brüder treffen sich und sie reden freundlich miteinander. Aber findet eine wirkliche Versöhnung zwischen den beiden statt? Kann man überhaupt von einer Versöhnung sprechen, wenn die Schuld des einen gegenüber dem anderen unausgesprochen bleibt und die Dinge nicht geordnet werden? Ist es dann nicht eher so, dass man sich arrangiert hat?

Wir haben in 1. Mose 32 gesehen, wie gespannt und ängstlich Jakob war, als er sich auf die Begegnung mit Esau vorbereitete, und was er alles unternahm, um sich und sein Haus zu retten, falls es zu einem Kampf kommen würde. Als sich die Brüder dann endlich persönlich begegnen, ist Jakob nach wie vor nervös und ängstlich und es ist ihm alles daran gelegen, die Gunst Esaus zu gewinnen. Auf die Botschaft seiner Knechte und die vielen Geschenke, die sie Esau brachten, folgt nun eine persönliche Ehrenerweisung Jakobs. Er verbeugt sich siebenmal vor seinem Bruder und nennt sich sein Knecht (V. 3 und 5b). Wie ich in Kapitel 9 schon sagte, deckt er die Vergangenheit mit Geschenken und einer zur Schau gestellten Demut zu. Als sein Bruder die alte Schuld mit keiner Silbe erwähnt, ist er total erleichtert. Jakob zieht seinen Nutzen daraus und lässt das wirklich Wichtige liegen. Dass er sich aber doch nicht ganz wohl dabei fühlt, lässt sich daran ablesen, was folgt. Darin zeigt sich auch, dass wir es hier mit Jakob zu tun haben und nicht mit Israel. Denn wieder wird er seinen Bruder täuschen.

Die Brüder verabschieden sich und gehen getrennte Wege

Nachdem die Begegnung der Brüder friedlich verlaufen ist, kann Jakob seine Reise nach Kanaan fortsetzen. Als Esau ihm vorschlägt, gemeinsam weiterzuziehen, lehnt er das ab. Er schlägt ihm aber vor, ihm »*gemächlich nachzuziehen*«, weil er mit kleinen Kin-

dern und säugenden Schafen und Kühen nicht so schnell vorankommt und Esau nicht aufhalten will (V. 13-14).

Wir schauen uns das genauer an. Zunächst bietet Esau seinem
Bruder an, ihn zu begleiten. Vielleicht ist dieser Vorschlag so gemeint, dass er Jakob eine Eskorte als Begleitschutz anbietet. Jakob
kommt mit seiner Familie und dem Vieh tatsächlich nur langsam
voran und er ist verletzbar: Bei einem Raubüberfall würde er den
Kürzeren ziehen. Esau dagegen hat 400 Mann bei sich. Als Zweites
erwartet Esau, dass Jakob mit ihm nach Seïr reist (und vielleicht
eine Weile bei ihm bleiben wird). Das verspricht Jakob ihm auch:
Er wird Esau nachreisen »*bis ich zu meinem Herrn in Seïr komme!*«
(V. 14b). Esau bietet ihm daraufhin an, einige seiner Leute bei ihm
zu lassen. Aber auch das lehnt Jakob ab (V. 15). Aus dem, was folgt,
wird deutlich, dass Jakob trotz seiner Zusage an Esau nicht wirklich vorhat, nach Seïr zu reisen. Schon kurz nach seiner tiefgreifen-
den Begegnung mit Gott fällt er zurück in alte Gewohnheiten und
greift zu Lüge und Betrug. Warum tut er das?

Der erste Grund ist sicherlich dieser, dass Jakob seinen Bruder
nicht beleidigen oder kränken will, indem er seine Einladung ab-
weist. Aber es ist mehr als das. Man kann sich fragen, ob Jakob einem längeren Zusammensein mit seinem Bruder bewusst aus dem
Weg geht, weil ihm der Gedanke daran unangenehm ist? Ahnt er
vielleicht, dass für eine wirkliche Versöhnung mehr nötig ist als nur
ein Haufen Geschenke und Ehrenbeweise und dass in Seïr ein klä-
rendes Gespräch mit seinem Bruder unvermeidlich sein wird? Ist
das der Grund dafür, dass er einen anderen Weg wählt als den über
Seïr? Als nächstes Reiseziel für Jakob bietet sich Seïr eigentlich an.
Für den Weg nach Bethel (und von dort nach Hebron zu seinem Elternhaus) kann Jakob nämlich leicht die Route über das Gebirge Seïr
nehmen. Dass er jetzt nach Sukkot zieht und von dort nach Sichem,
ist geografisch gesehen zwar möglich, aber der Weg über Bethel
wäre, geistlich gesehen, der bessere Weg gewesen. Der Weg, den Jakob jetzt wählt, wird ihn aufhalten und Sichem wird für ihn eine
Sackgasse sein. Hier plant und handelt Jakob, nicht Israel!

Ankunft in Kanaan

Nach der Verabschiedung der Brüder bricht Jakob nach Sukkot (oder »Hütten«) im Ostjordanland auf. Wir finden diesen Ort am Nordufer des Jabbok, 10 Kilometer nordöstlich seiner Mündung in den Jordan. Dort baut sich der Pilger ein Haus und Hütten (oder Scheunen) für seine Herden, was darauf hinweist, dass er vorhat, eine Weile, vielleicht sogar einige Jahre in Sukkot zu verbringen. Warum Jakob seine Reise ins Elternhaus um einige Jahre verzögert, ist im Lichte des Auftrags Gottes an ihn nicht gut zu verstehen.[115] Wie auch immer, nach einigen Jahren zieht er von Sukkot aus 30 Kilometer westwärts bis Sichem.[116] Die Familie muss dafür den Jordan überqueren. Das hat sie wahrscheinlich ein wenig südlich von dem Ort gemacht, wo der Jabbok in den Jordan mündet. Denn dort gibt es eine seichte Stelle, wo man durch das Wasser waten kann.

In Vers 18 kommt die Familie mit ihren Dienerinnen, Dienern und dem Vieh wohlbehalten in Sichem an. Man lagert sich der Stadt gegenüber und Jakob kauft das Grundstück, auf dem er sein Zeltlager aufgeschlagen hat, von den Söhnen des Stadtfürsten Hemor.[117] Dann errichtet er nach dem Vorbild von Abraham und Isaak[118] einen Altar. Er gibt diesem Altar, der übrigens kein Opferstein, sondern ein Denkmal ist, den Namen *El Elohe Israel* (»Ein Mächtiger ist der Gott Israels«). Der Name ist ein Glaubensbekenntnis und eine Erinnerung an seine Gotteserfahrung in Pniel. Jakob nimmt hier seinen neuen Namen Israel in Anspruch. Tragisch ist allerdings, dass er in Sichem verweilt, anstatt weiterzuziehen. Er ist ja unterwegs zum Haus seines Vaters Isaak. Warum er sich zuerst in Sukkot ein Haus und Scheunen für seine Herden gebaut hat und dort einige Jahre geblieben ist und nun bei Sichem sogar ein Grundstück kauft, bleibt ein Mysterium, das ihn teuer zu stehen kommt. In Sichem erwartet die Familie nämlich ein großes Drama.

---

115 1. Mose 31,3

116 Siehe Infokasten: »Sichem« auf S. 147

117 Als sogenannter »Stadtstaat« hatte Sichem einen Fürsten.

118 1. Mose 12,7 und 13,18 (Abraham) und 1. Mose 26,25 (Isaak)

Gebirge Seïr

Das Gebirge Seïr gilt als das Siedlungsgebiet Esaus und seiner Nachkommen, der Edomiter. Es befindet sich östlich des Jordans. Das Gebiet der Edomiter erstreckte sich vom Fluss Sered im Norden bis zum Roten Meer im Süden. An der Ostseite grenzte Seïr an die Wüste. Ein Vorteil für die Edomiter war, dass das zentrale Gebiet durch rote Klippen aus Sandstein gekennzeichnet ist, die höher als 1500 Meter sind. Diese Klippen fungierten als ein natürliches Fort und schützten die Einwohner vor Angriffen. Ein anderer Vorteil dieses Gebietes war die Positionierung entlang der Handelsrouten zwischen Syrien und Ägypten. Die Edomiter nutzten diesen Vorteil: Sie trieben nicht nur Handel mit den Karawanen, die vorbeizogen, sondern sie forderten auch Zoll von ihnen (siehe auch den Infokasten »Die Edomiter« auf S. 34).

Sichem

Die Stadt Sichem (»Bergrücken«), wo auch Abraham gelagert und einen Altar errichtet hatte (1. Mose 12,6), lag etwa 100 Kilometer nördlich von Jerusalem in einem bergigen Gebiet, das später, bei der Verteilung des Landes, dem Stamm Ephraim (er war Josephs zweiter Sohn) zugewiesen wurde. Sichem war eine von vier Freistädten, die die Leviten in diesem Gebiet zugewiesen bekamen. Das Bergland wurde auch als Gebirge Ephraims bezeichnet (Richter 2,9; 4,5; 1. Könige 4,8). Das erste Heiligtum Gottes im Gelobten Land wurde im Bereich Ephraims aufgerichtet (Josua 18,1).

Fragen zu Kapitel 10

1. Jakob scheint nicht wirklich damit gerechnet zu haben, dass Gott seine Gebete erhören würde. Kennen Sie das auch, dass Sie für etwas beten, aber eigentlich davon ausgehen, dass die Situation nicht zu verändern ist?

2. Können Sie sich an konkrete Situationen erinnern, als Sie alles Mögliche unternahmen, um sich zu »retten«, und dann von Gott überrascht wurden und sich alle Ihre Anstrengungen als unnötig erwiesen?

3. Gehört zu einer Versöhnung immer, dass alter Streit aufgearbeitet und besprochen wird, wobei Schuld bekannt und Vergebung ausgesprochen wird? Oder sollte man an alten Wunden lieber nicht rühren?

4. Manche Menschen gehen nach einer Versöhnung wieder freundschaftlich miteinander um. Aber nicht immer ist das der Fall. Überlegen (oder besprechen) Sie, in welchen Situationen trotz einer Versöhnung ein Neuanfang nicht (gut) möglich ist. Und umgekehrt: Was ist für einen Neuanfang nötig?

5. Jakob und Esau haben sich nach ihrem Treffen wieder voneinander verabschiedet und sind getrennte Wege gegangen. Warum war diese Trennung notwendig?

Kapitel 11

Das Massaker in Sichem

1. Mose 34,1-31

»Vergeltet niemand Böses mit Bösem! (...) Rächt euch nicht selbst, Geliebte, sondern gebt Raum dem Zorn Gottes.«

Römer 12,17-19

»Denn der Name Gottes wird um euretwillen gelästert unter den Heiden ...«

Römer 2,24

BITTE LESEN SIE ZUERST DEN BIBELTEXT:

1. MOSE 34,1-31

Im vorigen Kapitel haben wir erfahren, dass Jakob ein Grundstück an der Ostseite der Stadt Sichem kauft und dort seine Zelte aufschlägt. Es macht den Eindruck, dass Jakob vorhat, sich hier niederzulassen, was merkwürdig ist, da sein Reiseziel von Anfang an das Haus seines Vaters Isaak in Hebron war. Als Gott Jakob in Haran sagte, er solle zurückkehren »in das Land deiner Väter und zu deiner Verwandtschaft«, machte er sich kurze Zeit später auf, »um zu seinem Vater Isaak im Land Kanaan zu ziehen.«[119] Nun aber hat er sich einen Wohnort gewählt, wo ein hiwitischer bzw. kanaanäischer Stamm lebt. Indem Jakob direkt gegenüber der Stadt lagert,[120] setzt er seine ganze Familie Versuchungen aus, denen sie nicht gewachsen ist. Was macht Jakob in dieser ungläubigen Nachbarschaft?

Für Dina, die Tochter von Jakob und Lea, ist der neue Wohnort der Familie spannend. Ihr Leben hat sich seit ihrer Geburt auf dem Betrieb ihres Großvaters Laban abgespielt, für den ihr Vater gearbeitet hat. Nach der Flucht aus Haran haben sich ihr neue Welten aufgetan. Die Familie ist eine geraume Zeit unterwegs gewesen und hat an verschiedenen Orten gelagert. Sie haben einen längeren Zwischenstopp in Sukkot gemacht und nun leben sie in direkter Nähe zu einer Stadt und das macht neugierig. Dina, die zu dieser Zeit im Teenageralter gewesen sein muss, erhofft sich Kontakt mit Mädchen ihres Alters. Sie schafft es, ungesehen das Zeltlager der Familie zu verlassen, und begibt sich ganz unbefangen (und naiv) in die Stadt Sichem (V. 1). Der Text verrät uns nicht, ob das nur einmal geschehen ist oder ob Dina dann und wann aus dem Lager

119 1. Mose 31,3.18
120 1. Mose 33,18

fortschlüpft, um sich heimlich mit jungen Frauen ihres Alters in der Stadt zu treffen. Ihr Verlangen nach Neuem hat auf jeden Fall Folgen und es geschieht, was manchen Skifahrern passiert, wenn sie die markierte Piste verlassen und die Abfahrt auf dem daneben gelegenen (ungesicherten und abgesperrten) Gebiet fortsetzen. Sie lösen eine Lawine aus, die erschütternde Folgen hat.

1. Mose 34 ist ein Kapitel voller Grausamkeit. Dina wird vergewaltigt und es folgt eine blutige Racheaktion ihrer Brüder. Zwischen diesen beiden Berichten findet eine Verhandlung statt und am Ende des Kapitels ist Jakob panisch, weil er befürchtet, dass man seine ganze Familie ausrotten wird. In 1. Mose 35,1 fordert Gott Jakob dazu auf, Sichem zu verlassen.

DIE VERGEWALTIGUNG DINAS

Dina ist während ihres »Stadtbummels« dem Sohn des Stadtfürsten aufgefallen. Wie der Kontakt zwischen den beiden zustande kommt, erfahren wir nicht, wozu er führt, wird uns aber unverhüllt mitgeteilt: »*Sichem nahm sie, legte sich zu ihr und tat ihr Gewalt an*« (V. 2). Dass Sichem (er trägt denselben Namen wie die Stadt) sich Dina *genommen* hat, weist darauf hin, dass Dina nicht freiwillig mit ihm gegangen ist. Es wurde Gewalt angewendet: Das Mädchen wurde dazu gezwungen, mit Sichem in sein Haus zu gehen, wo er sie vergewaltigt hat. Wir finden in der Geschichte mehrere Wörter und Ausdrücke, die vermitteln, dass Sichems Tat an Dina ein schweres Verbrechen ist: »*Er tat ihr Gewalt an*« (V. 2). Dina wurde »*entehrt*« (V. 5 und 13), ihre Brüder waren »*schwer beleidigt und sehr entrüstet*«, man hatte an Israel (Jakob) eine »*Schandtat* begangen«[121] , dies »*durfte man nicht tun*« (V. 7) und »*soll man denn unsere Schwester wie eine Hure behandeln?*« (V. 31).

Die Vergewaltigung Dinas wird radikal verurteilt. Der Literatur aus dem alten Orient ist zu entnehmen, dass es zu dieser Zeit schon Verhaltensregeln gab, darunter auch Verbote von illegalem

---

121 Das Wort Schandtat (hebr. *nebala*), das wir in Vers 7 vorfinden, ist ein uralter Ausdruck für schwerste sexuelle Verbrechen.

und gewalttätigem Sex. Ob in diesem Zusammenhang auch Freiheitsberaubung erwähnt wird? Sichem vergewaltigt Dina nämlich nicht nur, sondern behält sie auch bei sich, als sei sie sein Besitz. Als er mit ihrem Vater Jakob verhandelt, befindet sie sich noch in seinem Haus.

Interessant ist, dass eine Vergewaltigung zu dieser Zeit auch eine wohlüberlegte Strategie sein konnte, um die Eltern einer Jungfrau zu einem Ehevertrag zu zwingen. Wir finden später im Gesetz des Mose Vorschriften, die auf diese Praxis hinweisen.[122] Ob Sichem Dina vergewaltigt, weil er sie heiraten will? Das ist im Grunde schwer vorstellbar, wenn man betrachtet, dass das hebräische »*innah*«, das in unseren Bibeln mit »Gewalt antun« übersetzt wird, auch »bedrücken«, »demütigen«, »erniedrigen«, »bezwingen« und »vergewaltigen« heißen kann. In Sichems Verhalten ist kein Funke Respekt oder Liebe zu entdecken.

Nach der brutalen Vergewaltigung kommt aber ganz überraschend eine radikale Wendung. Wir lesen in Vers 3, dass Sichems Seele (oder Herz) an Dina hängt, dass er sie lieb gewinnt und zu ihr redet. Was ist hier passiert? Was hat Sichem zu Dina gesagt? Wörtlich übersetzt steht hier, dass Sichem »über Dinas Herz hineinredete«, was bedeuten könnte, dass er Dina beruhigt hat. Vielleicht hat er ihr die Ehe versprochen? Das alles bleibt ein Geheimnis. Was wir wohl erfahren, ist, dass Sichem seinen Vater Hemor, den Fürsten der Stadt Sichem, darum bittet, mit Jakob zu verhandeln. Er will Dina heiraten (V. 4). Darauf besuchen Vater und Sohn gemeinsam Jakob.

Zwei Welten

Als Jakob erfährt (von wem eigentlich?), was seiner Tochter angetan wurde, unternimmt er noch nichts, weil er die Rückkehr seiner Söhne vom Feld abwarten will. Hemor und sein Sohn Sichem treffen aber vorher ein. Sie sind schon bei Jakob im Zelt, als Jakobs Söhne hineingestürmt kommen. Als sie von der Vergewaltigung

122 2. Mose 22,15; 5. Mose 22,28-29

ihrer Schwester erfuhren, haben sie sich gleich auf den Weg nach Hause gemacht. Sie sind völlig außer sich. Vers 7 beschreibt sie *als »schwer beleidigt und sehr entrüstet«.*

In all der Aufregung ergreift Hemor das Wort. Er versucht die Gemüter zu beschwichtigen und offenbart Dinas Brüdern, dass sein Sohn an Dina hängt. Er schlägt vor, dass sich Jakobs Haus und seines miteinander verschwägern. Nicht nur soll ihre Schwester seinen Sohn Sichem heiraten, sondern es soll auch weitere Ehen geben, wobei die Frauen aus dem einen Stamm die Männer aus dem anderen Stamm heiraten sollen. Jakob soll sich bei Hemors Stamm ansiedeln. Das Land soll ihm offenstehen, er darf Handel treiben und Grundbesitz erwerben (V. 8-10).

Das ist für Jakob ein attraktiver Vorschlag, der ihn in Versuchung führt. Dem Pilger wird eine Tür geöffnet, er darf sich niederlassen und sich mit einem ansässigen Stamm verbinden, Handel treiben und weiteren Grundbesitz erwerben. Das Land liegt ihm buchstäblich zu Füßen. Für einen Halbnomaden ist ein solches Angebot traumhaft. Für Jakob ist es eher eine Bedrohung. In Sichem steht er kurz davor, die Verschwägerung des Volkes Gottes mit heidnischen Völkern in Angriff zu nehmen.

Schon bei der Berufung Abrahams ist klar gewesen, dass Gottes Volk, das ja aus Abraham entstehen sollte, sich von anderen Völkern absondern sollte. Sie durften sich unter keinen Umständen mit ihnen verbinden, sondern sollten auf ihre besondere Position und Stellung als Volk des lebendigen Gottes achten und diese bewahren. Mit Jakob haben wir den dritten Erzvater dieses Volkes. Wird er der Versuchung widerstehen, sich mit dem kanaanitischen Stamm in Sichem zu verschwägern? Er hat es geschafft, sich nach zwanzig langen Jahren von Laban zu lösen, er hat sich nach der Begegnung mit Esau von ihm getrennt, weil nicht Seïr, sondern Hebron sein Ziel war. Wird er es auch jetzt schaffen, sich von dieser Verbindung fernzuhalten, die seine Identität und seine Sonderstellung vor Gott bedroht?

Noch ist nicht alles gesagt. Es ist Sichem, der das Wort ergreift.

Er wendet sich mit einem weiteren Angebot an Jakob und seine Söhne. Er bittet sie um Gnade, wodurch er sich schuldig erklärt. Er ist bereit, ihnen alles zu geben, was sie von ihm fordern. Sie dürfen ihn um so viele Heiratsgaben und Geschenke bitten, wie sie wollen. Sie können alles haben, solange sie ihm Dina zur Frau geben (V. 11-12). Die Angebote werden immer großzügiger. Sichem ist wirklich fest entschlossen, Dina, die sich noch immer in seinem Haus aufhält, als Braut für sich zu bekommen.

BETRUG UND LIST

Auffallend ist das Schweigen Jakobs. Es sind seine Söhne, die gekränkt, aufgeregt und wütend sind. Und es sind seine Söhne, die mit Hemor und Sichem verhandeln. Sie bleiben dabei, dass die Vergewaltigung ihrer Schwester eine Schandtat ist, die man mit keinen Mitteln wiedergutmachen kann. Und Jakob? Ist das für ihn kein Thema? Wie kann es sein, dass wir bei ihm nichts von Empörung darüber sehen, was seiner Tochter Dina angetan wurde? Ist sie ihm vielleicht nicht wichtig, weil sie »nur« eine Tochter Leas ist? Wie kann es sein, dass ihre Brüder »schwer beleidigt« und »sehr entrüstet« sind, während ihr Vater schweigt und nichts unternimmt?

Zu bedenken ist, dass wir es hier mit einer Rachekultur zu tun haben, was bedeutet, dass ein Vergehen wie z. B. die Entehrung einer Frau, gerächt werden muss. Wir haben außerdem mit einer uralten Sitte zu tun, die heute noch unter den Nomaden des Mittleren Ostens gilt. Die Verheiratung der Kinder war die Sache der Eltern, bei einer Vergewaltigung aber waren es die Brüder des Opfers, die handeln sollten. So hat Davids Sohn Absalom die Vergewaltigung seiner Schwester Tamar durch ihren Halbbruder Amnon gerächt, indem er Amnon zwei Jahre später hat umbringen lassen.[123] Er hat Tamar, die aufgrund der Vergewaltigung keine Zukunft als Ehefrau mehr hatte, in sein Haus aufgenommen.[124]

---

123 2. Samuel 13,28-29

124 2. Samuel 13,23 (»*Tamar aber blieb verstört im Haus ihres Bruders Absalom*«)

Dass es in Sichem Simeon und Levi sind, die Dina rächen werden, liegt daran, dass sie ihre leiblichen und vollen Brüder sind (ihre Mutter war Lea). Die zwei sehen in dem Angebot Sichems ihre Chance für eine riesige Racheaktion. Sie gehen dabei listig vor. In Vers 13 lesen wir: »*Da antworteten die Söhne Jakobs dem Sichem und seinem Vater Hemor in trügerischer Weise ...*« (hebr.: »*mit einer List*«). Wieder bedient man sich des Betrugs!

Für ihre Racheaktion greifen Simeon und Levi auf das Bundeszeichen zurück, das Gott seinem Volk gegeben hat: Jedes männliche Kind des Volkes Gottes sollte beschnitten werden. Die Brüder erklären sich dazu bereit, mit der Bevölkerung Sichems zusammenzuleben und »*ein Volk mit ihnen zu werden*«, wenn die Männer Sichems sich beschneiden lassen. Ihr Vorschlag ist listig und verwerflich zugleich. Simeon und Levi missbrauchen die Beschneidung, die Gott als Teil seines heiligen Bundes eingesetzt hat, als ein Mittel, um die Einwohner Sichems zu erschlagen.[125]

Hemor und sein Sohn Sichem empfinden keinen Argwohn und sind mit dem Vorschlag der Brüder einverstanden. Weil der Stadtfürst in der Stadt das Sagen hat und weil sein Sohn Sichem der »angesehenste« im Haus Hemors ist, wird die Bevölkerung Sichems auf sie hören. Die Menschen werden beim Stadttor, was in alten Zeiten der Ort war, wo u. a. Gerichtsverhandlungen stattfanden, königliche Befehle bekannt gegeben und Verträge geschlossen wurden, informiert über den Vorschlag der Söhne Jakobs. Wir bemerken, dass ihnen anderes vermittelt wird, als sie Jakob zusagten, denn in Vers 23 sagen Vater Hemor und Sohn Sichem ihrem Stamm, dass Jakobs Herden, seine Habe und all sein Vieh ihnen gehören werden. Auch hier geht man listig vor und es werden Menschen hinters Licht geführt. Mit Erfolg! Die Botschaft Hemors und Sichems kommt gut an, denn es gibt bei den Einwohnern Sichems weder Fragen noch Diskussionen; man stimmt ohne Wenn und Aber zu. Sicherlich hat die Habsucht der Menschen eine Rolle gespielt, denn sie werden das große Zeltlager und die Schaf- und Rin-

---

125 Vgl. 1. Mose 17,9-14

derherden Jakobs außerhalb der Stadt wahrgenommen haben. Die Aussicht darauf, dass der Besitz Jakobs ihnen gehören wird, ist sehr attraktiv. Von eventuellen Risiken ist nicht gesprochen worden, auch ist man unwissend darüber, dass Sichem aus Eigennutz handelt.

Die Beschneidung wird den Einwohnern Sichems übrigens nicht unbekannt gewesen sein, denn es gab Nachbarvölker wie z. B. die Moabiter und die Edomiter, die sie praktizierten. In Sichem selbst aber hatte man noch keine Erfahrungen damit gemacht und wahrscheinlich wusste man nichts von den direkten Folgen dieses Eingriffs: heftige Schmerzen, Wundfieber und eine Schwächung, die mehrere Tage dauern kann. In der Unwissenheit der Menschen dort sehen Simeon und Levi ihren Vorteil.

Das Massaker in Sichem

In Sichem wird direkt mit der Beschneidung der erwachsenen Männer (»die im Tor seiner Stadt ein- und ausgingen«, V. 24) begonnen. Am dritten Tag sind die Beschnittenen geschwächt: Ihre Wunden sind infiziert und sie haben Fieber. In diesem Zustand sind die sonst wehrfähigen Männer der Bevölkerung Sichems wehrlos und eine leichte Beute. Und genau darauf spekulieren Jakobs Söhne. Simeon und Levi unternehmen einen Blitzangriff: Sie ziehen bewaffnet in die Stadt ein und töten alle beschnittenen Männer, auch Hemor und Sichem. Es ist eine extrem grausame und blutige Racheaktion. Die beiden gehen kaltherzig in jedes Haus in Sichem und ermorden die Ehemänner und Väter. Schließlich holen sie Dina aus dem Haus Sichems und bringen sie zurück ins Zeltlager Jakobs.

Wer sich fragt, wie das möglich ist, dass zwei Jungs (Simeon und Levi sind wahrscheinlich noch nicht einmal zwanzig Jahre alt) das schaffen, sollte bedenken, dass sie völlig überraschend in die Stadt eindringen, dass die Männer Sichems nach ihrer Beschneidung völlig wehrlos sind und dass Sichem nur ein kleiner Stadtstaat ist. Auch muss es nicht unbedingt so gewesen sein, dass die zwei Brüder allein gehandelt haben. Möglicherweise haben sie Männer aus Jakobs Zeltlager zur Verstärkung mitgenommen. Trotzdem kann man kaum fassen, was die zwei mit oder ohne fremde Hilfe anrichten. Aber es geht noch weiter. Denn nachdem Levi und Simeon die Entehrung ihrer Schwester gerächt und Dina ins Zeltlager Jakobs zurückgebracht haben, machen sich alle Söhne Jakobs auf den Weg. Sie plündern die Stadt und nehmen alle Habe der Menschen und alles Vieh mit. Zuletzt nehmen sie die Frauen und Kinder gefangen und rauben die Häuser aus. Sie scheinen darin einen berechtigten Vergeltungsakt für die geschändete Ehre ihrer Schwester zu sehen.

Jakob, der sich von allem ferngehalten hat, ist völlig entsetzt über das Maß der Vergeltungsaktion seiner Söhne. Ihre Rache ist barbarisch, sie geht weit über das hinaus, was später im mosaischen Gesetz als gerechte Strafe oder Vergeltung für die Vergewaltigung einer Jungfrau angesehen wurde.[126] Es ist kein Wunder, dass Jakob die Haare zu Berge stehen und dass er mit Vergeltungsmaßnahmen der Umgebung rechnet. *»Ihr bringt mich ins Unglück«*, wirft er seinen Söhnen vor. *»Die Einwohner Kanaans werden sich gegen mich sammeln und mich schlagen und ich werde ausgerottet werden samt meinem Haus«* (Vers 30). Nicht nur Jakob und seine Familie sind in Gefahr. Der Fortbestand des Hauses Abrahams, Isaaks und Jakobs steht auf dem Spiel. Aber noch schlimmer ist (und das wird nicht einmal erwähnt!), dass durch das Massaker Gottes Ehre auf dem Spiel steht. Bei Jakob ist in diesen Stunden die Angst um sich und sein Haus zentral. Für Simeon und Levi ist nur eins wichtig: Ihre Schwester wurde entführt und entehrt, sie ist als eine Hure behandelt worden und sie musste gerächt werden (V. 31).

Jakob hat das Massaker in Sichem bis zu seinem Tod nicht vergessen, sondern in sich getragen. Als er seine Söhne kurz vor seinem Tod mit prophetischen Worten segnet, sagt er: *»Simeon und Levi sind Brüder, Waffen der Gewalt sind ihre Schwerter! Meine See-*

---

126 5. Mose 22,28-29

le komme nicht in ihren geheimen Rat und meine Ehre vereine sich nicht mit ihrer Versammlung! Denn sie haben Männer gemordet in ihrem Zorn und Stiere verstümmelt in ihrer Willkür. Verflucht sei ihr Zorn, weil er so heftig, und ihr Grimm, weil er so hart ist! Ich will sie verteilen unter Jakob und sie zerstreuen in Israel.«[127]

In Jakobs Worten ist die Rede von einem geheimen Rat. Daraus kann abgeleitet werden, dass Jakob nicht gewusst hat, was Simeon und Levi vorhatten. Die »verstümmelten Stiere« (V. 6) könnten eine Anspielung auf die Beschneidung der männlichen Bevölkerung Sichems sein. Es kann auch so gedeutet werden, dass Fürst und Volk wie wehrlose Tiere getötet wurden.[128] Es sind übrigens nicht Simeon und Levi, die hier verflucht werden, sondern ihr Zorn und ihr Grimm, durch den sie zu Mördern wurden. Nicht der Sünder, sondern die Sünde wird verflucht. Die Brüder, die in Sichem ihre »Operation« so vereint durchzogen, werden später getrennt (V. 7b): Simeon wird bei der Verteilung des Landes ein eigenes Stammgebiet bekommen. Die Leviten dagegen werden in 48 über das ganze Land verteilten Ortschaften wohnen, wenn sie nicht gerade Dienst am Heiligtum tun.

Schließlich noch dies: In 1. Mose 33,19 hat Jakob sein Grundstück in Sichem erworben und darauf einen Altar zur Ehre Gottes gebaut und ihn »Gott, der Gott Israels« genannt. Es steht im schroffen Gegensatz zu dem, was in 1. Mose 34 beschrieben wird. In diesem Kapitel wird der Name des Herrn nicht einmal erwähnt. Die Themen sind Begierde, List und Betrug, Mord und Angst vor Rache. Die Söhne Jakobs haben sich wie Heiden durch Mord und Plünderung behauptet und damit ihren Gott verhöhnt. In 1. Mose 35 schlägt die Situation um: Der Name »Gott« kommt dort auffallend viel vor.

---

127 1. Mose 49,5-7

128 Nach Hansjörg Bräumer in seinem Kommentar zu 1. Mose. Wuppertaler Studienbibel, SCM R. Brockhaus Verlag.

FRAGEN ZU KAPITEL 11

1. Darf man sagen, dass Jakob in den Jahren, als er sich in Sukkot und Sichem niederließ, Gott ungehorsam war? Eigentlich war er ja auf dem Weg nach Hebron, zum Haus seines Vaters Isaak. Könnte man diese Zeit als einen »Umweg« betrachten, ähnlich wie z. B. Abrahams Aufenthalt in Ägypten (1. Mose 12,10-20) oder in Gerar (1. Mose 20,1ff) oder die Jahre Elimelechs und Naomis in Moab (Ruth 1)?

2. Lesen Sie Römer 12,17-21 und denken Sie darüber nach (oder tauschen Sie sich aus), was hier vermittelt wird.
   a) Versuchen Sie, anhand konkreter Situationen zu verdeutlichen, wie das, was Paulus sagt, gelebt werden kann.
   b) Kennen Sie eine Situation in der Bibel oder auch in Ihrem Leben, in der das Böse nicht gerächt wurde, sondern durch das Gute überwunden wurde (siehe V. 21)?

3. Jakob steht vor der Versuchung, sich mit einem heidnischen Volk zu »verschwägern«. Das Angebot ist attraktiv, aber gefährlich, denn eine Verschwägerung mit den Kanaanitern könnte für Gottes Volk das Ende seiner Identität als ein für Gott abgesondertes Volk bedeuten.
   a) Lesen Sie 2. Korinther 6,14 ff und überlegen (oder besprechen) Sie, was Paulus seinen Lesern damals und heute sagen will.
   b) Wo liegen für Sie Versuchungen, sich der Welt anzupassen? Welche Risiken sind damit für Sie persönlich und für Ihre Identität als Kind Gottes verbunden?

4. Der Altar, den Jakob bei Sichem zur Ehre Gottes errichtet, wird durch das Massaker, das Jakobs Söhne in der Stadt anrichten, zu einer Verhöhnung Gottes. Haben Sie schon einmal darüber nachgedacht, dass Ihr Verhalten oder auch Ihr Reden Gottes Namen in Verruf bringen kann?

KAPITEL 12
DIE LETZTE ETAPPE NACH HEBRON

1. Mose 35,1-29

»Tut die fremden Götter weg, die in eurer Mitte sind!«

1. Mose 35,2

»Reinigt die Hände, ihr Sünder, und heiligt eure Herzen, die ihr geteilten Herzens seid!«

Jakobus 4,8

»Und Jakob kam zu seinem Vater Isaak nach Mamre, bei Kirjat-Arba, das ist Hebron, wo Abraham und Isaak als Fremdlinge geweilt hatten.«

1. Mose 35,27

BITTE LESEN SIE ZUERST DEN BIBELTEXT:

1. MOSE 35,1-29

Man kann sich gut vorstellen, dass das Drama in Sichem für Jakob ein Grund gewesen ist, sich so schnell wie möglich aus dem Staub zu machen. Zwar hatte er das Grundstück, auf dem sein Zeltlager stand, gekauft, aber das muss ihm in diesen Tagen egal gewesen sein. Die Angst vor der Rache der Kanaaniter, die ihn angreifen und sein Haus ausrotten könnten, saß tief. In diesen Stunden muss das reinste Chaos geherrscht haben, nicht nur in Jakobs Herzen, sondern auch im Zeltlager. Seine Söhne hatten sich in der Stadt wie die Wilden aufgeführt, gemordet und geplündert. Sie hatten die Frauen und Kinder aus Sichem ins Zeltlager von Jakob gebracht, dazu noch Vieh und allerhand Güter. Es war ein totales Durcheinander.

Wir stehen in 1. Mose 35 auf der Schwelle in eine neue Phase im Leben Jakobs. In allem Tumult spricht Gott (Vers 1). Er sagt, dass Jakob sich aufmachen und hinauf nach Bethel ziehen soll. Es geht zurück an den Ort, wo Gott sich Jakobs Großvater Abraham offenbarte und wo Jakob nach seiner Flucht aus dem Elternhaus übernachtete. In dieser Nacht schenkte Gott Jakob einen besonderen Engeltraum; er bestätigte ihm den Abrahamsbund und sagte ihm seine Anwesenheit und Fürsorge zu. Und er versprach Jakob, ihn wieder in das Gelobte Land zurückzubringen.[129] Am nächsten Morgen errichtete Jakob einen Gedenkstein und salbte ihn mit Öl. Er gab dem Ort einen neuen Namen: Beth-el oder Haus Gottes. Nun, in 1. Mose 35, sind gut zwanzig (wahrscheinlich eher fast dreißig) Jahre vergangen und Jakob ist auf der Heimreise. Es geht wiederum nach Bethel, wo er sich niederlassen und einen Altar

---

129 1. Mose 28,12-15

bauen soll »*für den Gott, der dir erschienen ist, als du vor deinem Bruder Esau geflohen bist!*« (V. 1). Es ist das erste Mal, dass Gott einen der Erzväter beauftragt, ihm einen Altar zu bauen; bis jetzt haben sie das aus eigenem Antrieb getan.[130]

DIE GNADE GOTTES

Wenn wir uns vorstellen, wie angeschlagen Jakob in diesen Stunden sein muss, dann geht für ihn in dem Moment, als Gott spricht, die Sonne auf. Es ist so viel Schreckliches geschehen und so viel danebengegangen, dass er vielleicht damit rechnete, der Herr würde ihn verlassen. Aber der Herr lässt ihn nicht los. Der Grund dafür liegt nicht bei Jakob, sondern bei Gott: Seine Treue und Güte sind nicht abhängig von unserem Tun, sondern sind in ihm begründet.

Es ist kaum zu glauben, dass es nach dem schrecklichen Massaker in Sichem weder eine Ermahnung noch eine Strafe gibt. Stattdessen öffnet Gott Jakob eine Tür und bietet ihm eine neue Perspektive: Er soll sich aufmachen und weiterziehen. Und zwar zuerst nach Bethel, dem Ort kostbarer Erinnerungen.

Hier sehen wir, was Gnade ist! Es sind grauenhafte Dinge geschehen, die man nicht rückgängig machen kann. Man ist am Ende und geht davon aus, dass alles nur noch schlimmer wird. Man ist sich seiner Sünde und Unzulänglichkeiten schmerzlich bewusst und rechnet damit, dass die Strafe Gottes nun folgt. Aber dann geht der Himmel auf und man wird mit Gottes Güte überschüttet. Eine so überwältigende Erfahrung der Gnade Gottes wirkt stärker als eine harte Strafe. Es führt zur Einkehr und Buße und einem Neubeginn. Der Apostel Paulus spricht davon in Römer 2,4. Er schreibt: »*... erkennst du nicht, dass dich Gottes Güte zur Buße leitet?*«

Paulus warnt uns davor, Gottes Gnade zu verachten. Wir tun das, indem wir achtlos mit seiner Güte, Geduld und Barmherzigkeit umgehen, so als hätten wir ein Recht darauf. Das haben wir aber nicht! Zwar rühmt Jeremia Gott in Klagelieder 3,22, weil seine

---

130 Für Altäre der Erzväter siehe Infokasten auf S. 172

Barmherzigkeit nicht zu Ende, sondern jeden Tag neu ist, er sagt damit aber nicht, dass Reue und Buße nicht erforderlich seien. Sie sind notwendig und in der Bibel wird immer wieder dazu aufgerufen. Ja, es ist unangenehm, unsere Sünden zu erkennen und zu bekennen, aber es tut gut. Reue und Buße räumen auf und schaffen Raum für einen Neuanfang.

TUT DIE FREMDEN GÖTZEN WEG

Bei Jakob sehen wir kein Bußgebet, wir sehen aber eine starke Entschiedenheit, Gott mit einem ungeteilten Herzen zu dienen. Jakob ruft *»sein Haus und alle, die bei ihm sind«* auf, die fremden Götter, die sie besitzen, abzugeben, sich zu reinigen und ihre Kleider zu wechseln (V. 2). Es ist ein einschneidender Moment im Leben Jakobs. Wir erinnern uns, dass die Vorfahren Abrahams fremden Götzen dienten.[131] Abraham hatte sich davon losgemacht, aber seine Nachkommen blieben nicht frei vom Götzendienst. Im Haus Labans, wo Jakob gut zwanzig Jahre lebte, befanden sich Terafim oder Hausgötter. Diese waren Rahel so wichtig, dass sie sie mitnahm, als sie aus Haran flüchteten. Jakob hat in dieser Situation keine Sekunde daran gedacht, dass es vielleicht Götzen in seiner direkten Familie geben könnte, sonst hätte er seinem Schwiegervater nicht gesagt, dass derjenige, bei dem er Götzen finden würde, sterben sollte.[132] Wie konnte Jakob damals so sicher sein, dass sein eigenes Haus frei von Götzen war? Wie konnte er so selbstverständlich davon ausgehen, dass seine Frauen, die bei ihrem Vater mit Hausgötzen und Wahrsagerei groß geworden waren, sich nicht auch darauf eingelassen hatten? Wie war das mit seinem Personal? Götzendienst war in Mesopotamien ja an der Tagesordnung. Ist Jakob nachsichtig gewesen und hat er den Götzendienst toleriert oder sogar ignoriert? War es für ihn überhaupt ein Thema? Eigentlich haben wir bisher bei diesem Mann, der Gott in seinem Gelüb-

---

131 Siehe Josua 24,2

132 1. Mose 31,32a

de in Bethel gesagt hatte, dass er sein Gott sein sollte,[133] wenig geistliche Autorität innerhalb der eigenen Familie gesehen. Aber seit Sichem hat sich das geändert. Es ist, als wirke das grausame Massaker, das seine Söhne in dieser Stadt angerichtet haben, wie ein Katalysator. Es löst bei Jakob eine so große Angst und Verzweiflung aus, dass er nicht mehr weiterweiß. Als Gott dann in diese aus dem Ruder gelaufene Situation hineinspricht, kommt es zu einer inneren Erneuerung und Buße. In den Versen 2 und 3 steht ein fest entschlossener Jakob da. »*Ihr sollt die fremden Götter aus eurer Mitte entfernen und euch reinigen*«, sagt er seinen Leuten, »*Ich will in Bethel einen Altar errichten für den Gott, der mir geantwortet hat zur Zeit meiner Not und der mit mir gewesen ist auf dem Weg, den ich gezogen bin!*« (V. 3). Das Oberhaupt der Familie steht auf mit einem klaren Aufruf und mit einem klaren Zeugnis. Es gibt den einen Gott, der Jakob begleitet hat und der zu ihm gesprochen hat. Ab jetzt werden in Jakobs Haus und bei »allen, die bei ihm waren« (V. 2), keine Götzen mehr toleriert.

Der Umzug von Sichem nach Bethel ist mehr als eine logistische Operation, er ist eine geistliche Erneuerung, an der das ganze Haus Jakobs beteiligt ist. Zu bedenken ist, dass seine Söhne die Häuser in Sichem ausgeraubt hatten, wobei sie sicherlich auch kultische Gegenstände mitgenommen hatten. Außerdem gehören Jakob jetzt auch die sichemitischen Frauen und Kinder, die seine Söhne aus Sichem geraubt hatten. Vielleicht hat Jakob einige davon später als Sklavinnen verkauft und andere als Diener für sich behalten, nun aber sind sie, soweit wir wissen, alle noch dabei: heidnische Götzendienerinnen aus Kanaan.

In Vers 4 kommen alle zusammen und es werden alle fremden Götter, die man besitzt, an Jakob »ausgeliefert«. Darunter Götzenfiguren und Symbole aus Holz oder Ton, Amulette und kultische Schmuckgegenstände wie Armbänder, Ringe und Ohrringe. Es sind alles Dinge, die an sich nichtig bzw. tote Materie sind,[134] aber

---

133 1. Mose 28,21b
134 Lesen Sie Jeremia 10,3-5

zu Götzen gemacht wurden, weil Menschen ihnen Macht verliehen. Aus einem Ohrring oder einem Armreif wurde ein Schutzschild gegen Gefahren oder böse Geister, hölzerne Hausgötzen (Terafim) sollten einem Haus Wohlstand und Glück bescheren oder dem Besitzer den Erbanspruch sichern. Wenn wir simplen Gegenständen auf diese Weise Macht verleihen, führt das zu einer Verschiebung mit schweren Konsequenzen: Dann hat man nicht mehr selbst die Kontrolle über diese Gegenstände, sondern sie kontrollieren uns. Man ist nicht mehr frei, sondern gefangen.

Götzen haben verschiedene Formen und Erscheinungen, es können Gegenstände, Beschäftigungen und auch Menschen sein und sie kommen in allen Lebensabschnitten vor. Götzen sind daran zu erkennen, dass sie – oft ganz subtil – um unsere Aufmerksamkeit werben mit dem Ziel, uns für sich zu gewinnen. Wenn sie Eingang in unser Herz gefunden haben, sind sie darauf aus, immer mehr Raum zu gewinnen, bis sie uns das Herz geraubt haben und wir für unser »Glück« oder unsere »Sicherheit« von ihnen abhängig geworden sind. Um Götzen als solche zu erkennen, brauchen wir die Hilfe des Heiligen Geistes.

In Sichem wird mit den Götzen abgerechnet. Es werden keine Gegenstände aufgehoben, weil man sie vielleicht später zu Geld machen könnte, sondern alles wird unter einer Terebinthe bei der Stadt vergraben. Man bricht mit Bräuchen und Bindungen, die nicht ins Leben einer von Gott berufenen Familie gehören. Die Radikalität, mit der man hier vorgeht, enthält sowohl eine wichtige Lektion als auch eine starke Herausforderung für uns. Jede Form von Götzendienst ist Gott ein Gräuel. Das erste der Zehn Gebote Gottes lautet: »*Du sollst keine anderen Götter neben mir haben.*« Gleich im Anschluss sagt Gott, dass er es nicht duldet, wenn wir uns von ihm ein Bildnis machen und es anbeten oder ihm dienen, »*denn ich, der Herr, dein Gott, bin ein eifersüchtiger Gott*«.[135] Wer mit Gott wandeln will, soll jeden Götzen in seinem Leben aufdecken und radikal entfernen und sich »*ungeteilt an den Herrn*

---

135 2. Mose 20,5

halten«.[136] Mit dem Baden und der frischen sauberen Kleidung drückt man in Sichem aus, dass man dazu bereit ist. Es sind Symbolhandlungen, durch die man zum Ausdruck bringt, dass man sich gereinigt hat und Gott allein dienen will. Erst danach kann die Reise nach Bethel beginnen und die nimmt einen guten Anfang, denn *»der Schrecken Gottes fiel auf die umliegenden Städte, sodass sie die Söhne Jakobs nicht verfolgten«* (Vers 5).

Gott hat Jakob nicht nur begleitet, sondern auch beschützt. Ein Angriff von kanaanitischen Stämmen bleibt aus, da die Furcht vor dem Gott Jakobs sie zurückhält oder sogar lähmt. Vor der Ausrottung, einem Schicksal, das Jakobs Familie eigentlich verdient hätte, bewahrt Gott sie. Das ist allein seine Gnade, damit die Verheißung, dass aus ihnen ein großes Volk entsteht, trotz allem in Erfüllung gehen kann.

ZURÜCK IN BETHEL

In Vers 6 kommt man in Bethel an. Im Auftrag Gottes baut Jakob einen Altar und bestätigt den Ortsnahmen El-Bethel (Haus Gottes).[137] Dann erscheint ihm Gott wieder. Zuerst aber wird uns in einem Satz mitgeteilt, dass Debora, die Amme von Jakobs Mutter Rebekka, stirbt und begraben wird (V. 8). Die Frage, wie diese Frau den Weg in Jakobs Familie gefunden hat, bleibt offen. Debora hat Rebekka begleitet, als diese als zukünftige Braut von Jakob aus Haran wegzog,[138] aber sie ist nicht mit Jakob mitgegangen, als der vor seinem Bruder fliehen musste und sein Elternhaus verließ. Möglicherweise hat Rebekka ihre frühere Amme, die vielleicht auch Esau und Jakob versorgt hatte, irgendwann nach Haran zurückgeschickt, um als Amme von Jakobs Kindern tätig zu werden. Debora kann auch nach Haran gesandt worden sein, um Jakob über den Tod seiner Mutter zu informieren. Oder sie ist Jakob aus Hebron entgegengekommen und hat sich in Bethel der Familie an-

---

136 Vgl. 5. Mose 18,13; Jakobus 4,8
137 Vgl. 1. Mose 28,18-19
138 1. Mose 24,59

geschlossen (dann müsste Isaak aber gewusst haben, dass Jakob unterwegs nach Hause war). Wir Leser werden darüber nicht aufgeklärt. Viel wichtiger in dieser Geschichte ist, dass Gott sich wiederum in Bethel an Jakob offenbart. Er stellt sich mit zwei Gottesnamen vor: Elohim und El Shaddai. Elohim ist die Mehrzahl von »El« bzw. »Gott, der Höchste«. Dieser Name kommt über 2.500-mal in der Bibel vor. El Shaddai bedeutet »der Allmächtige« oder der »Ich bin genug« (siehe V. 11b). Es ist vor allem dieser Name, der Jakob Mut gemacht und Vertrauen geschenkt haben muss. In der Vergangenheit hat Jakob mehrmals gemeint, dass er sich selbst helfen sollte. In Bethel erinnert Gott ihn daran, dass er El Shaddai bzw. der, »der genug ist«, ist. Einen anderen Helfer braucht Jakob nicht, einen besseren als El Shaddai gibt es nicht. Jakob wird von ihm gesegnet und Gott erinnert ihn an seinen Namen, den er nach dem nächtlichen Ringen am Jabbok bekam: Israel.[139] Danach wird der Abrahamsbund bestätigt: »*Und Gott sprach zu ihm: Ich bin Gott, der Allmächtige, sei fruchtbar und mehre dich! Ein Volk und eine Menge von Völkern sollen aus deinen Lenden hervorgehen; das Land, das ich Abraham und Isaak gegeben habe, das will ich dir und deinem Samen nach dir geben!*« (V. 11-12).[140] Es wird nicht nur eine Versammlung von Völkern als Jakobs Nachkommen genannt, sondern auch Könige. Ist hier, in Vers 11, ein verborgener Hinweis auf König David und Jesus enthalten, den König aller Könige? Beide sind ja Nachkommen von Juda, dem Sohn Jakobs und Leas.

Man kann nur staunen über Gottes Treue. Bei allem, was geschehen ist, hält er fest an seinen Verheißungen an Abraham, Isaak und Jakob. Bei Menschen geschieht es immer wieder, dass Versprechen aus Nachlässigkeit oder auch bewusst nicht gehalten oder »vergessen« werden. Bei Gott kommt das nicht vor, es passt nicht zu seinem Charakter. Er ist unveränderlich, seine Pläne stehen fest: Was er gesagt und verheißen hat, wird geschehen. Darum geht er Jakob nach und offenbart sich ihm immer wieder und auf verschiedene Weisen.

---

139 1. Mose 32,28
140 Siehe auch 1. Mose 17,6.16

GOTTES TREUE

In Vers 13 »*erhebt Gott sich von Jakob*«. Er muss also in einer sichtbaren Form anwesend gewesen und zurück zum Himmel gefahren sein. Jakob »antwortet« auf Gottes Erscheinung und Worte, indem er eine Mazzebe oder ein Standmal aufrichtet. Er hat das auch gemacht, als er auf der Flucht vor Esau zum ersten Mal in Bethel war.[141] Wie damals salbt er auch jetzt den Gedenkstein mit Öl, dieses Mal aber gießt er als Teil der Weihungszeremonie auch ein Trankopfer darüber aus, wofür er Wein oder Wasser verwendet haben muss. Mit all dem wird ein Schlussstrich unter Jakobs Flucht aus seinem Elternhaus und aus Haran gesetzt. Es hat eine neue Phase begonnen. Bethel ist nun der Ort, von wo aus es definitiv zurück in die Heimat geht. In späteren Jahren wird Jakob seinem Sohn Joseph in Ägypten erzählen, was Gott ihm beide Male in Bethel zugesagt hat.[142]

Wie lange Jakob mit seiner Familie und Dienern in Bethel bleibt, wird uns nicht verraten. Da Gott ihm aber aufgetragen hatte, nach Bethel zu gehen und dort zu wohnen (V. 1), wird er sich dort eine Weile aufgehalten haben. Jakob braucht die Zeit, um innerlich frei zu werden von allem, was zurückliegt, und um sich auf eine neue Phase in seinem Leben vorzubereiten. Dass ihn in den kommenden Jahren viel Leid und große Anfechtungen erwarten, kann er nicht ahnen. Er braucht einen festen Glauben und ein starkes Vertrauen auf seinen Gott, den Allmächtigen, den Allgenügenden und den Allvermögenden.

EINE GEBURT, EIN STERBEFALL UND INZEST IN DER FAMILIE

Man hat Bethel verlassen (»*Israel zog weiter*«) und zieht in südliche Richtung, als sich »*ein Stück Weg bis Ephrata*« (V.16) ein ungeahntes großes Drama ereignet. Rahel bringt ihren zweiten Sohn zur Welt. Damit geht ihr Wunsch in Erfüllung, den sie bei Josephs Ge-

---

141 1. Mose 28,18
142 1. Mose 48,3

burt äußerte.[143] Der Preis ist aber hoch, denn Rahel überlebt die Geburt nicht. Im Sterben sieht sie ihr neugeborenes Kind noch und gibt ihm den Namen Ben-oni: Sohn meiner Trauer oder Sohn meines Schmerzens. Jakob, der nicht will, dass dieser Name seinem jüngsten Sohn anhaftet, weil er ihn selbst immer wieder an den Tod Rahels erinnern wird, nennt ihn aber Ben-jamin: Sohn der Kraft oder Sohn meiner Rechten, womit er ihm einen Ehrenplatz in der Familie gibt.

Da sie unterwegs sind, ist es nicht möglich, Rahel im Familiengrab in der Höhle des Ackers Machpela bei Mamre beizusetzen. Es bleibt Jakob keine andere Möglichkeit, als Rahel am Weg nach Bethlehem zu beerdigen. Er markiert ihr Grab mit einem Gedenkstein (V. 20). Wen Jakob mit der Versorgung des neugeborenen Benjamin betraut, wird uns nicht gesagt. Vielleicht enthält 1. Mose 37,2 einen Hinweis. Wir lesen dort, dass Joseph, der etwa 9 Jahre alt gewesen sein muss, als seine Mutter bei der Geburt Benjamins starb und er Halbwaise wurde, »als Knabe bei den Söhnen Bilhas und Silpas war«. Dann liegt es fast auf der Hand, dass auch Benjamin, für den zuerst eine Amme gefunden werden musste, unter ihre Obhut gestellt wurde.

In Vers 21 zieht Israel (!) mit seiner Sippe weiter und es kommt die nächste Station: Sein Zeltlager wird »jenseits des Herdenturmes« aufgeschlagen. Dieser Turm, dessen Standplatz nicht deutlich ist, hat als Aussichtsposten fungiert. Von da aus konnte man das Gebiet bewachen, wo die Herden weideten. In diesem Gebiet geschieht ein weiterer Skandal, der dritte in kurzer Zeit. Nach der Vergewaltigung Dinas und dem Massaker in Sichem schläft Jakobs ältester Sohn Ruben mit Bilha, einer der zwei Nebenfrauen seines Vaters (V. 22). Wahrscheinlich tut Ruben das aus Berechnung. Er ist der älteste Sohn Jakobs und er muss befürchten, dass sein Erstgeburtsrecht auf Joseph übergehen könnte. Als Sohn von Rahel ist der ja der erklärte Liebling des Vaters, das ist allen klar. Vielleicht ist Jakob nach Rahels Tod auch noch stärker auf Joseph fixiert. Auf

---

143 1. Mose 30,23-24

jeden Fall ergreift Ruben die Initiative und er schläft mit der Nebenfrau seines Vaters, die die Sklavin seiner Lieblingsfrau Rahel ist. Auf diese Schandtat folgt zuerst ein Schweigen Jakobs. Wir lesen nur: »*Und Israel erfuhr es*« (V. 22). Erst viele Jahre später, als die Familie schon siebzehn Jahre in Ägypten sesshaft ist, erfahren wir, dass Ruben durch sein Handeln genau das Gegenteil von dem erreicht, was er beabsichtigt hatte. Denn sein Vater entzieht ihm das Erstgeburtsrecht.[144]

JAKOB IN HEBRON

Auf die Schandtat Rubens in 1. Mose 35 folgt eine Auflistung der zwölf Söhne Jakobs, wobei auch ihre Mütter erwähnt werden (V. 23-26). In Vers 27 kommt Jakob mit seiner Sippe bei seinem Vater in Hebron an, »*wo Abraham und Isaak als Fremdlinge geweilt hatten*«. Seine Mutter Rebekka lebt nicht mehr.

Für Isaak muss die Rückkehr Jakobs ein großes Geschenk sein, das ihm unendlich guttut. Mit Jakob kommt eine Schar von Nachkommen mit: Es wird weitergehen! Zwar erfahren wir nicht von einem großen Willkommen oder einem Fest, wie es der verlorene Sohn im Gleichnis Jesu erlebte[145], aber die Freude beim Wiedersehen nach etwa dreißig Jahren wird überwältigend gewesen sein. Es wird hier ein weiterer Teil des Gelübdes Jakobs in Bethel erfüllt: Gott hat Jakob »*mit Frieden heim zu seinem Vater gebracht*«.[146] Vater und Sohn werden noch etwa dreizehn gemeinsame Jahre erleben, bis Isaak mit 180 Jahren »*alt und lebenssatt*« stirbt.[147] Er wird von seinen Zwillingssöhnen Esau und Jakob beerdigt (V. 29). Es folgt 1. Mose 36, wo es um Esaus Nachkommen geht, die Edomiter.

---

144 1. Mose 49,3-4

145 Lukas 15,22-24

146 1. Mose 28,20-21

147 Jakob und Esau sind zu dieser Zeit 120 Jahre alt. Das kann man daraus schließen, dass Isaak nach 1. Mose 25,26 60 Jahre alt war, als die Zwillinge geboren wurden. Als er mit 180 Jahren starb, waren Jakob und Esau also 120 Jahre alt. Bibelforscher haben anhand verschiedener Bibelverse nachgerechnet, dass Jakob bei seiner Rückkehr in Hebron etwa 107 Jahre alt war.

Die Altäre der Erzväter

Die Altäre der Erzväter waren keine Opfer-, sondern Erinnerungs- und Anbetungsstätten. Wir finden sowohl in der Nähe von Bethel als auch in Mamre bei Hebron einen Altar, den Abraham baute (1. Mose 12,8; 13,4; 1. Mose 13,18). Isaak errichtete einen Altar in Beerscheba (1. Mose 26,25). Jakob baute zwei Altäre: der erste war bei Sichem (1. Mose 33,20) und der zweite, den er im Auftrag Gottes errichtete, in Bethel (1. Mose 35,1 und 6-7). Mit diesem zweiten Altar löste Jakob sein Gelübde ein, das er Gott gegenüber bei seinem ersten Aufenthalt in Bethel ausgesprochen hatte: Sollte Gott ihn wieder zu seinem Vater bringen, dann würde er Bethel zu einer Gottesstätte machen (1. Mose 28,20-22).

Fragen zu Kapitel 12

(Buße und Gnade)

1. »Eine überwältigende Erfahrung der Gnade Gottes wirkt stärker als eine harte Strafe.« Kennen Sie das aus eigener Erfahrung?

2. In Römer 2,4 stellt Paulus seinen Lesern die Frage, ob es sein kann, dass sie den Reichtum der Güte, Geduld und Langmut Gottes verachten. Woran wäre das sichtbar?

3. Immer wieder wird in der Bibel zur Buße und Umkehr aufgerufen. Wie ernst nehmen Sie diesen Aufruf in Ihrem eigenen Leben?

(Götzendienst)

4. Denken Sie über die folgende Aussage nach: Unsere Götzen, ob Gegenstände, Lebensbereiche oder Menschen, sind von sich aus nichts, bis wir ihnen Macht über uns geben. Wem oder was haben Sie Macht über sich verliehen?
Von wem oder was hängen Ihr Glück und Ihre Sicherheit ab?
Wer oder was hat Vorrang über alles andere und beansprucht Ihre ganze Aufmerksamkeit und Zeit?

(Gott in Ihrem Leben)

5. Gott hat sich Jakob als El Shaddai vorgestellt, der »Ich bin genug«. Kennen Sie Gott auch so in Ihrem Leben?

6. Jakob hat in Bethel einen Altar errichtet *»für den Gott, der mir geantwortet hat zur Zeit meiner Not und der mit mir gewesen ist auf dem Weg, den ich gezogen bin«* (V. 3).
a) Denken Sie darüber nach (oder besprechen Sie), in welchen Situationen Jakob seit seiner Flucht aus seinem Elternhaus Gottes Gegenwart gespürt und seine Hilfe erfahren hat.

b) Können Sie wie Jakob sagen: »Gott hat mir zur Zeit meiner Not geantwortet und ist mit mir gewesen?«

7. Gott verlangt, dass wir uns »*ungeteilt*« an ihn halten (siehe z. B. 5. Mose 18,13; Jakobus 4,8). Wie kann man seinen Alltag mit einem »ungeteilten Herzen« gestalten?

Kapitel 13
Betrug und Trauer im Haus Jakobs

1. Mose 37,1-36

»O Herr, höre mein Gebet und lass mein Schreien vor dich kommen!«

Psalm 102,2

»Er (Gott) sandte einen Mann vor ihnen her; Joseph wurde als Knecht verkauft.«

Psalm 105,17

»Denn wer hat den Sinn des Herrn erkannt oder wer ist sein Ratgeber gewesen?«

Römer 11,34

Als wir in 1. Mose 37 ankommen, wechselt die Szene. Zwar lesen wir in Vers 1 »Dies ist die Geschichte Jakobs«, aber in diesem wie auch in den folgenden Kapiteln spielt Jakobs Sohn Joseph die Hauptrolle. 1. Mose 38 bildet dabei eine Ausnahme, weil es dort um Josephs Halbbruder Juda geht, der sich von seiner Familie in Hebron trennt und sich durch eine Ehe mit dem kanaanitischen Volk verbindet. Aber jetzt greifen wir den Ereignissen voraus …

In 1. Mose 37 lebt die Familie in Hebron. Joseph ist siebzehn Jahre alt und der Liebling seines Vaters Jakob (V. 3). Der macht also denselben Fehler wie seine Eltern, die jeweils ein Lieblingskind hatten, das sie dem anderen Kind vorzogen. Das hatte dramatische Folgen und das wird auch hier so sein.

Jakobs Liebe zu Joseph bringt ihn dazu, einen besonderen Leibrock für ihn herstellen zu lassen, der normalerweise nur dem Erstgeborenen zustand. Er galt als Zeichen dafür, dass der Vater den Träger als seinen Nachfolger vorgesehen hatte. Es war ein langes Kleid mit langen Ärmeln, das sich nicht für die Arbeit auf dem Feld oder mit Tieren eignete. Wir sehen Joseph auch nicht als Hirten arbeiten; es sieht eher danach aus, dass er die Aufsicht über seine älteren Brüder bekommen hat. In Vers 2b lesen wir, dass er seinem Vater meldet, welche negativen Gerüchte über seine Brüder umgingen. In Vers 14 sendet Jakob Joseph zu seinen Brüdern, um zu sehen, wie es ihnen und der Herde geht. Der Junge soll seinem Vater darüber Bericht erstatten.

Für Josephs ältere Brüder ist die so offensichtliche und spürbare Vorliebe ihres Vaters für Joseph und seine bevorzugte Position unter ihnen ein schweres Los. Noch schlimmer kommt es, als Joseph ihnen von seinen Träumen erzählt, in denen er sich über sie stellt. Die Brüder sind entsetzt und aufgebracht über die fantasievolle und hochmütige Spinnerei ihres Bruders. Jakob weiß nicht so richtig, wie er reagieren soll. Er tadelt Joseph, tut aber seinen Traum nicht als Blödsinn ab, sondern behält ihn im Gedächtnis (V. 11). Das erinnert uns an Maria, von der gesagt wird, dass sie nach der

Botschaft der Hirten über ihr neugeborenes Kind »*alle diese Worte behielt und sie in ihrem Herzen bewegte.*«[148] Weder Joseph noch sie verstanden damals gleich die Botschaft, die sie bekamen, sie bewahrten (oder bewegten!) sie aber in ihrem Herzen, weil sie ahnten, dass sie ein Geheimnis enthielt, das sich ihnen erst später offenbaren würde.

Betrug und Trauer im Haus Jakobs

In diesem Text kommt der Begriff Shalom oder Frieden öfter vor. In der Familie Jakobs sind die Verhältnisse angespannt. Es herrscht Unfriede, weil es ein Kind gibt, das allen anderen vorgezogen wird. Die Brüder Josephs sind eifersüchtig auf Joseph und schaffen es nicht mehr, friedlich mit ihm zu reden. Es kommt zu Gefühlen von Hass, die u. a. darin sichtbar werden, dass sie Joseph nicht mehr grüßen wollen (V. 4). Hier ist der Friedensgruß gemeint, mit dem man einander begrüßte (»Friede sei dir«). In Vers 14 sendet Jakob Joseph nach Sichem, wo seine Brüder die Schafe ihres Vaters hüten. Joseph soll sehen, »*ob es gut steht um deine Brüder*«. Der Ausdruck, der hier verwendet wird, besagt, dass Joseph nach ihrem Shalom (oder Wohlbefinden) sehen soll. Ob Jakob nur wissen will, wie es seinen Söhnen geht, oder ob er vielleicht hofft, dass Josephs Besuch bei seinen Brüdern dazu beitragen kann, dass der Friede untereinander wiederhergestellt wird, ist beides denkbar. Der Junge wird jedenfalls nach Sichem geschickt und wandert gut 75 Kilometer, bis er dort ankommt, und nochmal weitere zehn Kilometer, weil seine Brüder inzwischen mit der Herde weiter nordwärts nach Dothan gezogen sind (V. 12-17). Dort wird sich ein Drama vollziehen, das Jakobs Haus viele Jahre lang in dunkle Wolken einhüllen wird.

Als Jakobs Söhne ihr Brüderchen in seinem kostbaren Kleid kommen sehen, kocht der Ärger in ihnen hoch und sie überlegen untereinander, wie sie sich von ihm befreien können (V. 18). Sie wollen Joseph töten und ersinnen eine List, wie sie ungestraft da-

---

148 Lukas 2,19

vonkommen und der Verdacht hinterher nicht auf sie fällt (V. 20). Ruben, der in Abwesenheit des Vaters als ältester Sohn für seine Brüder verantwortlich ist, schafft es, seine Brüder von dem Mord an Joseph abzuhalten (V. 21-22). Damit ist der aber noch nicht gerettet. Die Männer ergreifen ihn, reißen ihm das Kleid vom Leib und werfen ihn in eine Zisterne. Dann setzen sie sich hin und essen. Während ihr Bruder um Hilfe schreit, machen sie Picknick! Hass kennt kein Erbarmen.

Ruben ist gerade nicht da, als sich eine Karawane mit Handelsware aus Gilead nähert. Es ist Juda, der vorschlägt, Joseph an die Handelsleute zu verkaufen (V. 26). Seine Brüder sind damit einverstanden und so wird Joseph als Sklave verkauft und nach Ägypten weggeführt. Den Brüdern bleibt das feine bunte Kleid, das sie ihm weggenommen haben. Es wird als Beweisstück dienen, dass Joseph von wilden Tieren angegriffen und verschlungen wurde (V. 31). Die Brüder zerreißen es und tauchen es in das Blut eines geschlachteten Böckleins. Sie sind listig und durchtrieben, aber ganz so wohl dabei ist ihnen nicht, denn sie wagen es nicht, selber mit Josephs blutigem Kleid und ihrer Lügengeschichte zu ihrem Vater zu gehen, sondern beauftragen einen Diener, der das für sie erledigt (V. 32). Der Plan gelingt und der Mann, der seinen Vater Isaak betrogen hat, wird nun von seinen eigenen Söhnen belogen und betrogen.

In Vers 33 und 34 finden wir Jakob am Boden zerstört. Als er das blutverschmierte Kleid von Joseph sieht, ist er davon überzeugt, dass sein geliebter Sohn nicht mehr lebt. Er zerreißt seine Kleider und knüpft als Zeichen der Trauer ein Sacktuch um seine Lenden.[149] Im Hause Jakobs bricht eine Zeit an, während der er für seine Kinder nicht zugänglich ist. Wir lesen in Vers 35, dass sich

---

149 Der Sack aus grobem Gewebe wurde von den Israeliten als Buß- und Trauererkleid verwendet (z. B. 2. Könige 6,30). Er reichte bis ans Knie und wurde direkt auf dem Leib getragen, wobei die Hüften eng umschlungen wurden. Bei jeder Bewegung rieb sich die Haut unangenehm an dem groben Gewebe, was den Träger an seine Trauer erinnerte. Aus: Wuppertaler Studienbibel, SCM R. Brockhaus. Kommentar zum 1. und 2. Buch Mose.

alle seine Söhne und Töchter aufmachen, ihn zu trösten (was für eine Heuchelei!), aber sie dringen nicht zu ihm durch, weil Jakob sich in seine Trauer »vergräbt« und sich weigert, sich trösten zu lassen. Es ist, als sei mit dem (vermeintlichen) Tod Josephs auch in Jakob selbst etwas gestorben. Das Leben hat für ihn keinen Wert mehr. Er hat seine geliebte Rahel auf der Reise nach Hebron verloren, nun hat er auch Joseph nicht mehr. Er muss sich so gefühlt haben wie der Autor des 102. Psalms, der sich selbst als einen einsamen Vogel auf dem Dach beschreibt und seine Tage als einen lang gestreckten Schatten (V. 8.12). Die Brüder müssen in diesen Tagen und Jahren feststellen, dass sie mit dem Verkauf Josephs nichts gewonnen haben. Im Grunde haben sie dadurch ihren Vater verloren.

Drei Wirklichkeiten

Ich erinnere mich an eine Predigt, in der von drei Wirklichkeiten gesprochen wurde: eine Klagewirklichkeit, eine Hoffnungswirklichkeit und eine Anbruchswirklichkeit. Wir machen einen kleinen Exkurs und betrachten diese Wirklichkeiten, die verbunden sind mit schweren und schmerzhaften Umständen, in denen es wenig oder keine Hoffnung gibt. Das galt für Jakob, der völlig erschüttert war nach dem (vermeintlichen) Tod seines Lieblingssohnes Joseph. Das galt auch für Hanna, die unter ihrer Kinderlosigkeit litt und dazu noch von der Nebenfrau ihres Mannes, die Mutter vieler Kinder war, immer wieder gereizt wurde. Oder denken wir an David, der äußerst schwere Jahre erlebte, als er von Saul gejagt wurde. Oder an Petrus, der sich in einer Gefängniszelle in Jerusalem befand. Es sah sehr schlecht für ihn aus, denn König Herodes, der ihn festgenommen hatte, hatte schon etliche Gemeindeglieder gefasst und misshandelt, auch hatte er Jakobus umbringen lassen. Paulus und Silas erlebten Ähnliches, denn auch sie wurden (nachdem Paulus mit Ruten geschlagen worden war) in einem Gefängnis in Philippi verwahrt. Alle diese Menschen erlebten bittere Umstände, die »zum Weinen« waren. Das bringt uns zu der Klagewirklichkeit.

Die **Klagewirklichkeit** ist die, in der wir unser Leid(en) zum Ausdruck bringen. Man kann seinen Kummer unterdrücken oder verbergen, heilsamer aber ist es, ihn zu erkennen und zu betrauern. Wir dürfen unser Weh klagen und finden auch dafür viele Beispiele in der Bibel: es gibt Klagegebete oder Klagelieder, in denen Menschen ihre Not schildern (die Mehrzahl der Psalmen besteht aus Klagegebeten!), auch begegnen wir Menschen, die trauern und wehklagen. Jakob »*beweinte*« Joseph und sagte seinen Söhnen, dass er bis zu seinem Tod um ihn trauern würde.[150] Von Hanna wird gesagt, dass sie traurig und betrübt (und bei einem Besuch im Tempel zu Silo in Tränen aufgelöst) war.[151] David sagt Gott in Psalm 56, dass der seine Tränen in einem Krug sammeln soll.[152] Auch dichtete er ein langes Klagelied nach dem Tod Jonathans und Sauls.[153] In Jerusalem gibt es die Klagemauer, die ihren Namen dem Umstand zu verdanken hat, dass die Juden nach der Zerstörung des Tempels im Jahr 70 n. Chr oft bei dieser Mauer über den Verlust ihres Heiligtums trauerten und klagten. Kurz gesagt: Trauern und (Weh-)Klagen sind eine Realität im Leben auf dieser Erde.

Eine Gefahr, die die Klagewirklichkeit in sich trägt, ist die, dass man in seiner Trauer und seinem Klagen hängen bleibt. Es ist nur ein kleiner Schritt, dann wird das (Weh-)Klagen ein Sich-Beklagen bzw. eine Selbstbemitleidung. Dadurch, dass man auf den eigenen Schmerz fokussiert ist, wird man immer mehr Opfer seiner Umstände. Eine andere Gefahr besteht darin, dass es zu einer harten Anklage gegen Gott kommt. Man darf sich bei Gott über sein Leid beklagen, aber wir sollten nicht in der bitteren Anklage verharren.

Während ich diese Zeilen schreibe, wütet das Covid-19-Virus, das sich Anfang 2020 ausbreitete, unter uns. Die Corona-Pandemie fordert viele Opfer und sie hat unsere Welt, Gesellschaft und unseren Alltag einschneidend verändert. Anfangs hat man sich

---

150 1. Mose 37,35

151 1. Samuel 1,7.10

152 Psalm 56,9

153 2. Samuel 1,17-27, siehe auch die Verse 11-12

mutig durchgeschlagen und die Maßnahmen akzeptiert, die verordnet wurden, um das Virus zurückzudrängen, dann aber kam allmählich eine Wende: Die Menschen wurden »coronamüde« und es kam zu einer Klagewirklichkeit, die sich in Ärger, Frustration und Wut zeigt. Wie auch in Selbstmitleid, Klagen und Protesten. Für die Mehrheit der Menschen steht der Verlust vieler Dinge, die vorher so selbstverständlich waren, nun aber eingeschränkt oder gar nicht mehr möglich sind, an erster Stelle. Man fühlt sich seiner Freiheit beraubt und bangt um Dinge, die noch kommen können: noch mehr Verluste, noch mehr Einschränkungen. Es fehlt eine Perspektive. Und das macht Angst.

Die große Herausforderung in schmerzhaften Umständen ist die, uns nicht von dem gefangen nehmen zu lassen, was wir verloren haben oder entbehren müssen, sondern in der gegebenen Situation zu tun, was gefragt und nötig ist und dabei im Vertrauen aufzublicken zu dem, der allmächtig ist. Im Hebräerbrief werden wir dazu aufgerufen, mit Ausdauer in dem Kampf zu laufen, der vor uns liegt. Das gelingt uns nicht, wenn wir unsere Verluste zählen oder unser Elend kultivieren, es einrahmen und im Wohnzimmer aufhängen. Es gelingt uns nur, wenn wir unser Leben in Gottes Hand legen und »*hinschauen auf Jesus*«.[154] Wenn in diesem Hinschauen auch ein Dank mitinbegriffen ist, ist viel gewonnen. Das gilt in allen Situationen, die uns so verängstigen und verunsichern, dass wir keinen Ausweg mehr sehen. Mit dem bewussten Aufsehen auf Jesus verlassen wir die Klagewirklichkeit und es geht in die Hoffnungswirklichkeit, wo wir Ausschau halten nach Gottes Wirken in dieser Welt und in unserer kleinen privaten Welt.

Die **Hoffnungswirklichkeit** rechnet mit Gott und seinen Verheißungen. Man kann es auch so sagen: Während man in der Klagewirklichkeit seine Umstände aus menschlicher Perspektive betrachtet, ist die Hoffnungswirklichkeit geprägt von einer neuen himmlischen Perspektive und einer neuen Hoffnung. Die noch

---

154 Hebräer 12,1.2

unsichtbare Wirklichkeit lässt sich von den sichtbaren und schmerzlichen Umständen nicht beiseiteschieben.

Es ist die Wirklichkeit der Hanna, die sich in ihrem Kummer nach dem Herrn ausstreckt und ein Gelübde ablegt.[155] Als sie danach ihren Weg geht, hat ihre bedrückende Traurigkeit der Hoffnung Platz gemacht. Wir sehen die Hoffnungswirklichkeit bei David, wenn er in Psalm 56 nicht nur seine Not vor Gott bringt, sondern danach sagt: *»Auf Gott vertraue ich und fürchte mich nicht (…) ich will dir Dankopfer entrichten«* (V. 6 und 12). Die Hoffnungswirklichkeit ist die Wirklichkeit der Beter, die sich versammelten, als sie von Petrus' Gefangennahme hörten und die *»unablässig für Petrus zu Gott beteten«*.[156] Sie ließen sich nicht lähmen oder bestimmen von der Bedrohung, die die christliche Gemeinde in diesen Tagen erlebte, sondern sie setzten ihre Hoffnung auf den unsichtbaren Gott. Die Hoffnungswirklichkeit war die Wirklichkeit von Paulus und Silas im Gefängnis in Philippi. Sie übersprangen die Klagewirklichkeit und stimmten mitten in der Nacht (d. h. in der tiefsten Finsternis!) in ihrer Gefängniszelle ein Loblied zur Ehre Gottes an.[157]

In der Hoffnungswirklichkeit hält man Ausschau nach Gott und seinem Wirken. David sagt es so: *»Meine Augen sind stets auf den Herrn gerichtet, denn er wird meine Füße aus dem Netz ziehen«*.[158]

Die **Anbruchswirklichkeit** ist die, in der Gott einbricht und das Licht der Sonne aufgeht. Für Hanna wurde es Licht, als sie nach Jahren des Wartens schwanger wurde und einen Sohn bekam.[159] Bei David sehen wir öfter »Anbruchsmomente«. Es sind die Augenblicke, in denen er *inmitten schwerer Umstände* »leichtfüßig« ist und aufatmen kann, weil er Gottes Hilfe erfahren hat und

---

155 1. Samuel 1,11

156 Apostelgeschichte 12,5

157 Apostelgeschichte 16,25

158 Psalm 25,15

159 1. Samuel 1,20

sich von Gott getragen und gestärkt weiß.[160] Der ultimative Anbruchsmoment für David ist der seiner Salbung in Hebron zum König über Juda gewesen und als er gut sieben Jahre später zum König über Israel gesalbt wurde.[161] Die Anbruchswirklichkeit in der Petrusgeschichte war der Moment, in dem Gott die Gebete der Gemeinde erhörte und ein Engel in Petrus' Zelle erschien, der ihn wachrüttelte und aus dem Gefängnis hinaus in die Freiheit führte.[162] Die Anbruchswirklichkeit für Paulus und Silas in Philippi begann, als ein Erdbeben kam und die Gefängnistüren aufsprangen.[163]

Wichtig ist, dass wir erkennen (und annehmen), dass die Anbruchswirklichkeit nicht unbedingt das Wunder ist, das unser Problem beseitigt, wie es Hanna erlebte, die schwanger wurde, oder Petrus, Paulus und Silas, die aus dem Gefängnis befreit wurden. Die Anbruchswirklichkeit kann auch dann für uns anbrechen, wenn wir nicht länger Gefangene unserer Probleme sind, sondern in der gegebenen Situation loslassen und aufatmen können, weil Gottes Friede unser Herz erreicht hat.

Wo finden wir Jakob? Nach dem vermeintlichen Tod Josephs ist seine Wirklichkeit eine »Klagewirklichkeit«. Es ist, als werde er von einer kräftigen, dunklen Welle mitgerissen und treibe nun hilflos im tobenden Sturm. Er ist so niedergeschlagen, dass ihm der Mut und die Kraft fehlen, um sich hochzukämpfen und wieder aufzurichten. Alles »atmet« Verlust und Trauer. In der Hoffnungswirklichkeit würde er sein Vertrauen auf Gott setzen und sich an dessen Verheißungen klammern. Gott hatte sich Jakob mit dem Gottesnamen El Shaddai – »Ich bin genug« – vorgestellt und ihm seine Treue und seinen Beistand und Segen zugesagt. Die Trauerwolke, die Jakob umhüllt, nimmt ihm aber die Sicht darauf. Er ist völlig in sich gekehrt und ergibt sich seiner Trauer. Diese Trauer ist

---

160 u. a. Psalm 18,20.34; 31,8-9;

161 2. Samuel 2,4a und 2. Samuel 5,3

162 Apostelgeschichte 12,7ff

163 Apostelgeschichte 16,26

nach dem Verlust seines geliebten Sohnes gut und angemessen, aber sie soll nicht das Sagen bekommen und den Rest des Lebens von Jakob bestimmen. Das Risiko, dass es bei Jakob doch so kommt, ist in diesen Tagen akut. Seine Worte: »*Ich höre nicht auf zu trauern, bis ich zu meinem Sohn hinabfahre ins Totenreich*« (V. 35) und die Tatsache, dass er sich dem Trost seiner Söhne entzieht (V. 35), sprechen Bände. Jakob verharrt in der Klagewirklichkeit.

Die schwarze Wolke, die Jakobs Haus bedeckt, ist für seinen Sohn Juda vielleicht mit ein Grund dafür, dass er sich von der Familie trennt und Hebron verlässt.[164] Für Jakob bricht erst siebzehn Jahre nach dem Verschwinden Josephs das Licht wieder an. Mit dem Auffinden Josephs in Ägypten beginnt für ihn die »Anbruchswirklichkeit«. Aber sogar da (bzw. als er die gute Nachricht bekommt, dass Joseph lebt) fällt es ihm schwer, seine Klagewirklichkeit zu verlassen. Die Worte »sein Herz blieb kalt« machen den Eindruck, dass die Hoffnung und die Freude in Jakob im Laufe der Jahre ausgelöscht worden waren.[165]

EINE HUNGERSNOT FÜHRT JAKOBS SÖHNE NACH ÄGYPTEN

Wir kehren zurück zu 1. Mose 37. Der Text endet mit der Mitteilung, dass Joseph von den Midianitern in Ägypten an einen Kämmerer des Pharaos verkauft wird. Jakob erlebt jetzt Jahre, die man als »Jahre der Verhüllung« bezeichnen könnte. Für ihn bleibt es unsichtbar, dass Gott seine Hand im Spiel hat und Großes vorbereitet.

Nach dem Verkauf Josephs nach Ägypten verschwindet Jakob für eine Weile von der Bühne. In 1. Mose 38 geht es um Juda, der sich von der Sippe in Hebron trennt, sich in der Nähe einer kanaanäischen Königsstadt niederlässt und eine Kanaaniterin heiratet. In den drei folgenden Kapiteln (1. Mose 39-41) erfahren wir, wie es

---

164 1. Mose 38,1
165 1. Mose 45,26

Joseph in Ägypten ergeht. Gott ist am Werk und Joseph geht durch tiefe Täler, bis er eine Position im Land hat, die für seinen Vater und die ganze Sippe ein großer Segen sein wird. Erst in 1. Mose 42 taucht Jakob wieder auf. Die Umstände haben sich dramatisch verändert, denn nach einer Periode extremer Dürre erlebt man in Kanaan und darüber hinaus eine schwere Hungersnot. Diese Hungersnot mag die Menschen überfallen haben, der Dirigent des Geschehens aber ist vom Himmel aus tätig. Diese Hungersnot wurde gesendet, nicht einfach nur zugelassen! Psalm 105,16 bestätigt das: »*Und er* (d. h. Gott) *rief eine Hungersnot herbei über das Land und zerschlug jede Stütze an Brot.*« Konkret heißt das nichts anderes, als dass Gott diese Hungersnot kommen lässt. Aber nicht nur das! In Vers 17 des 105. Psalms lesen wir: »*Er* (hier ist Gott gemeint) *sandte einen Mann vor ihnen her; Joseph wurde als Knecht verkauft.*« Während Jakob um Joseph trauert und die Welt von einer schweren Hungersnot getroffen ist, denkt Gott an seinen Bund mit Abraham, Isaak und Jakob und bereitet eine Rettungsaktion für Jakobs Familie vor, in der Joseph eine entscheidende Rolle spielen wird.

Für Jakob ist Gottes Handeln verborgen. Was er wahrnimmt und erlebt, ist eine dramatische Verschlechterung seiner Umstände. Im Licht der Verheißungen Gottes muss das verwirrend, wenn nicht unbegreiflich für ihn sein. Gott hatte seinem Großvater das Land Kanaan als Besitz für ihn und seine Nachkommen zugesagt.[166] Er hatte Jakob mit seiner Familie aus Haran nach Hebron zurückgeführt. Nun aber ist dort eine lebensbedrohliche Situation entstanden. Es ist Vertrauen gefragt. Vertrauen auf den lebendigen Gott, dessen Zusagen gelten, auch wenn die Umstände anderes zu vermitteln scheinen. Gott gedenkt an seinen Bund, auch jetzt in der Hungersnot. Seine Verheißungen an Abraham, Isaak und Jakob stehen fest. Die Frage ist nicht, *ob* Gott machen wird, was er zugesagt hat, sondern *wie* er seine Zusagen halten wird. Sein Weg mit Jakob wird über das Land gehen, in das Joseph als Sklave ver-

---

166 1. Mose 17,8

kauft wurde. Die Familie wird zuerst in Ägypten Nahrung einkaufen, später werden sie sich dort niederlassen und immer zahlreicher werden. Die Nachkommen Jakobs werden 430 Jahre als Fremdlinge in Ägypten leben und von dort nach Kanaan ziehen. Warum das so sein musste? Das ist Gottes Geheimnis. Er zieht seine Heilsgeschichte auf seine Weise durch. Jakob mag am Ende seiner Möglichkeiten und Kräfte sein, Gott aber hält die ganze Zeit die Fäden fest in der Hand.

Während die Hungersnot immer bitterer wird, setzt »alle Welt« ihre Hoffnung auf Ägypten, wo ein so großer Notvorrat an Getreide angelegt wurde, dass man nicht nur die eigene Bevölkerung, sondern auch die Einwohner der umliegenden Länder versorgen kann.[167] Die Menschen kommen aus allen Himmelsrichtungen, um Getreide zu kaufen. Auch Jakob hofft auf Hilfe aus Ägypten. In 1. Mose 42,1-2 beauftragt er seine Söhne, dorthin zu reisen und Getreide einzukaufen, »damit wir leben und nicht sterben«. Seinen Jüngsten, Benjamin, lässt er nicht mitgehen. Als Sohn Rahels ist er der Einzige, den Jakob noch hat, und er scheint den Platz von Joseph als Lieblingskind seines Vaters eingenommen zu haben. So machen sich die zehn älteren Brüder Josephs auf den Weg. Sie haben keine Ahnung, dass ihr Bruder inzwischen der zweitmächtigste Mann in Ägypten ist. Sie werden das bei dieser ersten Reise noch nicht entdecken. Für Jakob bleibt, wie gesagt, in diesen Jahren verhüllt, was Gott tut und wirkt. Auf der Bühne sieht es hoffnungslos aus, aber hinter den Kulissen wird Großes vorbereitet.

---

167 1. Mose 41,57

Fragen zu Kapitel 13

1. Die Unart, dass Eltern ein Kind dem anderen vorziehen, kommt leider öfter vor. Haben Sie als Kind Erfahrungen damit gemacht? Falls ja, was hat das in der Familie und bei Ihnen persönlich ausgelöst? Falls Sie selbst Kinder haben: Was kann man dagegen unternehmen, dass man eins seiner Kinder den Geschwistern vorzieht?

2. Die Söhne Jakobs haben ihrem Bruder Joseph Furchtbares angetan, als sie ihn verkauften. Angefangen hat es mit Eifersucht, weil Joseph der Liebling des Vaters war und weil er außerdem von Träumen redete, in denen er über sie gestellt war. Was kann man tun, um seine Eifersucht zu zügeln, damit sie nicht zu Hass wird?

3. Denken Sie nach (oder sprechen Sie) über die Klage-, die Hoffnungs- und die Anbruchswirklichkeit. Kennen Sie diese Wirklichkeiten aus eigener Erfahrung?
Was ist dafür nötig, dass man von der Klagewirklichkeit den Weg in die Hoffnungswirklichkeit findet?

4. Es ist oft so, dass wir in den Umständen unseres Lebens keinen »Beweis« der Treue und Güte oder des Wirkens Gottes sehen können. Was können wir aus der Geschichte Jakobs lernen?

Kapitel 14

Das Wiedersehen mit Joseph und die Abreise nach Ägypten

1. Mose 42,1-46,7

»Und nun bekümmert euch nicht und macht euch keine Vorwürfe darüber, dass ihr mich hierher verkauft habt; denn zur Lebensrettung hat mich Gott vor euch hergesandt!«

(Joseph in 1. Mose 45,5)

»... und sie berichteten ihm und sprachen: Joseph lebt noch und ist Herrscher über das ganze Land Ägypten! Aber sein Herz blieb kalt, denn er glaubte ihnen nicht.«

(die Brüder Josephs in 1. Mose 45,26)

»Da zog Israel nach Ägypten, und Jakob wurde ein Fremdling im Land Hams.«

Psalm 105,23

Weil es in diesem Buch um Jakob geht, wollen wir das, was in 1. Mose 42-45 geschieht, nicht im Detail behandeln, sondern das Geschehen hauptsächlich durch die Brille von Jakob betrachten. Wir tun dies in zwei Teilen. Es folgt ein dritter Teil, in dem es um den Umzug der Familie nach Ägypten geht (1. Mose 46,1-7). Durch diese Einteilung weicht dieses Kapitel in seiner Form etwas ab von den anderen Kapiteln dieses Buches.

I. Die erste Reise der Söhne Jakobs nach Ägypten

BITTE LESEN SIE ZUERST DEN BIBELTEXT:

1. MOSE 42,1-38

Jakob hat seine Söhne nach Ägypten gesandt, um Korn zu kaufen, und wartet mit seinem jüngsten Sohn Benjamin auf ihre Rückkehr. Er kann nicht ahnen, dass Joseph seit einigen Jahren Regent in Ägypten ist und es ihm zu verdanken ist, dass in Ägypten genug Getreide auch für die umliegenden Länder eingelagert wurde. Auch seinen Söhnen, die in Ägypten plötzlich vor Joseph stehen, bleibt verborgen, welche Position und Stellung Joseph inzwischen einnimmt. In dem stolzen ägyptischen Herrscher, der als Aufseher beim Verkauf des Getreides anwesend ist, erkennen sie ihren Bruder nicht. Sie haben keine Ahnung, dass Josephs Weg nach Ägypten von Gott dirigiert wurde und dass Joseph Gottes Instrument bei der Rettung vor der Hungersnot ist. Während sich Gottes Pläne für Jakob und seine Familie allmählich entfalten, ist die Realität der Brüder äußerst eingeschränkt: Sie haben einen Vater, der seit Jahren den Verlust seines Lieblingssohnes betrauert; sie leiden unter einer schweren Hungersnot, die ihr Leben bedroht; und sie erleben bange Stunden in Ägypten. Als sie nach Hause zurückkehren, haben sie zwar Getreide dabei, aber sie sind bedrückt. Der Regent in Ägypten hat sie hart angepackt und der Spionage beschuldigt. Als sie sich ihm vorstellten, haben sie ihm gesagt, dass sie zwölf Brüder sind, von denen der jüngste nicht mit ihnen gereist und der andere »nicht mehr da« sei. Irgendwie ist Benjamin dann die Figur geworden, die sie schachmatt gesetzt hat, denn der Regent hat sie drei Tage in Haft genommen und von ihnen verlangt, mit ihm nach Ägypten zurückzukehren. Simeon haben sie als Pfand im Gefängnis zurücklassen müssen und so sind sie ohne ihn nach Hebron zurückgekehrt. Unterwegs haben sie das nächste Drama erlebt, als einer der Brüder entdeckte, dass das Geld, mit dem er sein Getreide bezahlt hatte, auf mysteriöse Weise den Weg zurück in seinen Geldbeutel gefunden hatte. All das hat den Brüdern Angst gemacht. Sie haben sich von Gott überführt gefühlt.[168]

Zurück in Hebron erzählen die Männer ihrem Vater im Detail, was sie in Ägypten erlebt haben. Jakob ist entsetzt über ihren Bericht. Aber es kommt noch schlimmer. Als die Brüder ihre Säcke ausleeren, stellt jeder von ihnen fest, dass es ihm wie dem Bruder unterwegs ergangen ist: In jedem Sack liegt das Geld, mit dem sie das Getreide bezahlt hatten! Jetzt kommt die Angst bei ihnen allen erst richtig hoch. In Vers 36 wirft Jakob seinen Söhnen vor, sie würden ihn seiner Kinder berauben. »*Joseph ist nicht mehr, Simeon ist nicht mehr und Benjamin wollt ihr mir nehmen; dies alles ist über mich gekommen!*« Aus Jakobs Worten spricht das Gefühl, dass nun »alles« gegen ihn wirkt. Das macht ihn sehr menschlich, denn auch wir kennen Momente, in denen wir uns als Opfer unserer Umstände sehen oder uns von (allen!) Menschen im Stich gelassen fühlen. Unsere Gefühle und unser Denken werden dann ganz von den Problemen und den Schwierigkeiten gefangen genommen, wir sind überwältigt und alles um uns herum ist schwarz. In 1. Mose 47,9 beschreibt Jakob sein Leben sogar als »böse«. Es sind Momente, in denen seine schmerzhaften Erfahrungen so stark sprechen, dass sie seine Gotteserfahrungen und auch die wunderbaren Verheißungen, die Gott ihm gegeben hat, übertönen.

Es ist Ruben, der nach den verzweifelten Worten seines Vaters das Wort ergreift (V. 37). Er war derjenige, der Joseph aus den

---

168 1. Mose 42,21-22.28b

Händen der Brüder rettete, als sie ihn töten wollten.[169] Er erinnerte sie in Ägypten noch daran (V. 22). Nun steht er auf und sagt seinem Vater, dass er dazu bereit ist, Benjamins Bürge zu sein. Sollten sie wieder nach Ägypten reisen und ohne Benjamin zurückkehren, darf Jakob seine beiden Söhne töten. Doch Jakob geht nicht darauf ein. Er ist nicht bereit, auch nur zu erwägen, Benjamin gehen zu lassen und einen »Unfall« zu riskieren, wodurch er auch den zweiten Sohn seiner geliebten Frau Rahel verlieren würde. Er würde vor Kummer sterben (V. 37-38). Mit seiner ausgesprochenen Weigerung endet 1. Mose 42. Es bewegt sich nichts. Man hat genügend Getreide, um eine Weile versorgt zu sein. Dass Simeon in dieser Zeit in einem ägyptischen Gefängnis eingesperrt ist, ist Jakob lieber, als dass Benjamin irgendein Unglück treffen könnte.

II. Die zweite Reise der Söhne Jakobs nach Ägypten

BITTE LESEN SIE ZUERST DEN BIBELTEXT:

1. MOSE 43,1-45,20

Jakob sendet seine Söhne wieder nach Ägypten (1. Mose 43,1-14)
Man kann Unangenehmes vor sich herschieben oder verdrängen, immer in der Hoffnung, dass das Problem sich im Laufe der Zeit von selbst löst. Realistisch ist das nicht, denn es taucht irgendwann wieder auf. Das erfährt auch Jakob. Er hat vielleicht versucht, Simeons Gefangenschaft zu vergessen, aber dann kommt der Moment, in dem die Getreidevorräte aus Ägypten aufgebraucht sind. Nun führt kein Weg daran vorbei, dass man wieder nach Ägypten zurückkehren muss, um neuen Vorrat einzukaufen. In 1. Mose 43,2 beauftragt Jakob seine Söhne dazu. Es ist Juda, der seinen Vater daran erinnert, dass der Regent Ägyptens ihnen bei ihrem ersten Besuch eine Bedingung gestellt hat, die nach wie vor gilt: Man soll bei der zweiten Reise Benjamin mitbringen. Jakob reagiert da-

---

169 1. Mose 37,21

rauf mit einem Vorwurf: Es sei unnötig gewesen, den Regenten über Benjamins Existenz überhaupt zu informieren. Darauf erwidern die Brüder, dass sie dazu gezwungen waren, weil »der Mann« sich ganz genau nach ihnen und ihrer Verwandtschaft erkundigte. Er habe sogar direkt nach ihrem Vater gefragt und wollte wissen, ob er noch lebte und ob es vielleicht noch einen Bruder gebe. Dieses Mal ist es Juda, der bereit ist, für Benjamin zu bürgen. Jakob soll nicht länger zögern, sondern ihn mitgehen lassen (V. 1-10). Darauf bleibt Jakob nichts anderes übrig, als nachzugeben und Benjamin mit den anderen Söhnen mitzuschicken. Er gibt ihnen die besten und berühmtesten Produkte des Landes als Geschenke für den Regenten Ägyptens mit. Aufgelistet werden Balsam, das u. a. als Heilmittel galt,[170] Honig, Tragakanth (das getrocknete Gummiharz des Astragalusbaumes, das man als Bindemittel verwendete[171]), Ladanum, ein Harz, das u.a. aus dem Gebüsch Cistus Ladanifer gewonnen wurde und woraus man ein heilkräftiges Öl herstellen konnte, Pistazien (so nannte man die Früchte der Terebinthe) und Mandeln. Alle Produkte, die hier erwähnt werden, galten als besondere und kostbare Handelswaren[172] und sie sind somit ein angemessenes Geschenk für den Regenten Ägyptens, dessen Herz Jakob offensichtlich erweichen will. Vom Geld sollen die Brüder den doppelten Betrag mitnehmen, den sie für den Einkauf des Getreides brauchen. Auch soll das Geld, das sie nach ihrer ersten Reise in ihren Geldbeuteln fanden, erstattet werden.

In Vers 14 wird endlich, endlich Gott erwähnt! Dort sagt Jakob: *»Und Gott, der Allmächtige, gebe euch Barmherzigkeit vor dem Mann, dass er euch euren anderen Bruder wieder mitgibt und Benjamin!«* Jakob verwendet den Gottesnamen El Shaddai (d. h. Gott ist genug). Damit drückt er aus, dass er damit rechnet, dass Gott

---

170 Siehe z. B. Jeremia 8,22

171 In Ägypten wurde es vor allem bei der Befestigung des Leinens verwendet, in das man die Mumien einwickelte.

172 Einige dieser Produkte hatte auch die Karawane aus Gilead dabei, mit der Joseph weggeführt wurde. Siehe 1. Mose 37,25.

ihnen in Ägypten gnädig sein und alles gut ausgehen wird. In Vers
15 machen die Brüder sich auf und es geht wieder nach Ägypten.
Die Reise verläuft reibungslos, denn im selben Vers stehen sie
schon vor Joseph!

Auffallend ist, dass Jakob in diesem Text öfter Israel genannt
wird (V. 6.8.11). Ein Bibelausleger sieht darin eine starke positive
Entwicklung: Jakob hat sich aus seiner erstickenden Trauer befreit
und sein Vertrauen wieder voll auf Gott gesetzt. Als Jakob war er
der Mann, der den Umständen »nachhinkte« und nicht mehr richtig wusste, was er tun sollte. Als Israel wälzt er auf Gott ab, was
ihm zu schwer ist.[173] Mit seinen Worten in Vers 14 (»*Und Gott, der
Allmächtige, gebe euch Barmherzigkeit vor dem Mann*«) äußert
Jakob, dass Gott imstande ist, einzugreifen und die Situation zum
Guten zu kehren. In seinen nächsten Worten aber klingt durch,
dass er sich auch als hilfloses Opfer der Umstände sieht: »*Ich aber,
wenn ich doch der Kinder beraubt sein soll, so sei ich ihrer beraubt!*«
Diese zwei Aussagen Jakobs spiegeln wider, was auch wir kennen.
In elenden Situationen wollen wir uns Gott übergeben und ihm
vertrauen und das sprechen wir auch aus. Dennoch werden wir das
Gefühl nicht los, dass ein böses Schicksal unausweichlich, ja vielleicht sogar unvermeidlich ist. Wir bitten Gott um das eine, während wir das andere befürchten, ja fast erwarten! Und oft nehmen
wir die Opferrolle ein: Alles hat sich gegen uns verschworen! Tragisch ist, dass die Umstände manchmal so laut »sprechen«, dass sie
Gottes Verheißungen übertönen. Gott hat Jakob in Bethel gesagt:
»*Und siehe, ich bin mit dir …*«[174] Daran soll er festhalten! Jesus hat
seinen Nachfolgern und damit auch uns gesagt: »*Und siehe, ich bin
bei euch alle Tage bis an das Ende der Weltzeit!*«[175] An dieser Wahrheit sollten auch wir unter allen Umständen festhalten: Der Allmächtige ist da!

---

173 Nach Hansjörg Bräumer, Wuppertaler Studienbibel, SCM R. Brockhaus
     Verlag. Kommentar zu 1. und 2. Mose.

174 1. Mose 28,15

175 Matthäus 28,20b

Geprüft und beschenkt (1. Mose 43,15-45,24)
Auf dieser zweiten Reise der Brüder überschlagen sich die Ereignisse. Sie werden vom Regenten schwer geprüft und immer geht es um Benjamin. Wenn Joseph ihn zum ersten Mal sieht, ist er so angetan, dass er sich zurückzieht, um zu weinen. Bei einem festlichen Essen, zu dem die Brüder in Josephs Haus eingeladen werden, wird Benjamin schwer bevorzugt und über seine Brüder gestellt (43,15-34). Als die Männer am Tag danach auf der Heimreise sind, wird in seinem Reisesack ein silberner Becher Josephs gefunden. Er wird des Diebstahls beschuldigt und soll zur Strafe als Sklave in Ägypten zurückbleiben. Die Brüder erscheinen darauf gemeinsam vor Joseph und Juda bietet sich als Ersatz für Benjamin an. Er argumentiert Joseph gegenüber, dass Benjamin das Einzige sei, das Jakob noch von seiner geliebten Frau Rahel habe, weil sein Bruder tot ist. Ihr »alter Vater« werde es nicht überleben, wenn der ihm auch noch genommen würde (44,1-34). Aus Judas Worten geht klar hervor, dass die Brüder, die ihren Vater vor Jahren mit einer Lügengeschichte über den Tod Josephs durch ein wildes Tier gemein betrogen hatten, ihn vor noch mehr Kummer und Trauer schützen wollen. In diesem Moment gibt sich Joseph unter Tränen seinen Brüdern zu erkennen. Während sie vor lauter Schock kein Wort herausbringen, sagt er ihnen, dass sie sich wegen damals keine Vorwürfe machen sollen. Nicht sie waren es, sondern Gott selbst hat ihn nach Ägypten gesandt. Die Brüder sollen nach Hebron zurückkehren, um ihrem Vater »*all meine Herrlichkeit in Ägypten und alles, was ihr gesehen habt, zu verkündigen*« und ihn dann schnell nach Ägypten bringen. Der Pharao bestätigt die Einladung seines Regenten: Josephs Familie soll zu ihm kommen und sie werden »*das Beste des ganzen Landes Ägypten bekommen*« (45,1-18).

Die Brüder machen sich mit einer Karawane voller Güter auf den Weg nach Hause. Es werden Wagen für den Transport der Familie nach Ägypten mitgesandt, sie bekommen Esel und Eselinnen, beladen mit Getreide, Brot und Speise und vielem mehr, ja sogar Festkleidung! Das größte Geschenk aber ist die Einladung des Hofes an Jakob und seine Sippe, nach Ägypten überzusiedeln. Joseph will die Familie bei sich haben und sie versorgen.

Die Männer müssen bass erstaunt gewesen sein. Und auch erleichtert! Sicherlich sind sie auch beschämt gewesen, weil die vielen Geschenke und das Angebot einer sicheren Zukunft in Ägypten im Lichte ihres Verbrechens an Joseph völlig unangebracht waren. Wir erleben hier das Evangelium: Die Brüder werden nicht gestraft für das, was sie Joseph angetan haben, sondern mit Gnade überschüttet. Ohne sich dessen bewusst zu sein, ist in ihrem Bruder Joseph ein Schimmer des Messias Jesus sichtbar. Tragisch ist, dass die Brüder – soweit wir wissen – ihrem Vater nie die Hintergründe erzählen, wie Joseph nach Ägypten kam und wie es sein kann, dass er überhaupt noch am Leben ist (45,19-24).

III Zurück in Hebron: Joseph lebt!

BITTE LESEN SIE ZUERST DEN BIBELTEXT:

1. MOSE 45,25-28

Als die Brüder wieder zu Hause sind, steht in ihrem Bericht an Jakob an erster Stelle: »Wir sind Joseph begegnet! Er lebt und ist Herrscher über das ganze Land Ägypten!« (V. 26a). Man erwartet bei Jakob ein großes, glückliches Staunen oder einen lauten Jubelschrei und Tränen des Glücks. Jakob aber steht wie erstarrt, wie betäubt da. »*Sein Herz blieb kalt, denn er glaubte ihnen nicht*«, heißt es in Vers 26b. Diese Reaktion kann man gut nachvollziehen. Jakob hat sich vor vielen Jahren damit abgefunden, dass sein Lieblingssohn von wilden Tieren getötet worden war. Der Betrug der Brüder Josephs war so gut vorbereitet gewesen, dass Jakob nie an ihrer Geschichte zweifelte. Das Drama um Josephs grausamen Tod hatte sich in sein Herz eingenistet. Die Nachricht der Brüder prallte darum sozusagen an Jakob ab, sie fand keinen Weg in sein Herz, seinen Verstand. Er lebte immer noch in der Klagewirklichkeit über die ich in Kapitel 13 geschrieben habe.

Die Brüder haben die Karawane aus Ägypten wahrscheinlich außerhalb des Zeltlagers zurückgelassen und suchen ihren Vater in dessen Zelt auf, sonst hätte Jakob beim Anblick der Wagen und Güter Josephs die Botschaft seiner Söhne wahrscheinlich eher geglaubt und angenommen. In Vers 27 erfährt er die Details ihrer Erlebnisse in Ägypten. Man hofft, dass die Brüder es jetzt wagen, den Hergang der ganzen Geschichte offenzulegen: ihr Verbrechen an Joseph und die Lügengeschichte über seinen vermeintlichen Tod, an der sie jahrelang festgehalten haben. In Ägypten ist dieses peinliche Thema nicht verhüllt geblieben, denn sie haben im Beisein von Joseph miteinander über ihr Verbrechen gesprochen (ohne zu wissen, dass er sie verstehen konnte) und sie haben Josephs Gnade erfahren, als er ihnen sagte, dass sie nicht betrübt sein sollten über das, was sie ihm angetan hatten, und als er sie einlud, nach Ägypten zu kommen. Gegenüber ihrem Vater aber schweigen die Brüder nach wie vor. Wollen sie Jakob diese böse Geschichte ersparen oder geht es ihnen nach wie vor darum, dass ihre Schuld nicht aufgedeckt wird?

Es bleibt ein unbehagliches Gefühl, vielleicht sogar eine wunde Stelle zurück, weil man lieber sehen würde, dass alles offen ausgesprochen würde und man dieses leidige Kapitel abschließen könnte. Aber seien wir ehrlich: Ein solches Schweigen kommt leider immer wieder vor, auch unter uns. Manches bleibt unausgesprochen in der Hoffnung, dass das, was geschehen ist, sich im Laufe der Zeit verwischt. Dass die Brüder nie richtig frei werden von ihrer Schuld gegenüber Joseph (und Jakob), merken wir viele Jahre später in den Tagen nach Jakobs Tod und Beerdigung.[176]

In den Versen 27 und 28 geschieht Überraschendes: Jakob wird wieder Israel. Als er die Wagen sieht, die Joseph gesandt hat, um die Familie abzuholen und nach Ägypten zu bringen, kommt die Botschaft seiner Söhne bei ihm an. Jakob wird befreit aus seinem Kokon von Trauer und Selbstmitleid. Es öffnet sich bei ihm eine Tür und es

---

176 1. Mose 50,15-21

entsteht Raum für das Wunder, das Gott ihm schenken will. Jakobs Schwermut weicht und Glaube und Hoffnung gewinnen die Oberhand. »*Sein Geist wurde lebendig*« lesen wir in Vers 27. Es ist Israel, der in Vers 28 sagt: »*Für mich ist es genug, dass mein Sohn Joseph noch lebt! Ich will hingehen und ihn sehen, bevor ich sterbe!*« Nicht lange danach folgt der Aufbruch der Familie nach Ägypten.

IV. Die Familie bricht nach Ägypten auf

Bitte lesen Sie zuerst den Bibeltext:

1. Mose 46,1-7

Die Familie hat ihr Zeltlager in Hebron abgebrochen und ist unterwegs nach Ägypten. Sie sind etwa 40 Kilometer südwestlich von Hebron, als man Halt macht in Beerscheba, dem Ort, den wir als Anbetungsort von Abraham und Isaak kennen.[177] Alle drei Erzväter haben sich hier aufgehalten.[178] Der Ort liegt im tiefsten Süden des Landes. Das bedeutet, dass Jakob, wenn er Beerscheba verlässt, dem Gelobten Land den Rücken kehrt und in die Wüste geht.

Man kann sich denken, wie Jakob in diesen Stunden zumute ist. Nach seinem Betrug mit dem Erstgeburtsrecht und dem erschlichenen Segen musste er sein Elternhaus im Gelobten Land verlassen. Erst nach zwanzig Jahren in Haran in Mesopotamien konnte er zurückkehren. Nun ist es wieder so, dass er das Land, das Gott seinen Vorfahren und dessen Nachkommen als Siedlungsgebiet zugesagt hat, verlassen soll. Wie kann er diesen Schritt mit Gottes Verheißungen in Einklang bringen? In Bethel hatte Gott ihm im Traum von der Himmelsleiter gesagt, dass er ihm und seinen Nachkommen das Land, auf dem er sich befand, geben würde und sie sich wie der Staub der Erde nach Westen, Osten,

---

177 1. Mose 21,33; 26,23-25

178 Abraham: 1. Mose 21,31; Isaak: 1. Mose 26,23; Jakob: 1. Mose 28,10

Norden und Süden ausbreiten würden.[179] Gott hatte ihn aus Haran zurückgebracht und nun soll er das Gelobte Land wieder verlassen und nach Ägypten ziehen! Zwar galt dieses Land in Zeiten von Dürre für viele Menschen als ein Zufluchtsort. Der Nil war die Lebensader Ägyptens, er sorgte für die Bewässerung und Düngung der Erde, wodurch man dort weniger von Dürre betroffen war als in den angrenzenden Ländern. Aber hatte nicht Jakobs Großvater Abraham Schlimmes erlebt, als er während einer Hungersnot nach Ägypten ausgewichen war?[180] Und hatte Gott Jakobs Vater Isaak nicht davon abgehalten, nach Ägypten zu reisen, und ihm gesagt, er solle in der Philisterstadt Gerar bleiben?[181] Ägypten war ein heidnisches Land mit über siebzig verschiedenen Götzen!

Jakob muss innerlich stark mit sich gerungen haben. Einerseits wollte er nichts lieber, als seinen geliebten Sohn wiederzusehen, andererseits war damit verbunden, dass er das Gelobte Land verlassen musste. Natürlich war er dafür dankbar, dass er und seine Familie in Ägypten gut versorgt sein würden, aber dieses Land konnte doch nicht Gottes Bestimmung für ihn und seine Sippe sein! Nein, nicht nach menschlichem Ermessen. Dennoch geht es auch hier nach Gottes Plan und es wird in Gang gesetzt, was Gott schon Jakobs Großvater Abram offenbart hatte. Sein Same würde ein Fremdling sein in einem Land, das ihm nicht gehörte. Dort würde man seine Nachkommen zu Knechten machen und sie 400 Jahre lang demütigen.[182]

GOTT OFFENBART SICH AN JAKOB

Das Erste, das Jakob in Beerscheba tut, ist, »*dem Gott seines Vaters Isaak ein Opfer bringen*« (V. 1). Das tut er wahrscheinlich auf dem Altar, den Isaak dort errichtet hatte.[183] Warum bringt Jakob ein Op-

---

179 1. Mose 28,13-14
180 1. Mose 12,10-20
181 1. Mose 26,2
182 1. Mose 15,12-13
183 1. Mose 26,25

fer? Ich vermute, zuallererst aus Dankbarkeit. Jakob ist ja unterwegs, um seinem Sohn zu begegnen, den er viele Jahre lang für tot hielt. Außerdem ist er unterwegs in ein Land, wo es ihm und seiner Großfamilie an nichts fehlen wird. Jakob wird Gott aber vor allem deswegen gesucht und angebetet haben, weil er sicher sein will, dass der Weg nach Ägypten Gottes Weg für ihn und seine Sippe ist.

In Vers 2 finden wir sowohl den Namen Jakob als auch den Namen Israel. In der Nacht offenbart Gott sich an *Israel* in einem Nachtgesicht. Er spricht ihn aber mit seinem alten Namen *Jakob* an. Und das gleich zweimal: »Jakob, Jakob!« Dieses Rufen, bei dem Gott zweimal den Namen der Person nennt, kommt nur wenige Male in der Bibel vor und jedes Mal betrifft es entscheidende Momente im Leben der Menschen, die Gott ruft. Abraham erlebt es in den Sekunden, bevor er seinen Sohn Isaak opfern wird[184], Mose erlebt es bei einem brennenden Busch in der Wüste[185] und Samuel hört früh morgens im Tempel in Silo, dass sein Name zweimal hintereinander gerufen wird.[186] Im Neuen Testament finden wir es bei Saulus, als er auf dem Weg nach Damaskus ist[187], bei Martha, die so von ihrem Dienen beschlagnahmt ist, dass sie kostbare Zeit mit Jesus verpasst[188], und bei Simon Petrus, für den Jesus betet, dass er in den schweren Tagen, die vor ihnen liegen, seinen Glauben bewahren wird.[189] Sie alle hören, wie ihr Name zweimal hintereinander ausgesprochen wird, und für sie alle ist es ein Weckruf.

Bei Jakob haben wir gesehen, dass er sich manchmal von den Umständen oder von seinen Ängsten und Sorgen überwältigen ließ. Er war einer, der den Umständen nachhinkte. Der Mensch Jakob war der Ängstliche, der sich die Situation – wenn nötig mit List und Betrug – so hinbog, dass sie ihm passte. Aus ihm soll Isra-

---

184 1. Mose 22,11

185 2. Mose 3,4

186 1. Samuel 3,10

187 Apostelgeschichte 9,4

188 Lukas 10,41

189 Lukas 22,31

el werden, einer, der sein Vertrauen voll auf Gott setzt. Hier in Beerscheba ist Jakob so weit, dass nicht seine Zweifel und Sorgen das Sagen haben. Er soll akzeptieren, dass Ägypten für ihn Gottes Weg ist. Als er nachts in Beerscheba hört, wie sein Name zweimal hintereinander gerufen wird, reagiert er mit den Worten: »*Hier bin ich!*« (V. 2). Es sind nur drei Worte, aber die sind die beste Antwort, die ein Mensch Gott geben kann, wenn er von ihm gerufen wird. Mit diesem »Hier bin ich« sagt man dem Herrn, dass man ihn hören und ihm gehorsam sein will. Dass man ihm zur Verfügung steht und bereit ist zu tun, was er bestimmt. Und zwar bedingungslos, ohne Wenn und Aber. Das tut Jakob hier. Er liefert sich an Gott aus. Gott darf sagen, was er vorhat. Jakob wird danach handeln.

Jakob muss überrascht und gleichzeitig auch erleichtert sein, in dieser Situation, die für ihn so verwirrend ist, Gottes Stimme zu hören. Die Botschaft, die er in dem Nachtgesicht bekommt, ist trostreich und zielführend. »*Ich bin der starke Gott, der Gott deines Vaters*«, damit fängt es an und damit bestätigt Gott den Bund, den er mit Jakobs Vater und Großvater geschlossen hatte und der auch für ihn gilt. Es folgt das »*Fürchte dich nicht*«, das Jakob in diesen Stunden so dringend braucht. In Beerscheba, an der Grenze des Gelobten Landes, bevor es in die Wüste und nach Ägypten geht, spricht der Herr zu ihm und beruhigt ihn. Seine Worte »*Fürchte dich nicht*« bestätigen, dass Jakob besorgt und unsicher ist über die Entscheidung, die er getroffen hat. Nun hört er, dass er nicht ängstlich sein braucht und nicht zögern soll. Er soll weiterziehen und nach Ägypten gehen, »*denn dort will ich dich zu einem großen Volk machen!*« (V. 3). In Ägypten werden Jakob und seine Nachkommen einen neuen Wohnort mit saftigen Weiden für ihre Herden finden. Sie werden alles haben, was wegen der anhaltenden Dürre in Kanaan schon lange nicht mehr vorhanden ist. Sie werden versorgt sein. Und beschützt. Als Schützlinge Josephs werden sie sicher in diesem fremden Land wohnen. In Ägypten fängt eine neue Phase in der Verwirklichung der Absichten Gottes an. Die Familie von Jakob wird dort wachsen und aus ihr wird das Volk Gottes entstehen. Das hatte Gott schon Abraham und Isaak verheißen. Also Jakob, geh!

Gott beschließt seine Botschaft an Jakob mit den Worten: »*Ich will mit dir hinab nach Ägypten ziehen und ich führe dich gewiss auch wieder hinauf; und Joseph soll dir die Augen zudrücken*« (V. 4). Diese Zusage muss Jakob gestärkt haben: Der Herr selbst wird ihn begleiten und ihn (bzw. seine Nachkommen) nach Kanaan zurückbringen. Joseph wird bei Jakobs Sterben bei ihm sein.

In Vers 5 macht sich Jakob von Beerscheba aus auf und die Karawane setzt sich in Richtung Ägypten in Bewegung. Jakob, die Frauen und Kinder reisen komfortabel auf den Wagen, die Joseph aus Ägypten gesandt hat. Die Männer und das Vieh begleiten sie und die Wagen mit ihrer Habe zu Fuß.

Fragen zu Kapitel 14

1. In 1. Mose 42,36 sieht Jakob sich als Opfer der Umstände und als Einziger, der die Last der Ereignisse tragen muss. Was können wir tun, damit wir nicht in einem solchen Denken hängen bleiben, sondern unseren Kokon aus Angst und Selbstmitleid verlassen und »ausfliegen« können?

2. Jakob wird von der Angst beherrscht, nach Joseph nun auch noch Benjamin zu verlieren. Er hofft, den Herrscher in Ägypten mit Geschenken gnädig zu stimmen, damit seinem Jüngsten nichts Böses zustößt. Er hofft aber auch auf Gottes Hilfe (1. Mose 43,11-14). Passt das zusammen oder zeigen sich in den großzügigen Geschenken Zweifel an Gottes Allmacht?

3. In 1. Mose 45,19-20 sagt der Pharao zu Joseph, er solle seiner Familie sagen, dass sie nichts von ihrem Hausrat mitzunehmen brauchen, weil es ihnen in Ägypten an nichts fehlen wird. Die Worte »... und euer Hausrat darf euch nicht reuen, denn das Beste des ganzen Landes Ägypten soll euch gehören« tragen eine starke Botschaft in sich. Als Christen sollen wir uns nicht an unseren Besitz klammern, als würden unser Glück und unser Leben davon abhängen. Wirklichen und bleibenden Reichtum finden wir in Jesus, der uns einlädt, zu ihm zu kommen und mit ihm zu leben. Wie kann man das im Alltag praktisch umsetzen?

4. Die Brüder Josephs halten fest an ihrem Schweigen über die Rolle, die sie bei Josephs Verschwinden gespielt haben. Es gibt Menschen, die meinen, dass sie Jakob dadurch viel Leid erspart haben. Oder dass Schweigen nicht unbedingt auch Lügen ist. Wie sehen Sie das? Was hat das Schweigen der Brüder für alle Betroffenen – Jakob, Joseph und die Brüder selbst – bedeutet?

Lesen Sie, was Paulus in Epheser 4,25 und 5,9-13 über Wahrheit und Verheimlichung sagt.

5. Als Gott Jakob in einem Nachtgesicht bei seinem Namen ruft, reagiert der mit »*Hier bin ich!*« Er äußert damit, dass er Gott über sein Leben bestimmen lässt. Wir finden das auch bei David, der in Psalm 5,4 sagt, dass er Gott in der Frühe »*zu Befehl sein wird und Ausschau nach ihm halten wird*«. Inwiefern gilt das auch für Sie und woran wird das sichtbar in Ihrem Leben? Wie soll man dieses »Ausschau nach Gott halten« verstehen?

6. Wie kann man Gottes Stimme hören und wie kann man sie von anderen Stimmen unterscheiden?

7. »*Fürchte dich nicht*« sind Worte Gottes, die viele Male in der Bibel vorkommen. Wovor haben Sie Angst und wie gehen Sie mit Ihrer Angst um?

8. Jakob stand in Beerscheba auf einer Kreuzung in seinem Leben. Vielleicht gilt das auch für Sie und Sie sind unsicher, wie es weitergehen wird. Vielleicht fürchten Sie sich vor einer Veränderung? Was können wir von Jakob (bzw. von Israel!) lernen?

Kapitel 15
Jakob am Hof Ägyptens

1. Mose 46,28-47,12

»Und ich nahm euren Vater Abraham von jenseits des Stromes und ließ ihn durch das ganze Land Kanaan wandern; und ich mehrte seinen Samen und gab ihm Isaak. Und dem Isaak gab ich Jakob und Esau; und dem Esau gab ich das Bergland Seïr zum Erbbesitz. Jakob aber und seine Söhne zogen hinab nach Ägypten.«

Josua 24,3-4

»Und Jakob segnete den Pharao ...«

1. Mose 47,10

»Und Israel wohnte im Land Ägypten, im Land Gosen, und sie nahmen es in Besitz, waren fruchtbar und mehrten sich sehr.«

1. Mose 47,27

Bitte lesen Sie zuerst den Bibeltext:

1. Mose 46,28-47,12

Wir überspringen den Text in 1. Mose 46,8-27, in dem die männlichen Nachkommen Israels (und Dina, die erstgeborene Tochter Jakobs) aufgezählt werden, die mit Jakob nach Ägypten ziehen. Sie werden aufgelistet nach ihren Müttern: Lea, Leas Magd Silpa, Rahel und ihre Magd Bilha. Wenn man sie alle zusammenzählt (aber die Frauen der Söhne Jakobs weglässt), kommt man auf »66 Seelen« (V. 26). Wenn man Jakob mitzählt und dazu noch Joseph und seine zwei Söhne Manasse und Ephraim (die nicht mitgereist sind, weil sie schon in Ägypten leben), kommt man auf eine Gesamtzahl von 70 Personen (V. 27). In Apostelgeschichte 7,14 werden fünf weitere Personen hinzugefügt: zwei Söhne von Manasse, zwei von Ephraim und ein Enkel von Ephraim.

Als die Karawane mit der Familie Jakobs in Ägypten ankommt, wird Juda von Jakob vorausgeschickt, um Joseph über ihre Ankunft zu informieren. Man nimmt an, dass es dabei auch um eine offizielle Bestätigung des Hofs bezüglich der Aufnahme Jakobs und seiner Familie in Ägypten geht. Es wäre nicht angemessen oder sogar unhöflich, ohne Nachricht an den Gastgeber bzw. den Hof Ägyptens nach Gosen zu reisen und sich dort niederzulassen. Ruben, der älteste Sohn Jakobs, wird bei dieser »Mission« als Repräsentant Jakobs übergangen. Er hat den Vorzug als ältester Sohn Jakobs verspielt, weil er auf der Reise von Haran nach Hebron mit der Nebenfrau seines Vaters geschlafen hat.[190] Auch die zwei nächsten Söhne Simeon und Levi kommen wegen des Massakers, das sie in Sichem angerichtet haben, in Jakobs Augen für diese Aufgabe

---

190 1. Mose 35,22; 49,3-4

nicht infrage. Jakobs vierter Sohn Juda, der sich schon beim letzten Besuch der Brüder in Ägypten als Sprecher der Familie hervorgetan hat, als die Situation heikel wurde, weil man Benjamin des Diebstahls verdächtigte, geht immer mehr voran und übernimmt eine Führungsposition.

NACH GOSEN

Der Pharao hat Joseph versprochen, dass er seiner Familie das Beste des Landes Ägyptens geben will, dabei hat er vom »*Fetten des Landes*« gesprochen.[191] Dass es jetzt nach Gosen geht, liegt daran, dass es in dieser »Ecke« Ägyptens gutes, saftiges Weideland gibt, was für Jakobs Herden optimal ist. Auch der Pharao hat einige Herden in Gosen. Was darüber hinaus für Gosen spricht, ist seine Lage. Das Gebiet, das ungefähr 2300 Quadratkilometer umfasst, liegt im nordöstlichen Teil des Nildeltas. Es befindet sich etwas abseits vom pulsierenden Leben Ägyptens, was für Jakobs Familie günstig ist. In Gosen ist eine Vermischung mit der ägyptischen Bevölkerung und ein Aufgehen in ihrer Kultur eher unwahrscheinlich und so kann die Familie ihre nationale Identität als Volk Gottes bewahren. Für ein Mädchen wie Dina (Jakob hat inzwischen auch Enkelinnen!) ist es von Gosen aus nicht so einfach wie damals bei Sichem, in einer Stadt bummeln zu gehen!

Während die Familie unterwegs nach Gosen ist, bekommt Joseph die Nachricht ihrer Ankunft in Ägypten. Seit seiner Anstellung am Hof verfügt er über den »zweiten Wagen« des Pharaos,[192] wobei wir uns einen zweirädrigen Streit- oder Rennwagen vorstellen können, auf dem man die Pferde im Stehen antrieb. Er »*spannt seinen Wagen an*« (V. 29) und fährt seiner Familie entgegen. Die Vorfreude auf das Wiedersehen wird sowohl bei Joseph als auch bei Jakob sehr groß sein. Sie haben sich über zwanzig Jahre nicht gesehen! Was hat sich in diesen Jahren viel getan und verändert! Der Mann, der unterwegs ist zu seinem Vater, ist der Regent Ägyp-

---

191 1. Mose 45,18
192 1. Mose 41,43

tens, »*dessen Befehl das ganze Volk gehorchen soll.*«[193] Das ist aber in diesem Moment unwichtig. Ein Bibelausleger sagt ganz treffend: »In diesen Stunden ist Joseph nicht mehr der hohe Staatsbeamte, der seiner Familie entgegenfährt, sondern nur noch der Sohn des Vaters.«[194]

Als Jakob und Joseph sich begegnen, fehlen beiden die Worte. Sie umklammern sich, als hätten sie Angst, einander wieder zu verlieren. Joseph bricht in Tränen aus: »*Und als er* (Joseph) *ihn* (Jakob) *sah, fiel er ihm um den Hals und weinte lange an seinem Hals*« (V. 29b). Dann ergreift Jakob das Wort. Das Wiedersehen mit Joseph ist für ihn der Moment, in dem er sein Leben auf dieser Erde als abgerundet betrachtet. Er spricht es laut aus: Dass Joseph noch lebt und dass er ihm noch begegnet, ist genug, nun kann und will er sterben (V. 28). Joseph geht nicht auf die Worte seines Vaters ein. Er sagt seinen Brüdern und allen anderen, die zu dem Haus seines Vaters gehören, dass er dem Pharao von ihrer Ankunft berichten wird. Die Brüder bekommen klare Anweisungen, was sie dem Pharao sagen sollen, wenn er sie zu einer Audienz am Hof bestellt. Sie sollen sich nachdrücklich als *Viehzüchter* vorstellen. Joseph selbst wird seine Brüder auch so vorstellen. Und er wird sagen, dass sie ihre Schafe und Rinder mitgebracht haben. Dafür gibt es zwei Gründe. Zuallererst: *Schafhirten* sind in Ägypten verachtet, sie gehören zu der untersten Gesellschaftsschicht (V. 33-34). Aus dem Grund liegt es auf der Hand, dass der Pharao Jakob und seine Familie nach Gosen schicken bzw. abschieben würde, weil sie dort nahezu vom Rest der Bevölkerung Ägyptens abgeschnitten sind. Ein zweiter Grund dafür, sich dem Pharao gegenüber als »*Viehzüchter von ihrer Jugend an*« (V. 34) vorzustellen, könnte der sein, dass sie damit demonstrierten: Wir sind mit unserer Tätigkeit zufrieden und haben nichts Großes im Sinn. Wir stellen für die Ägypter keine Bedrohung dar. Dass sie in späteren Jahren durch

---

193 1. Mose 41,40

194 Hansjörg Bräumer, Das erste Buch Mose. Wuppertaler Studienbibel, SCM R. Brockhaus

ihre starke Vermehrung doch eine Gefahr werden, kann damals niemand ahnen.

JAKOB SEGNET DEN PHARAO

In 1. Mose 47,2 steht Joseph mit einer Delegation von fünf seiner Brüder vor dem Herrscher Ägyptens. Er erzählt dem Pharao, dass sein Vater und seine Brüder aus Kanaan in Ägypten angekommen und in das Land Gosen gereist sind. Er erwähnt nachdrücklich, dass sie Schafhirten und Viehzüchter sind und dass sie auch ihre *Schafe und Rinder mitgebracht* haben (V.1). Als der Pharao die Brüder nach ihrer Tätigkeit fragt, geben auch sie zur Antwort, dass sie, wie ihre Vorfahren, *Schafhirten* sind (V. 3). Dreimal nennen sie sich Pharaos Knechte und bitten ihn um die Genehmigung, im Land Gosen zu wohnen. Auch betonen sie, dass sie ihren Aufenthalt in Ägypten als vorübergehend und sich selbst als Gäste des Landes sehen. Der Pharao reagiert durchaus positiv und es geschieht das, was Joseph für seine Familie erhofft: Er soll seinen Vater und seine Brüder am besten Ort des Landes wohnen lassen. Es soll Gosen sein, und wenn es im Familienbetrieb Jakobs tüchtige Menschen gibt, die als Hirten eingesetzt werden können, soll Joseph diese als Aufseher über die Herden des Pharaos einstellen, die auch in Gosen weiden (V. 6; vgl. V. 11).

Es bleibt nicht bei dieser einen Audienz, denn der Pharao gibt Josephs Vater die Ehre, auch allein vor ihm zu erscheinen. Er wird dabei von Joseph begleitet. Dieser Mann, der eine so unglaublich steile Karriere gemacht hat und inzwischen der zweitwichtigste Mann in Ägypten ist (und dementsprechend gekleidet ist), schämt sich nicht für seinen alten Vater, der wegen seiner Tätigkeit in Ägypten verachtet ist. Auch Israel schämt sich nicht. Als Joseph ihn dem Pharao vorstellt, sehen wir keine Spur von Nervosität oder Angst bei ihm. Als hätte er in dieser Situation das Sagen, ergreift er das Wort und segnet den Fürsten Ägyptens (V. 7). Dies ist eine der ergreifendsten Szenen in dieser Geschichte! Ägypten ist zu dieser Zeit eins der fortschrittlichsten Länder der Welt, was Wissenschaft, Handel, Architektur, Kunst und Kultur betrifft. Die Schiffe Ägyptens fahren bis Kreta und Phönizien und transportieren Weihrauch, Myrrhe, Harz, Elfenbein und vieles mehr. In diesen Jahren der Hungersnot ist Ägypten das Land, in dem alle umliegenden Länder ihr Getreide kaufen. Der Pharao ist für sein Volk kein Mensch, sondern ein Gott (die Verkörperung des Sonnengottes Ra). Seine Palastbauten sind groß und beeindruckend. Sie haben zahlreiche Innenhöfe und bestehen aus mehreren Gebäudekomplexen, die reich dekoriert sind. In meiner Fantasie sehe ich, an welcher Pracht Jakob auf dem Weg zum Königssaal vorbeigekommen ist: geniale Wasserwerke, imponierende Bildhauerarbeiten, wunderschöne Töpfe und Krüge mit Palmen und Blumen, goldene Schüsseln mit wohlriechenden Gewürzen und Obst. Wände aus Elfenbein. Das ganze Ambiente »atmet« Reichtum und Luxus. Der Thronsaal, wo der Pharao seine Audienzen hält, muss überwältigend prunkvoll ausgestattet sein. Und überall stehen Diener bereit, um jeden Wunsch des großen Herrschers zu erfüllen. Und was spielt sich vor ihren Augen ab? Sie sehen einen alten, hinkenden Nomadenhäuptling, der in diesem feinen Palast völlig fehl am Platz ist! Einen in ihren Augen armseligen Kleinviehhirten, der auf der Flucht vor einer Hungersnot in Ägypten Asyl sucht. Aber der Schein trügt! Der Mann, der hier vor dem Pharao erscheint, ist unaussprechlich reich. Sein Besitz ist kostbarer als alles, was der Pharao besitzt: Israel gehört dem allmächtigen Gott und er trägt seine führende, behütende Gegenwart und seine Verheißungen mit sich.

DER REICHTUM JAKOBS

Was Jakob dem Pharao in dem Segen, den er über ihm spricht, zusagt, wissen wir nicht. Aber die Tatsache, dass er den Pharao segnet – und das gleich zweimal, denn auch beim Abschied segnet er ihn –, ist beeindruckend! Man würde ja verstehen, wenn der Pharao und seine Entourage den alten Jakob dermaßen beeindrucken würden, dass es ihm die Sprache verschlägt. Oder dass er vor lauter Aufregung und Stress in Ohnmacht fallen würde, nachdem er zum Thron gehinkt ist und vor dem Pharao steht! Dass er sich aus Ehrfurcht vor dem reichen Herrscher Ägyptens niederbeugen würde. Nichts von all dem! Jakob steht als ein Gesandter des Königs aller Könige vor dem Pharao und hat mit dem Segen Gottes einen großen Schatz bei sich.

Jakobs mutiger Auftritt enthält eine starke Herausforderung für uns. Der Apostel Paulus nennt uns irdene Gefäße. Damit deutet er an, dass wir von uns aus schwach und zerbrechlich sind. Aber, so sagt er, »*wir tragen einen Schatz mit uns: die überragende Kraft Gottes*.« Er meint damit den Heiligen Geist, der den Kindern Gottes als ein starker und heiliger Einwohner ihres Herzens gegeben ist. »*Wir werden überall bedrängt, aber nicht erdrückt*«, sagt Paulus. »*Wir kommen in Verlegenheit, aber nicht in Verzweiflung, wir werden verfolgt, aber nicht verlassen; wir werden niedergeworfen, aber wir kommen nicht um!*«[195] Das Wissen, dass wir Gottes Geist als reichen Schatz und starke Kraft in uns tragen, soll uns unsere Menschenfurcht nehmen! Auch soll es uns immer mehr bewusst werden, welchen Reichtum wir durch Jesus empfangen haben. Ja, wir sind reich! Wir dürfen Gott und seine Herrlichkeit kennen![196] Für die, die gerettet werden, sind wir »*ein Wohlgeruch des Christus*«, d. h., dass wir für sie »*einen Geruch des Lebens zum Leben*« mit uns tragen.[197] In Epheser 3,8 spricht Paulus von dem Vorrecht, dass er unter den Heiden »*den unausforschlichen Reichtum*« des Christus verkündigen darf. Der Mann, der in 1. Mose 48 vor dem Pharao steht, mag in dessen Augen (und in den Augen seiner Diener) ein bedauerliches Wesen sein – alt und gebrechlich und als Hirte zu der untersten Schicht gehörend –, Jakob selbst ist sich aber seines Reichtums bewusst. Angesichts des anmaßenden Auftritts dieses alten Nomadenhäuptlings müssen die Diener des Pharaos den Atem angehalten haben. Auch der Pharao selbst muss

---

195 2. Korinther 4,7-9
196 2. Korinther 4,6
197 2. Korinther 2,15-16

überrascht gewesen sein, aber er sagt nichts. Nachdem Jakob ihn gesegnet hat, fragt er ihn nach seinem Alter. Das ist nicht verwunderlich, denn ältere Menschen wurden immer geehrt und vielleicht trägt das Alter Jakobs dazu bei, dass er nicht getadelt wird, als er das Wort ergreift und den Pharao segnet. Er sagt dem Pharao, dass er 130 Jahre alt ist und sein Leben als kurz und böse betrachtet (V. 9). Wir kommen später darauf zurück.

Sei gesegnet, sei ein Segen!

Um das zu verstehen, was Jakob »tut«, als er den Pharao segnet, muss man wissen, was »Segen« oder »Segnen« bedeutet. Wenn wir jemanden segnen, beschenken wir den Gesegneten mit »Gutem von Gott«. Der aaronitische Segen, der den Anwesenden oft am Ende des Gottesdienstes zugesprochen wird, tut genau das: »*Der Herr segne dich und behüte dich! Der Herr lasse sein Angesicht leuchten über dir und sei dir gnädig! Der Herr erhebe sein Angesicht auf dich und gebe dir Frieden!*« (4. Mose 6,24-26). Der Gesegnete kann den Segen annehmen oder auch nicht. Es ist Gott, der das Gute zustande bringt.

Es besteht die Gefahr, dass wir leichtsinnig mit dem Segnen umgehen. Wie oft gebrauchen wir in einem Gespräch oder am Ende eines Briefes oder einer E-Mail die Worte »Der Herr segne dich« oder »Gottes Segen dir«. Wenn der eigentliche Sinn und Wert dieser Segensworte verloren geht, können sie zu einem netten Grußwort verkommen. Wir dürfen nicht vergessen, dass uns mit dem Segen Gottes etwas sehr Kostbares geschenkt wurde, mit dem wir sorgfältig umgehen sollten. Wenn ich jemandem den Segen Gottes wünsche oder im Beisein des anderen dafür bete, dann soll uns beiden bewusst sein, dass mit diesem Segen »Gottes Güte« auf den anderen gelegt wird, aber dass nur Gott diesem gesprochenen Segenswort Kraft verleihen kann.

Jakob/Israel weiß genau, was der stolze Herrscher Ägyptens braucht, und darum spricht er ihm ohne Scham den Segen Gottes zu und zwar direkt, noch bevor ein Wort gesagt ist, und dann wieder, bevor er weggeht. Er zeigt uns, dass ein jeder, der Gott kennt und seine Gegenwart mit sich trägt, den Segen über einem anderen aussprechen darf.

Fremdlinge und Pilger auf dieser Erde

Als der Pharao Jakob nach seinem Alter fragt, erwähnt der neben seinen 130 Jahren zweimal den Begriff Fremdlingschaft oder eher Pilgerschaft, denn so steht es im Grundtext (V. 9). So bewertet Jakob sein Leben: Er ist ein Pilger oder Fremdling. Zwar haben er und seine Eltern und Großeltern alle in Kanaan gewohnt, doch das Land hat ihnen nicht gehört. Der einzige Besitz der Erzväter in Kanaan ist das Grundstück in Mamre bei Hebron, das Abraham als Grabstätte für sich und seine Nachkommen kaufte.[198] Den Grund und Boden, den Jakob bei Sichem kaufte, musste er zurücklassen. Die Erzväter haben immer wieder ihr Zeltlager auf- und abgebaut, sie waren unterwegs. In Ägypten mögen sie jetzt Josephs Schützlinge sein, das verändert aber nichts daran, dass sie auch hier Fremdlinge und im Grunde auch noch immer Pilger sind. Ihr Aufenthalt in Ägypten soll ja vorübergehend sein.

Die Erzväter sind einen Glaubensweg gegangen. Sie lebten mit Gottes Verheißung, dass er ihnen Kanaan als Besitz geben würde, und daran haben sie festgehalten. Sie selbst haben die Erfüllung dieser Verheißung nicht erlebt. Der Autor des Hebräerbriefes sagt in Kapitel 11: *»Diese alle sind im Glauben gestorben, ohne das Verheißene empfangen zu haben, sondern sie haben es nur von ferne gesehen und waren davon überzeugt und haben es willkommen geheißen und bekannt, dass sie Gäste ohne Bürgerrecht und Fremdlinge sind auf Erden; denn die solches sagen, geben damit zu erkennen, dass sie ein Vaterland suchen.«*[199] Und in Vers 16 desselben Kapitels lesen wir: *»... nun aber trachten sie nach einem besseren, nämlich einem himmlischen. Darum schämt sich Gott ihrer nicht, ihr Gott genannt zu werden, denn er hat ihnen eine Stadt bereitet.«* In den

---

198 1. Mose 23,12-18

199 Hebräer 11,13-14

nächsten Versen werden Menschen aufgezählt, die ihr Leben und ihre Entscheidungen vom Glauben an Gott und seine Verheißungen bestimmen ließen.

Als Christen sind auch wir dazu herausgefordert, in oder »durch« Glauben zu leben, d. h. mit Gottes Verheißungen zu rechnen und unser Leben danach einzurichten. Unsere Bestimmung liegt nicht hier auf dieser Erde, sondern bei Gott in der Ewigkeit. Sie beginnt aber hier und sie ist eine Reise. Wir sind unterwegs oder, wie es in Hebräer 12 steht: Wir sind an einem Kampf, einem Wettlauf beteiligt und sollen darauf achten, dass wir nicht vom Weg abkommen, sondern das Ziel erreichen. Das Gute bei diesem Wettlauf ist, dass es nicht um den Sieg, sondern ums Ankommen geht.

Paulus sagt den Christen in Kolossä, dass sie in Christus wandeln sollen, »*gewurzelt und auferbaut in ihm und gefestigt im Glauben.*«[200] Je stärker wir mit dem Herrn verbunden sind, umso mehr wird uns bewusst werden, dass wir Himmelsbürger und damit Fremdlinge auf dieser Erde sind. Dass wir Reisende oder Wanderer sind! Unser Herz und unser Denken werden andauernd erneuert; dadurch erhalten wir eine neue Perspektive und ein neuer Fokus entsteht. Wir dürfen hier auf der Erde unser Leben voll ausschöpfen, aber sollen dabei unser eigentliches Lebensziel im Blick behalten und nicht so tun, als sei das Leben hier alles. Wie das konkret bei uns aussieht, sehen wir daran, wie die Verheißungen Gottes uns (und unser Leben) bewegen und prägen, welche Rolle sie in unseren Plänen, Wünschen und Entscheidungen einnehmen. Die wichtigste Frage ist, ob der Herr mit uns vorankommt und wir die Menschen werden, die er vor Augen hatte, als er uns schuf: Männer und Frauen nach seinem Herzen.

BÖSE ZEITEN

Als Jakob vor dem Pharao steht und sein bisheriges Leben beschreibt, ist der Ton pessimistisch. Er sieht seine Lebensjahre als böse an (V.

---

200 Kolosser 2,7

9). Wenn man bedenkt, was er alles erlebt hat – seine Flucht aus dem Elternhaus, die schweren Jahre bei Laban, der ihn mit Profitgier ausgenutzt und überlistet hat; die bittere Rivalität zwischen seinen zwei Ehefrauen, die so viel Unfrieden verursacht hat; die Vergewaltigung seiner Tochter und das Massaker in Sichem; der schmerzhafte Verlust seiner geliebten Rahel; der (vermeintliche) Tod Josephs, die Jahre der Hungersnot und die Haft Simeons in Ägypten –, dann hat Jakob tatsächlich eine schwere Alltagswirklichkeit erlebt. Ja, es liegen harte Jahre hinter ihm, dennoch ist es traurig, dass er nichts anderes über sein Leben zu sagen hat, als dass seine Lebensjahre böse waren. Mit keinem Wort erwähnt Jakob die beeindruckenden und Mut machenden Offenbarungen und Verheißungen Gottes, mit keinem Wort spricht er davon, wie Gott ihm immer wieder geholfen und ihn gesegnet hat. Hier spricht Jakob, nicht Israel! Und dennoch segnet er den Pharao.

IN GOSEN

In Vers 11 erfahren wir, dass Joseph seinem Vater und seinen Brüdern ihren Wohnsitz anweist und ihnen »*in Ägypten, im besten Teil des Landes, im Gebiet von Ramses, wie der Pharao befohlen hatte*«, Grundbesitz zuteilt. Sie werden von Joseph »*nach der Zahl der Kinder*« mit Brot versorgt. Zu bedenken ist, dass man in diesen Tagen erst das zweite der sieben mageren Jahre in Ägypten erlebt und das Getreide noch weitere fünf Jahre rationiert sein wird. In diesen Jahren trifft Joseph radikale Maßnahmen, damit die Ägypter die Hungersnot (und den Bankrott Ägyptens) überleben. Es läuft darauf hinaus, dass der Bevölkerung nichts anderes übrig bleibt, als allmählich ihre ganze Habe dem Staat zu verkaufen. Ihr Land, das ihnen bis dahin gehörte, sollen sie auch weiterhin bearbeiten. Vom Ertrag soll man dem Pharao den fünften Teil geben, den Rest darf man verwenden, um Saatgut zu kaufen und die eigene Familie zu ernähren (V. 13-26). In diesem Kontext ist es auffallend, dass wir in Vers 27 lesen: »*Und Israel lebte im Land Ägypten, im Land Gosen, und sie nahmen es in Besitz, waren fruchtbar und mehrten sich*

sehr.« Während Ägypten seinen Bankrott erlebt und die ganze Bevölkerung Haus und Habe verliert und vom Staat abhängig wird,
bleibt Jakobs Familie vor dem großen Drama, das sich in ihrem
Gastland vollzieht, verschont. Der Landbesitz der Sippe Israels
nimmt zu und die Familie vermehrt sich. Die Hand Gottes ist über
ihnen und das große Volk, das aus Abraham, Isaak und Jakob entstehen soll, fängt in diesen Tagen zu »keimen« an. Wiederum sehen wir in dieser Geschichte den roten Faden des Handelns Gottes.
Er hat weder vergessen noch aufgegeben, was er Abraham, Isaak
und Jakob verheißen hat. Aus den zwölf Söhnen Jakobs wird ein
großes Volk entstehen. Wenn ihre Nachkommen nach gut 400
Jahren aus Ägypten wegziehen, sind sie so viele, dass ihre Anzahl
kaum zu zählen ist. Sie werden etwa 42 Jahre danach Kanaan in
Besitz nehmen und das Land unter sich verteilen. In Bethlehem,
im Stammesgebiet Judas, wird Jesus geboren werden und durch
ihn wird die Verheißung eines Volkes »aus vielen Nationen«, das
Gott gehört, erfüllt werden. Gott tut, was er verheißen hat!

Jakobs Wunsch im Blick auf sein Sterben und seine Beerdigung

Zwar sagt Jakob beim Wiedersehen mit Joseph, er sei jetzt bereit zu
sterben, aber er lebt noch weitere siebzehn Jahre in Ägypten und
wird 147 Jahre alt. Als er ahnt, dass sein Leben zu Ende geht, ruft
er Joseph zu sich. Er bittet ihn darum, als ein Zeichen der Liebe
und Treue dafür zu sorgen, dass er nach seinem Tod nicht in Ägypten bleibt. Wenn Gott seine Verheißungen erfüllt und sein Volk
nach Kanaan zurückführt, will Jakob auch dort, im Gelobten
Land, sein. Darum soll Joseph ihn nicht in Ägypten, sondern in
dem Familiengrab bei Hebron beisetzen lassen. Jakob, der in
Ägypten gute Jahre erlebt, betrachtet dieses Land zu keinem Zeitpunkt als seine Heimat. Er hält sich an Gottes Wort: Er weiß, dass
Kanaan das Land ist, das der Herr für sein Volk vorgesehen hat.
Auffallend ist, dass es nicht Jakob, sondern Israel ist, der Joseph
schwören lässt, ihn in Kanaan zu beerdigen (V. 28-30).

Es ist beachtlich, was Israel von Joseph verlangt. Mamre, wo sich das Grab der Väter befindet, ist nicht gerade in der Nähe; dorthin zu reisen, wird einige Tage in Anspruch nehmen. Das bedeutet, dass der Pharao in den Tagen der Beerdigung Jakobs diese Zeit ohne seinen Regenten wird auskommen müssen. Was wird er zu diesem Wunsch Jakobs sagen? Der Pharao hat der Familie jahrelang Gastfreundschaft erwiesen, sie haben Grund und Boden in Gosen erhalten und sind während der Hungersnot mit Getreide versorgt und in Ruhe gelassen worden. Es ist durchaus denkbar, dass der explizite Wunsch Jakobs, nicht in Ägypten beerdigt zu werden, eine Beleidigung für den Pharao sein wird. Joseph mag das befürchten, aber er äußert seine Bedenken nicht, als er mit seinem Vater spricht, sondern sagt ihm zu, seinem Wunsch entsprechend zu handeln. Doch seine Zusage ist für Jakob nicht genug, er erwartet von Joseph einen Schwur (V. 31). Dieser verpflichtet Joseph nicht nur, nach dem Wunsch seines Vaters zu handeln, sondern dient auch dazu, dass der Pharao es ihm nicht verweigern kann, Jakob außerhalb Ägyptens zu beerdigen. Denn ein Eid war unantastbar. Dass Joseph beim Schwur seine Hand unter die Hüfte des Vaters legen soll, ist ein altorientalischer Brauch, bei dem die persönliche Berührung den Eid bestätigt. Interessant ist, dass mit dieser Berührung unter der Hüfte die eventuellen Nachkommen (die ja »aus den Lenden hervorgehen«) im Schwur miteinbezogen wurden und zwar in dem Sinne, dass diese einen eventuellen Eidbruch rächen konnten. Der Knecht Abrahams hat auf dieselbe Weise seinem Herrn geschworen, dass er für Isaak eine Braut aus Abrahams Verwandtschaft in Haran suchen würde.[201]

Nachdem in Vers 31 der Schwur geleistet wird, »betet Israel am Kopfende des Bettes« (V. 31). Israel lobt Gott, so wie es auch König David auf seinem Sterbebett tut, als er erfährt, dass sein Sohn Salomo zum König gekrönt wurde. Nun kann er in Frieden sterben.[202]

---

201 1. Mose 24,9
202 1. Könige 1,47-48

In Hebräer 11, dem Kapitel über die »Glaubenshelden«, die im Glauben starben, ohne die Erfüllung der Verheißungen Gottes erlebt zu haben, wird in Vers 21 auf diesen Moment zurückgeblickt, in dem Israel am Kopfende seines Bettes Gott anbetet. In der jüdischen Tradition hat das eine besondere Bedeutung. Man geht davon aus, dass sich am Kopfende eines Kranken- und Sterbebettes die Schechina (abgeleitet aus dem Hebräischen *schachan*, was »wohnen« bedeutet) oder die göttliche Anwesenheit befindet. Diese göttliche Anwesenheit soll auch am Kopfende des Krankenbettes von Jakob da gewesen sein. Ist das möglich? Ja, denn Gott ist nicht nur während unseres irdischen Lebens anwesend, sondern auch, und vielleicht in besonderer Weise dann, wenn seine Kinder diese Erde verlassen. Israel hält seinen Kopf nach hinten und schaut zu dem Herrn auf, der ihn sein Leben lang begleitet und behütet hat, und betet ihn an. Wir sehen keine Spur von Angst bei ihm, er ist bereit zu sterben, er weiß sich in Gott geborgen.

Fragen zu Kapitel 15

1. Können Sie sich vorstellen, dass Sie – wie Israel – einen Mitmenschen segnen? Was spricht für Sie dagegen, was dafür?

2. Für ein Kind Gottes ist diese Erde nicht sein wirkliches Zuhause, sondern eine Station auf dem Weg zum Ziel. Wir sind, sagt Paulus, Himmelsbürger (Philipper 3,20). Wie kann man als Himmelsbürger leben, ohne dabei weltfremd zu sein?

3. Was kann unsere »Fremdlingschaft« gefährden oder bedrohen und Bürger dieser Welt aus uns machen? Lesen Sie Kolosser 2,6. Kann man sowohl in Christus verwurzelt sein als auch ganz auf dieser Erde leben oder steht das im Widerspruch miteinander?

4. Israel rechnete in seinem Sterben noch mit der Erfüllung der Verheißungen Gottes. Inwiefern rechnen Sie mit Gottes Verheißungen und Absichten? Woran ist das erkennbar?

5. Ein glaubender Jude erwartet, dass hinter einem Kranken- oder Sterbebett die Lichtherrlichkeit oder »Schechina« Gottes thront. Für Christen gilt dasselbe: Der Herr ist im Leben und im Sterben dabei und uns nahe. Haben Sie diese Zuversicht, wenn Sie an ihr eigenes Sterben denken?

KAPITEL 16
JAKOB BEGEGNET JOSEPHS SÖHNEN

1. Mose 48,1-22

»Durch Glauben segnete Jakob, als er im Sterben lag, jeden der Söhne Josephs und betete an, auf seinen Stab gestützt.«

Hebräer 11,21

»Der Gott, vor dessen Angesicht meine Väter Abraham und Isaak gewandelt haben; der Gott, der mich behütet hat, seitdem ich bin, bis zu diesem Tag; der Engel, der mich erlöst hat aus allem Bösen, der segne die Knaben und durch sie werde mein Name genannt und der Name meiner Väter Abraham und Isaak und sie sollen zu einer großen Menge werden auf Erden!«

1. Mose 48,15-16

»So segnete er sie an jenem Tag (...) und so setzte er Ephraim dem Manasse voran.«

1. Mose 48,20

Bitte lesen Sie zuerst den Bibeltext:

1. Mose 48,1-22

Seit dem Besuch Josephs hat Jakob stark abgebaut. Als es danach aussieht, dass er bald sterben wird, wird Joseph informiert. Er kommt mit seinen zwei Söhnen nach Gosen, wo er seinen Vater auf seinem Bett sitzend antrifft. Der alte Jakob hat »sich stark gemacht« und sich im Bett aufgerichtet (V. 2). Bei dieser letzten Begegnung mit seinem Lieblingssohn und dessen zwei Söhnen wird er, der Sterbende, der Stärkere und der Segnende sein.

Die ersten Worte Jakobs beziehen sich auf Gottes Verheißungen an ihn in Lus (oder Bethel) in Kanaan (V. 3-4). Er spricht von Gott als dem El Shaddai, dem »Ich bin genug«. So hat Jakob den Herrn kennengelernt als seinen Begleiter, seinen Schutz und seinen Helfer. Er hat Jakob von seinem Elternhaus weg nach Haran begleitet, er hat ihn in den schweren Jahren, in denen er von seinem Schwiegervater betrogen und ausgebeutet wurde, durchgetragen und er hat ihn geführt und beschützt, als er mit seiner Familie ins Gelobte Land zurückkehrte, und später wieder, als er der Familie während der Hungersnot eine Tür zu ihrer Rettung aufmachte und sie in Ägypten einen sicheren Wohnort für sich und Weidegrund für ihr Vieh fanden. Nun geht Jakobs Leben zu Ende und es ist Zeit, sich von seiner Familie zu verabschieden. Er hat für alle seine Söhne ein persönliches Segenswort. Für Joseph hat er einen ganz besonderen Segen, weil er die Stellung Rubens als Erstgeborener Jakobs übertragen bekommen hat.[203]

---

203   Siehe 1. Chronik 5,1-2

JOSEPHS SÖHNE WERDEN VON JAKOB »ADOP-TIERT« UND GESEGNET

In Vers 5 wird deutlich, dass Jakob Josephs Söhne Ephraim (»doppelt fruchtbar«)[204] und Manasse (»vergesslich«)[205] in die Reihe seiner eigenen Söhne aufnehmen will, wodurch er sie als Stammeshäupter Israels legitimieren will (die offizielle Adoption finden wir in Vers 16b). Joseph erhält auf diese Weise das doppelte Erbteil, das einem ältesten Sohn zukommt: Jedem seiner Söhne Ephraim und Manasse (bzw. ihren Nachkommen) wird ein Stammesgebiet in Kanaan zugewiesen werden.

Während Jakob mit Joseph über seine Pläne mit Ephraim und Manasse spricht (V. 5), kommt er auch auf Josephs Mutter Rahel zu sprechen, die »*bei mir in Kanaan starb, auf dem Weg, als wir nur ein Stück Weges von Ephrata entfernt waren, und ich begrub sie dort am Weg nach Ephrata, das ist Bethlehem*« (V. 7). In diesen Stunden mit Joseph wird bei Jakob die Erinnerung an seine geliebte Frau Rahel wieder lebendig. Vielleicht hat er etwas von Rahel in Josephs Gesicht, seiner Mimik oder seinem Wesen erkannt. Der Schmerz über ihren Tod bei der Geburt Benjamins sitzt noch immer tief bei Jakob. In seinen Worten klingt Heimweh durch, sowohl nach seiner geliebten Rahel als auch nach Kanaan. Auch Schmerz schwingt mit, denn Rahel starb ja, als sie unterwegs nach Hebron waren, und da man Menschen am selben Tag beerdigen musste (es sei denn, sie wurden einbalsamiert), setzte man sie nicht im Familiengrab bei, sondern beerdigte sie unterwegs.[206]

DIE SEGENSWORTE ISRAELS

In Vers 9 wird aus Jakob Israel und er bleibt es bis zum Ende dieses Kapitels. Weil er inzwischen fast blind ist, muss er Joseph fragen,

---

204 Gott hatte Josephs Umstände in Ägypten verwandelt und ihn fruchtbar gemacht, vgl. 1. Mose 49,22.

205 Gott hatte Joseph in Ägypten gesegnet und geholfen, sein Elend zu vergessen.

206 1. Mose 35,16-20

welche zwei Personen er da mitgebracht hat. Als Joseph ihm antwortet, dass dies seine Söhne sind, »*die Gott mir hier geschenkt hat*«, bittet Israel ihn, sie zu ihm zu bringen, »*damit ich sie segne*« (V. 8.9). Er umarmt und küsst sie und dann folgt die sogenannte »Kniesetzung«, die zu dieser Zeit Teil einer Adoptionshandlung war. Wir begegnen dieser »Kniesetzung« auch in einem anderen Zusammenhang. So war es damals Sitte, dass eine Sklavin ihr Kind auf den Knien ihrer Herrin zur Welt brachte, wodurch es als das Kind der Herrin betrachtet wurde.[207] Da Josephs Söhne zu dieser Zeit schon groß sind,[208] stehen sie wahrscheinlich eher zwischen den Knien ihres Großvaters. Joseph nimmt sie kurz von seinem Vater weg, damit er Raum hat, um ihm Ehre zu erweisen und vor ihm niederzufallen (V. 12). Dann stellt er seine Söhne so vor seinen Vater, dass der Ältere rechts und der Jüngere links vor ihm steht. Zu bedenken ist, dass Israel fast blind ist und seine Enkel auch nicht kennt, was das Risiko einer Verwechslung mit sich bringt. Es droht aber doch eine Verwechslung, denn Israel kreuzt seine Hände, sodass seine rechte Hand (das ist die Schwurhand) auf Ephraim, dem Jüngeren, liegt, der links vor ihm steht, und seine linke Hand auf Manasse!

Der alte Mann ist überwältigt. Nie hätte er damit gerechnet (und er hat es auch nicht gewagt, dafür zu beten!), Joseph je wiederzusehen. Und nun begegnet er nicht nur ihm, sondern auch Josephs Söhnen (V. 11). Wie Manasse und Ephraim die Begegnung mit ihrem alten, halb blinden Großvater erleben, der als Hirte zu der untersten Schicht in Ägypten gehört, wird nicht gesagt. Es muss aber befremdend oder vielleicht sogar schockierend für sie sein, denn als Söhne des zweitwichtigsten Mannes in Ägypten und einer Mutter, die zu den höchsten Kreisen im Lande gehört, sind sie im Luxus und Reichtum am Hof Ägyptens groß geworden. Ein

---

207 Z. B. 1. Mose 30,3

208 Manasse und Ephraim wurden vor den mageren Jahren in Ägypten geboren (1. Mose 41,50), ihr Großvater ist in diesen Jahren nach Ägypten gezogen und lebt nun schon siebzehn Jahre in Gosen.

Leben in einem Zeltlager, wie es ihr Vater noch erlebt hat, ist ihnen fremd. Und nun sollen sie als Söhne eines alten Hirten gelten und ihre Kinder als dessen Nachkommen! Es ist beeindruckend, dass Ephraim und Manasse das alles akzeptieren und in diesen Stunden nach den Anweisungen ihres Großvaters handeln. Ein Bibelausleger sagt über sie: »Sie verzichteten auf ihre Aristokratie und identifizierten sich mit den ›Fremdlingen‹, den verachteten Hirteneinwanderern.«[209]

VON GOTT GERETTET UND BEHÜTET

Während Israels rechte Hand auf Ephraim und seine linke Hand auf Manasse ruht, segnet er zuerst Joseph (V. 15). Er schließt dabei seine Enkel mit ein (»Gott segne die Knaben«) und bekräftigt ihre Adoption mit den Worten »und durch sie werde mein Name genannt und der Name meiner Väter Abraham und Isaak und sie sollen zu einer großen Menge werden auf Erden!« (V. 16)

Die Worte Israels, mit denen er den Segen einleitet, enthalten ein starkes Zeugnis. Er spricht von dem »Gott, vor dem meine Väter Abraham und Isaak gewandelt sind« und von »Gott, der mich behütet hat, seitdem ich bin« und von dem »Engel, der mich von allem Bösen erlöst hat.« Dieser Gott und dieser Engel sollen Josephs Söhne segnen (V. 15-16).

Zwei Dinge fallen an den Worten Israels auf. Das Erste ist, dass er sein Leben ganz anders bewertet als vor siebzehn Jahren, als er dem Pharao vorgestellt wurde. Damals sagte er, dass seine Tage wenig und böse gewesen seien,[210] nun betont er, dass Gott ihn sein Leben lang behütet und erlöst hat. Anders gesagt: Vor siebzehn Jahren hatte all das Schlimme, das Jakob erlebt hatte, die Oberhand. Nun aber wird Gottes Treue betont. Es ist wunderbar und befreiend, wenn man sein Leben so bewerten kann: Gott war da und hat mir geholfen. Wenn wir auf unser Leben zurückblicken, bleibt es herausfordernd, uns nicht auf das zu konzentrieren, was

209 J. H. Hertz, The Pentateuch and Haftorahs, London 1969
210 1. Mose 47,9

anders lief als erwartet oder schmerzhaft war, sondern das Danken zu üben. Das geht nicht von selbst, sondern ist eine Willensentscheidung. Eine, die richtig ist und die uns guttut! Denn im Danken verändert sich unser Blickwinkel: Wir schauen auf zu dem, der unser Leben fest in der Hand hat. Und der uns über alles liebt.

Eine alte Dame aus meiner Gemeinde ist mir da ein starkes Vorbild. Sie war ein durch und durch dankbarer Mensch. Als sie nach einem Krankenhausaufenthalt kurzfristig in einem Pflegeheim untergebracht werden musste, kam sie aus Platzmangel auf eine geschlossene Abteilung für schwer demenzkranke Menschen. Es war eine Umgebung, in der sie völlig fehl am Platz war. Sie teilte das Schlafzimmer mit einer Dame, die nicht mehr sprechen konnte und andauernd – auch nachts – jammerte. Tagsüber befanden die Bewohner sich in einem Aufenthaltsraum, in dem es laut zuging – es wurde gerufen, geschrien, gestöhnt und geschimpft. Wir als ihre Freunde waren entsetzt und wollten alles dafür tun, die Einweisung unserer Bekannten rückgängig zu machen. Sie selbst sagte uns, dass wir uns keine Sorgen um sie machen sollten. Sie sei dem Herrn dankbar für eine sichere Unterkunft, sie fühle sich in ihm geborgen. Diese Haltung, die eine Frucht ihres Wandels mit Gott war, war für uns (und sicherlich auch für die Dame selbst und für ihre Umgebung) ein Segen. Wir besuchten sie gern und jedes Mal betete sie laut mit uns und dankte dem Herrn.

Das Zweite, das an den Worten Israels auffällt, ist, dass Gott hier zum ersten Mal in der Bibel als Hirte und Retter oder Erlöser bezeichnet wird. In Vers 14 lesen wir vom »*Engel, der mich erlöst hat aus allem Bösen*«[211] und in Vers 15 lesen wir »*Er hat mich behütet*« oder im Grundtext »*Er ist mein ganzes Leben lang bis heute Hirte über mich gewesen.*«

Dass Gott unser Retter oder Erlöser ist, kommt immer wieder in der Bibel vor. Nach diesem ersten Mal in 1. Mose 48,16 ist es Gott selbst, der zu Mose sagt, er wolle sein Volk aus seiner Knecht-

---

211 Siehe Infokasten

schaft erretten und erlösen.[212] Ab dann kommt der Begriff *retten* oder *erlösen* in der Bibel immer wieder vor. In Jesaja 49,26 spricht Gott durch seinen Propheten und sagt: »*Und alles Fleisch soll erkennen, dass ich, der Herr, dein Erretter bin und dein Erlöser, der Starke Jakobs.*«[213] In Hosea 13,4 lesen wir »*Ich aber bin der Herr, dein Gott, vom Land Ägypten her, und außer mir kennst du keinen Gott und es gibt keinen Retter als mich allein.*« In Psalm 19,15 nennt David den Herrn »*mein Fels und mein Erlöser*«. Im Neuen Testament schreibt Paulus in Philipper 3,20, dass wir »*vom Himmel her den Herrn Jesus Christus erwarten als den Retter*«, und in Epheser 1,7, dass wir in Jesus die Erlösung haben durch sein Blut. Das Letztere – Jesus, der Erlöser – gibt der Aussage Jakobs, dass *der* Engel (und nicht *ein* Engel) ihn erlöst hat, besonderes Gewicht. Der Engel des Herrn wird als alttestamentliche Erscheinung Jesu gesehen.[214]

Vertraut ist uns das Hirtenbild vor allem aus Psalm 23, dessen Autor, David, selbst Hirte war. David wusste aus Erfahrung, was mit dem Hüten oder Behüten von Schafen verbunden war, dass Schafe nicht imstande sind, ohne Hirten auszukommen, und dass sie vielen Gefahren ausgesetzt sind. Sie können stürzen und sich die Pfote brechen, sich in Sträuchern verstricken, abseits der Herde geraten und sich verirren, von wilden Tieren angegriffen und getötet werden. Sie sind anfällig für Infektionen und vieles mehr. Wenn Schafe nicht von einem Hirten geführt und gehütet werden, sieht es schlecht für sie aus. In Johannes 10,1-29 spricht Jesus ausführlich über dieses Thema. Er erzählt ein Gleichnis, in dem Diebe und Räuber die Herde bedrohen und er sich als der gute Hirte vorstellt, der seinen Schafen Leben und Überfluss schenken will und der bereit ist, sein Leben für sie hinzugeben (V. 10-11).

Dass Jakob den heiligen Gott als seinen Retter und Hirten beschreibt, zeigt uns, wie er Gott kennengelernt hat. Es ist wunderbar, das aus dem Mund des Mannes zu hören, der so lange selbst

---

212 2. Mose 6,6

213 Vgl. Jesaja 60,16

214 Siehe Infokasten »Engel« auf S. 77

voranging und öfter versuchte, sich selbst zu retten und zu (be-) hüten. Gott ist diesem Jakob unendlich treu geblieben. Er hat ihn nicht losgelassen, sondern sein Wirken in ihm fortgesetzt und Jakobs Lebensumstände dafür gebraucht, ihn zu läutern. In der Nacht beim Jabbok begann die Erneuerung des Denkens für Jakob so richtig. Dort erkannte er, dass er ohne Gottes Beistand und Segen verloren war. Hier, im Beisein seines Sohnes Joseph und der beiden Enkel Ephraim und Manasse spricht er es laut aus: Gott ist mir ein Retter und ein Hirte gewesen. Wie kostbar, wenn man seinen Kindern und Enkeln das sagen kann und wenn man ihnen den Segen dieses Gottes mitgeben kann.

ISRAEL SEGNET JOSEPHS SÖHNE

Noch immer hat Israel seine Hände so liegen, dass seine rechte Hand nicht auf dem Haupt Manasses, sondern auf dem von Ephraim liegt. Das macht Joseph nervös. In Vers 17 will er seinen Vater korrigieren, indem er versucht, die rechte Hand Israels von Ephraims Haupt wegzunehmen und sie auf Manasses Haupt zu legen. Er sagt seinem Vater, dass Manasse der Erstgeborene ist, nicht Ephraim. Darum soll er seine rechte Hand auf Manasse legen. Israel aber weigert sich entschieden. Er erklärt Joseph, dass er ganz bewusst so vorgeht, weil Ephraim den Vorrang vor seinem älteren Bruder hat. Es kann nicht anders sein, als dass sich Israel dabei an seine eigene Geschichte erinnert, wie er sich durch Betrug das nahm, was Gott ihm schenken wollte: den Segen für den erstgeborenen Sohn. Er weiß sich dieses Mal aber klar von Gott geführt und so lässt er sich nicht davon abbringen, Ephraim den Segen für den Ältesten zu geben. Ephraim soll größer sein als sein Bruder und er soll der Vater vieler Völker werden.[215] In beiden Männern wird Gott seine Geschichte weiterführen. In Vers 16 hat Israel schon Segensworte über seine Enkel ausgesprochen, in Vers 19 spricht er nach Josephs »Einmischung« noch extra Worte über Manasse, den ältesten seiner Enkel. Auch ihn erwartet Gutes, aber

---

215 Siehe Infokasten »Ephraim und Manasse« auf S. 230

sein jüngerer Bruder wird größer als er werden. In Vers 20 segnet Israel die beiden Brüder und schließt ab mit den Worten: »*Mit dir wird man sich in Israel segnen und sagen: Gott mache dich wie Ephraim und Manasse!*« (V. 20)

Bis heute ist es bei jüdischen Familien am Sabbat so, dass der Vater seine Söhne mit diesen Worten segnet: »Gott mache dich wie Ephraim und Manasse.« Mit diesem Segenswunsch spricht der Vater seine Hoffnung aus, dass seine Söhne den Glauben nicht aufgeben und nicht vom Glaubensweg abweichen werden. Ephraim und Manasse sollen ihnen ein Beispiel sein.

EIN WORT FÜR JOSEPH

Israel hat Frieden darüber gefunden, dass er sterben und Kanaan zu Lebzeiten nicht mehr sehen wird. Er ist aber überzeugt davon, dass seine Nachkommen nicht immer als Fremde in Ägypten leben werden. In seinen letzten Stunden blickt er voraus. Er hat Gottes Verheißungen nicht vergessen und seine Hoffnung und Erwartung nicht aufgegeben. In Vers 21 bezeugt er sein Vertrauen auf Gott: »*Siehe, ich sterbe; aber Gott wird mit euch sein und wird euch zurückbringen in das Land eurer Väter.*« Israel weiß: Es kommt die Zeit, dass seine Nachkommen nach Kanaan zurückkehren und es in Besitz nehmen werden. Ein Nachkomme Ephraims wird bei der Einnahme des Gelobten Landes eine wichtige Rolle übernehmen und das Land unter die Stämme Israels verteilen. Es ist Josua, der Nachfolger Moses. Israel selbst wird nach seinem Tod im Familiengrab im Gelobten Land beigesetzt werden. Aber so weit ist es noch nicht.

Schwer zu verstehen sind die Worte Israels an Joseph in Bezug auf einen Bergrücken, den er erobert haben soll und Joseph schenken will (V. 22). Mehrere Ausleger nehmen an, dass Israel das Grundstück meint, das er bei Sichem gekauft hatte. Das Wort »Bergrücken«, das er erwähnt, bezeichnet er nämlich als Schulter (hebr. *schechäm*), ein Wort, das auch im Namen dieser Stadt enthalten ist. Was hier genau gemeint wird, bleibt offen.

Ephraim und Manasse

Der Stamm Ephraims war anfänglich nicht immer zahlreicher als der von Manasse, später aber sind die Nachkommen Ephraims unverkennbar mehr. Sein Stamm fällt unter den zehn Nordstämmen so stark ins Gewicht, dass er eine Vorrangstellung einnimmt. In den prophetischen Büchern wird der Name Ephraim die Nationalbezeichnung für das Nordreich Israel (Jesaja 7,2.5.9.17; Hosea 9,3-16). Ein bekannter Nachkomme Ephraims ist der Prophet Samuel. Der Richter Gideon stammt von Manasse ab.

FRAGEN ZU KAPITEL 16

1. Als Jakob vor dem Pharao erschien, bewertete er sein Leben als kurz und böse. Siebzehn Jahre später, kurz vor seinem Tod, sagt er, dass Gott sein Leben lang als Hirte und Retter in seinem Leben anwesend war. Bei der ersten Aussage sieht Jakob im Rückblick vor allem (oder nur?) die Momente in seinem Leben, die unangenehm, enttäuschend oder bitter waren. Bei der zweiten Aussage erkennt er, dass Gott immer bei ihm war. Welche Sichtweise gewinnt bei Ihnen die Oberhand? Können Sie das erläutern?

2. Lesen Sie die Aussage von Paulus in Philipper 1,6 und tauschen Sie sich darüber aus. Was sehen Sie davon in Jakobs Leben? Und was in Ihrem Leben?

3. Gott bietet sich uns als unser Hirte an. Woran lässt sich erkennen, dass wir ihn als solchen annehmen und uns von ihm führen lassen?

4. Für Joseph ist es selbstverständlich, dass der älteste Sohn Vorrang hat vor dem jüngeren (und dass Israels Schwurhand deshalb auf Manasse und nicht auf Ephraim ruhen soll). Offensichtlich ist es ihm nicht leichtgefallen, umzudenken und es so anzunehmen, wie Gott es haben wollte. Wie gehen Sie damit um, wenn Sie merken (oder es wissen), dass Gott es anders haben will, als Sie es für richtig halten und sich wünschen? Können Sie das anhand von Beispielen verdeutlichen?

Kapitel 17
Jakob segnet seine Söhne
1. Mose 49,1-50,1

»*Und Gott sprach zu ihm: Ich bin Gott, der Allmächtige, sei fruchtbar und mehre dich! Ein Volk und eine Menge von Völkern soll von
dir kommen und Könige sollen aus deinen Lenden hervorgehen …*«
(Gottes Worte an Jakob, als der zum zweiten Mal in Bethel war)

1. Mose 35,11

»*Und Jakob rief seine Söhne zu sich und sprach: Kommt zusammen,
damit ich auch verkünde, was euch in künftigen Tagen begegnen
wird! Versammelt euch und horcht auf, ihr Söhne Jakobs, hört auf
Israel, euren Vater!*«

1. Mose 49,1-2

In 1. Mose 49 erscheinen die zwölf Söhne Israels am Sterbebett ihres Vaters. Sie empfangen alle ein persönliches Wort, das Prophetisches über sie und ihre Nachkommen enthält. Die Segensszene wird eingeleitet von einem kräftigen Aufruf Jakobs: »Kommt zusammen, damit ich euch verkündige, was euch in künftigen Tagen begegnen wird! Versammelt euch und horcht auf, ihr Söhne Jakobs, hört auf Israel, euren Vater!« Jakob wird bald sterben, aber nicht bevor er seinen Söhnen verkündigt hat, was Gott ihm über sie offenbart hat. Wir werden einige dieser Botschaften betrachten.

RUBEN

Ruben haben wir kurz kennengelernt, als er als Kind Liebesäpfel auf dem Feld sammelte und diese seiner Mutter Lea brachte.[216] In späteren Jahren, als die Familie in Hebron im Gelobten Land lebte und die Brüder Joseph töten wollten, überredete Ruben sie, ihn stattdessen in eine Zisterne zu werfen. Er hatte vor, Joseph später daraus zu retten, konnte aber nicht verhindern, dass seine Brüder Joseph verkauften, weil er zu der Zeit abwesend war.[217] Als die Brüder Jahre nach diesem Vorfall nach Ägypten reisten, um Getreide zu kaufen, wurden sie gezwungen, ohne Simeon nach Kanaan zurückzukehren. Er sollte so lange in Haft bleiben, bis die Brüder auf der nächsten Reise Benjamin mitbrachten. Als Jakob nicht dazu bereit war, Benjamin mitgehen zu lassen, bürgte Ruben für dessen Leben. Er bot Jakob an, er dürfe seine beiden Söhne töten, wenn sie ohne Benjamin zurückkämen.[218] All das findet in Jakobs Segensworten an Ruben keine Erwähnung. Es wird nur auf das Furchtbare zurückgeblickt, das geschah, als die Familie von Haran ins Gelobte Land unterwegs war. Damals schlief Ruben mit Bilha, der Nebenfrau seines Vaters.[219] Ob er das tat, weil er hoffte, damit auf einer Ebene mit seinem Vater zu stehen und seine Position als Erst-

---

216 1. Mose 30,14ff.

217 1. Mose 37,21-22.29

218 1. Mose 42,37

219 1. Mose 35,22

geborener Jakobs sicherzustellen (es war damals schon klar, dass Joseph in Jakobs Augen der »Kronprinz« der Familie war), ist nicht klar. Nun aber sehen wir in den Segensworten Jakobs an Ruben, dass die Sünde seines ältesten Sohnes Konsequenzen hat und zwar nicht nur für ihn, sondern auch für seine Nachkommen. Wir ernten, was wir säen! Mit Jakobs Worten »*Du sollst nicht den Vorrang haben! Denn du bist auf das Bett deines Vaters gestiegen*« (V. 4) ist alles gesagt: Ruben (und mit ihm auch seine Nachkommen bzw. sein Stamm) verliert seine Position als Erstgeborener an Joseph. Das *Doppelerbe*, das eigentlich dem ältesten Sohn zukommt, geht an Josephs Söhne Ephraim und Manasse.[220] Das *Priestertum* geht auf Levi über, die *Fürstenstellung* auf Juda. Unter Rubens Nachkommen finden wir keine bedeutenden Personen wie Richter, Propheten oder Könige.

SIMEON UND LEVI

Auch in den Prophezeiungen Israels für Simeon und Levi sehen wir, dass Sünde Folgen haben kann für die nächsten Generationen. Für Simeon waren die Konsequenzen, dass sein Stamm vom dritten auf den letzten Platz unter den Stämmen rückte; bei der zweiten Volkszählung von Mose waren »die Gemusterten« vom Stamm Simeon von 59.300 auf 22.000 geschrumpft.[221] Auch wurde der Stamm vom Segen Moses ausgenommen[222] und er musste sein Gebiet mit Juda teilen.[223] Nach der Zeit Hiskias und Josias verschwindet der Stamm Simeon aus der Geschichte.

Bei Levi sehen wir, dass Gott ein Urteil oder eine Strafe in einen Segen umwandeln kann. Die Leviten sollten nach Israels Worten unter Israel zerstreut werden (V. 7). Das ist auch geschehen, aber für ihre Zerstreuung gab es einen besonderen Grund: Die Leviten

---

220 Siehe 1. Chronik 5,1-2
221 4. Mose 1,23 und 26,14
222 5. Mose 33
223 Josua 19,1ff.

wurden von Gott zu seinem Dienst geweiht.[224] Aus Levis Nachkomme Aaron wurden die Priester und auch der Hohepriester gewählt, die übrigen Leviten waren die Helfer der Priester. Die Leviten lebten in den verschiedenen Stammesgebieten Israels, wo ihnen
insgesamt 48 Städte zur Verfügung standen. Sie hatten kein eigenes Stammesgebiet bzw. kein eigenes Erbteil. Sie brauchten das
nicht, weil Gott selbst ihr Erbteil war.[225]

Wie es den Nachkommen Levis ging, ist eine Ermutigung für
uns. Die Taten unserer Vorfahren können uns nicht ausschließen
von Gottes Gunst. Außer wir gehen in ihrer Spur weiter.

JUDA

Die ausführlichste Segensbotschaft Israels bekommt Juda, der vier-
te Sohn Leas. Bei seiner Geburt sahen wir eine Herzensverände-
rung bei seiner Mutter Lea. Sie war die erste Frau Jakobs, aber sie
war nicht gewollt und nicht geliebt. Nach den Geburten ihrer ersten drei Söhne hatte sie immer wieder geäußert, dass sie sich nach
Jakobs Aufmerksamkeit und Liebe sehnte. Als ihr vierter Sohn geboren wurde, waren ihre Umstände nach wie vor elend und
schmerzhaft, aber es kam bei ihr ganz überraschend zu einem Gotteslob, das in dem Namen dieses Kindes zum Ausdruck kam.
»Juda« ist abgeleitet von *jadah*, was »preisen« bedeutet. Es ist dieser
Sohn Jakobs, aus dessen Nachkommen Jesus geboren werden wird.

Juda war derjenige, der seinen Brüdern vorschlug, Joseph nicht
zu töten, sondern ihn an eine Handelskarawane zu verkaufen.[226]
Nicht lange danach trennte er sich von seiner Familie. Er zog aus
Hebron weg und verschwägerte sich mit den Kanaanitern. 1. Mose
38 berichtet von dieser Zeit, die eine schwarze Seite in Judas Le-
bensbuch ist.

Als die Söhne Jakobs nach Ägypten ziehen, um Getreide zu kaufen, taucht Juda wieder auf. Offensichtlich war er zu seiner Familie

---

224   4. Mose 3,5ff.

225   u. a. 5. Mose 10,8-9; 18,1-2

226   1. Mose 37,26-27

zurückgekehrt. Bei der zweiten Reise nach Ägypten erinnert er seinen Vater daran, dass ihnen bei der ersten Reise »von dem Mann« (gemeint ist Joseph) gesagt wurde, sie sollten bei der nächsten Reise Benjamin mitbringen. Als Jakob Benjamin nicht gehen lassen will, erklärt Juda sich dazu bereit, für ihn zu bürgen.[227] Bald danach ziehen die Brüder zum zweiten Mal nach Ägypten. Als sie nach dieser zweiten Reise auf dem Rückweg nach Kanaan sind, wird Benjamin des Diebstahls beschuldigt und soll als Knecht im Haus Josephs zurückbleiben. Es ist Juda, der in dieser Situation als Fürsprecher seines Bruders im Haus Josephs auftritt. Er macht das Angebot, an Benjamins Stelle als Sklave in Ägypten zurückzubleiben.[228]

Als Juda in 1. Mose 49 von seinem Vater gesegnet wird, wird aus Jakobs prophetischen Worten deutlich, dass Juda und seine Nachkommen eine hervorgehobene Stellung unter den Stämmen Israels bekommen werden. Das muss Juda überrascht oder sogar überwältigt haben, denn vielleicht rechnete er eher mit einem Urteil Gottes wie bei seinen älteren Brüdern. Er hatte sich mit den Einwohnern Kanaans verschwägert und sich an seiner Schwiegertochter Tamar versündigt, indem er ihr seinen dritten Sohn als Ehemann versprach, ihn ihr dann aber nicht gab. Auch dachte er sich nichts dabei, mit einer Tempelhure zu schlafen. Hatte Gott das alles übersehen? Kommt man so einfach davon? Das waren doch Vergehen, die nicht in Ordnung waren? Sieht Gott manche Sünden und andere nicht? Nein, so ist das nicht! Wenn wir 1. Mose 38 sorgfältig lesen, sehen wir, dass Juda, der der Erzeuger der ungeborenen Zwillinge seiner kanaanitischen Schwiegertochter Tamar war, sich für sein Handeln an ihr öffentlich schuldig bekannte. Zuerst wollte er sie nämlich töten lassen, erkannte dann aber, dass sie gerechter war als er. Und das sprach er laut aus.[229] Juda heiratete Tamar, wodurch er sie rehabilitierte, und machte ihre ungeborenen Kinder, die er ja gezeugt hatte, offiziell zu seinen Erben.

227 1. Mose 43,9
228 1. Mose 44,33
229 Die Geschichte ist nachzulesen in 1. Mose 38.

In Israels Worten an Juda finden wir keine Verurteilung oder Strafe. Stattdessen werden Dinge gesagt und versprochen, die Großes voraussagen. Er beginnt mit den Worten: »*Dich, Juda, werden deine Brüder preisen* (oder: anerkennen)!« (V. 8). Juda wird eine hervorgehobene Position in Israel bekommen. Beim Marsch durch die Wüste geht sein Stamm voran.[230] Bei der Volkszählung Moses ist Juda der größte der Stämme Israels, sein Heer spielt eine zentrale Rolle beim Sieg über ihre Feinde. Ein Ausleger schreibt, es gebe keine Familie in der Geschichte der Menschheit, die eine so beeindruckende Nachkommenschaft habe wie die von Juda. Er ist der Vorfahr von König David, aus dessen Linie große Könige stammen. Auch der Prophet Jesaja gehört zu den Nachkommen Judas, ebenso Daniel, der als Exilant aus Juda im babylonischen Reich eine führende Position in der Politik bekam. Nach dem Exil war es vor allem der Stamm Juda, der, verstärkt durch die anderen Stämme, Israels Geschichte fortsetzte. Serubbabel, der vom Perserkönig Kyrus als Statthalter der Provinz Judäa eingesetzt wurde und der die zurückkehrenden Juden nach Jerusalem begleitete und mitverantwortlich war für den Tempelneubau, der 537 v. Chr. begann, ist ein Nachkomme Judas. Ebenso Nehemia, der am persischen Hof diente und den Auftrag bekam, die Stadtmauern Jerusalems wiederaufzubauen. Man erkennt das »Gewicht« Judas und seiner Nachkommen u. a. auch daran, dass das Volk Israel auch »Judäer« genannt wurden und die einzelnen Menschen »Juden«.

Hinweis auf den Messias

Die Worte Jakobs, dass das Zepter und der Herrscherstab nicht von Juda weichen werden (V. 10), finden wir auch in 1. Chronik 5,2. Dort lesen wir: »*… Juda war mächtig unter seinen Brüdern, sodass von ihm der Fürst kommen sollte.*« Diese Prophezeiung hat sowohl einen historischen als auch einen messianischen Bezug. Der historische Bezug führt uns zu David, dem Fürsten Israels aus Judas Stamm. Er ist es auch, mit dem Gott einen Bund schließt: »*So

---

230 4. Mose 10,14

spricht der Herr der Heerscharen: Ich habe dich von der Weide hinter den Schafen weggenommen, damit du Fürst würdest über mein Volk, über Israel.«[231] Der messianische Bezug führt uns zu dem großen Nachkommen Judas und Davids, dem Fürsten und Messias Jesus,»*dessen Thron auf ewig feststehen wird*«.[232] Jakob spricht verhüllt von ihm in Vers 10, als er den *Schilo* erwähnt, der kommen soll. Das Wort»Schilo« weist auf den Messias hin. Mit ihm, Jesus, tritt ein neuer, höherer König an, dem nicht nur Israel, sondern »die Völker« gehorchen werden.

In Israels Segensworten an Juda finden wir zum dritten Mal in 1. Mose (und damit zum dritten Mal in der Bibel) einen Hinweis auf Jesus. Das erste Mal ist in 1. Mose 3,15, wo Gott zu der Schlange spricht, die Eva zur Sünde verführt hat. Ein Same der Frau wird der Schlange den Kopf zertreten bzw. sie überwinden. Das zweite Mal ist es in 1. Mose 22,18, wo Gott Abraham sagt:»*... und in deinem Samen sollen alle Völker* (d. h. Israel und die Völker) *der Erde gesegnet werden.*« Paulus geht in Galater 3,16 auf Gottes Worte ein und betont,»Es heißt nicht: ›*und den Samen*‹, *als von vielen, sondern als von einem:* ›*und deinem Samen*‹, *und dieser ist* Christus.«

Es ist so faszinierend: Wenn wir das Alte Testament sorgfältig studieren,»sehen« wir den roten Faden der Erfüllung der Verheißungen Gottes und wir sehen Jesus kommen! Der Stern aus Jakob[233], der Löwe aus dem Stamm Juda[234] wird auf die Welt kommen in Bethlehem, im Stammesgebiet Judas. Seine leiblichen Eltern Maria und Joseph aus Nazareth stammen beide von Juda ab. Serubbabel, den ich oben erwähnte als Nachkomme Judas, erscheint in der Abstammungslinie Christi sowohl auf Josephs Seite als auch auf der von Maria.[235]

---

231 2. Samuel 7,8

232 2. Samuel 7,16

233 4. Mose 24,17

234 Offenbarung 5,5

235 Matthäus 1,12 und Lukas 3,27

JOSEPH (UND BENJAMIN)

Nachdem Jakob zu Juda gesprochen hat, folgen Worte an Sebulon, Issaschar, Dan, Gad, Ascher und Naftali. In Vers 18 unterbricht Jakob seine Prophezeiung über Dan mit einem Herzensschrei: »*O Herr, ich warte auf dein Heil!*« Es kann sein, dass Jakob hier an die Nachkommen Dans denkt, die einmal gegen die Philister zu kämpfen haben. Er wird aber auch für sich selbst gesprochen haben.

Am Ende seines Lebens äußert Jakob, dass er nach Gottes Heil verlangt. Er verwendet für Heil das Wort Yeshua, das abgeleitet ist vom hebräischen Verb »*yasha*«, das retten, erlösen, befreien usw. bedeutet. Es kommt an dieser Stelle zum ersten Mal im Alten Testament vor. Ohne es zu wissen, verwendet Jakob hier das Wort, das wir als den hebräischen Namen Jesu kennen, den Heiland oder Retter der Welt! In Matthäus 1,21 sagt ein Engel des Herrn Joseph in einem Traum, dass er dem Kind, das Maria erwartet, den Namen Jesus (Yeshua) geben soll, »*denn er wird sein Volk erretten von ihren Sünden*«.

In Vers 22 kommen wir zu den Segensworten für Joseph, dem Lieblingssohn Jakobs. Wie für Juda gibt es auch für ihn große Verheißungen. Was dazu bei Joseph noch auffällt, sind die fünf verschiedenen Gottesnamen, die Jakob erwähnt. Der Gottesname »*der Starke (oder der Mächtige) Jakobs oder Israels*« kommt in der Bibel nur noch bei Jesaja[236] und in Psalm 132,2 vor. Mit dem Namen »*der Hirte*« bezeugt Jakob, dass Gott ihn sein Leben lang geführt und behütet hat.[237] Der Name »*der Fels (oder Stein) Israels*« drückt aus, dass Gott der feste und unerschütterliche Grund Israels (Jakobs) ist. Der Stein als Bild für Gott kommt öfter in der Bibel vor, z. B. im Lied des Mose in 5. Mose 32,3-4: *Gebt unserem Gott die Ehre! Er ist der Fels, vollkommen ist sein Tun; alle seine Wege sind gerecht!*«. Samuels Mutter Hanna sagt in ihrem Lobgesang: »*... es ist kein Fels wie unser Gott!*«[238] Und David sagt in seinem

---

236 Jesaja 1,24; 49,26b; 60,16 und Psalm 132,2.5

237 Vgl. 1. Mose 48,15b

238 1. Samuel 2,2

Danklied: »*Denn wer ist Gott außer dem Herrn und wer ist ein Fels
außer unserem Gott?*«[239] Das Bild von einem Fels oder Stein trifft
auch auf Jesus zu. Er ist der von den Bauleuten verworfene Stein,
der zum Eckstein wurde.[240] Der Apostel Paulus sagt, dass Gottes
Volk in der Wüste aus einem geistlichen Felsen trank, der ihnen
folgte. Und dann: »*Der Fels aber war Christus.*«[241] Mit dem Gottesnamen »*der Gott deines Vaters*« will Jakob Joseph sagen, dass der
Gott, den er selbst und sein Vater Isaak und sein Großvater Abraham kennengelernt haben, auch Josephs Gott sein wird. Seine Verheißungen gelten auch für die nächsten Generationen. »*Der Allmächtige*« oder »*El Shaddai*« ist der Gottesname, der »*Ich bin
genug*« bedeutet. Diese Auflistung der Gottesnamen ist ein starkes
Zeugnis Israels, zumal wenn man bedenkt, dass Namen in biblischen Zeiten mehr als nur ein Mittel waren, um jemanden zu rufen. Sie waren Programm.

Auf Jakobs Worte an Joseph folgt ein auffallend kurzes Wort an
Rahels jüngsten Sohn Benjamin, in dem seine kriegerische Natur
beschrieben wird. Tatsächlich ist der Stamm Benjamin militärisch
gesehen sehr aktiv gewesen; im Buch Josua wird von allerhand Er-
oberungen des Stammes berichtet. Die Benjaminiter waren erfah-
rene Bogenschützen und Schleuderer, die sowohl mit links als auch
mit rechts werfen konnten. Bekannte Nachkommen Benjamins
sind Saul, der erste König Israels, und sein Namensbruder, den wir
als den Apostel Paulus kennen. Den »*reißenden Wolf*« (V. 27) sieht
man in König Saul, der David verfolgte und versuchte ihn zu töten.
Er ließ die Priesterschaft in Nob umbringen, weil man dort David
während seiner Flucht geholfen hatte.[242] Man sieht ihn auch in Saul
von Tarsus, der ein grausamer Christenverfolger war, aber nach
seiner Bekehrung ein völlig neuer Mensch wurde.

---

239 2. Samuel 22,32
240 u. a. Psalm 118,22 (dieser Psalm ist höchst messianisch!); Matthäus 21,42
241 1. Korinther 10,4
242 1. Samuel 22,18-19

RESPEKT!

Beim Lesen der Worte an die zwölf Brüder empfinde ich großen Respekt für den Mann, der diese Botschaften ausspricht. Es muss Jakob schwergefallen sein, einigen seiner Söhne Dinge sagen zu müssen, die schmerzhaft waren. Er musste Ruben, Simeon und Levi sagen, dass ihre früheren Taten ernsthafte Folgen für sie und ihre Nachkommen haben würden. Er musste Gad sagen, dass sein Stamm mit Feindschaft und Invasionen zu tun haben würde. Als Eltern will man seine Kinder vor Schwierigkeiten beschützen und ihnen möglichst die Folgen ihrer Streiche ersparen. Man will ihnen am liebsten nur Positives, Aufbauendes sagen und ihnen für die Zukunft nur Gutes wünschen. Jakob aber sagt das, was Gottes Geist ihm eingibt. Er hält weder etwas zurück, noch vertuscht er Dinge, die für seine Söhne unangenehm sind. Er beschönigt nichts und nennt die Sünde beim Namen. Er sagt Ruben nicht: »Ich kann ja verstehen, dass du mit Bilha geschlafen hast, denn du hast dich zurückgesetzt gefühlt und wolltest deine Position als Erstgeborener sichern.« Er sagt Simeon und Levi nicht: »Ja, ihr habt grausam gehandelt in Sichem, aber ihr habt es gut gemeint, denn ihr wolltet eure Schwester rächen.« Jakob nennt die Vergehen beim Namen: »Ruben, dass du mit Bilha geschlafen hast, war ein schweres Vergehen, das einschneidende Konsequenzen für dich hat.« »Simeon und Levi, was ihr in Sichem angerichtet habt, war äußerst gewalttätig und grausam. Das ist in keiner Weise zu rechtfertigen und es hat für euch beide und für eure Nachkommen Folgen.« In diesem Moment ist Israel, der Vater der Männer, die um sein Bett stehen, Gottes Sprachrohr.

Fragen zu Kapitel 17

1. Betrachten Sie die fünf Gottesnamen, die Jakob in seinen Segensworten an Joseph erwähnt (1. Mose 49,22-26). Welchen Namen (oder welche Namen) würden Sie Gott geben, um auszudrücken, wie Sie ihn kennengelernt haben? Denken Sie dabei z. B. an Sarahs Sklavin Hagar, die Gott den Namen gab »der Gott, der mich sieht« (1. Mose 16,13).

2. Lesen Sie die Worte Jakobs an Juda (1. Mose 48,8-12). Welche Hinweise auf Jesus finden Sie und mit welchen Bibeltexten (aus dem Alten und Neuen Testament) können Sie diese in Verbindung bringen?

3. Jakob sagt seinen Söhnen, was gesagt werden muss. Er vertuscht nicht die Dinge, die ihnen unangenehm sind und die vielleicht zu Spannungen führen werden. Wie sieht das bei Ihnen aus? Wagen Sie es, Dinge auszusprechen, die gesagt werden müssen? Wenn ja, wie tun Sie das? Und wie wissen Sie, ob und wann das notwendig ist?

4. So kurz vor seinem Sterben sehen wir bei Jakob keine Aufregung oder Spannung. Er kann seinen Söhnen zum Abschied in aller Ruhe eine persönliche Botschaft in Form von Segensworten überbringen. Was können wir von ihm lernen?

5. Lesen Sie 2. Mose 20,5 (»Denn ich der Herr, dein Gott …«). Die Sünden einzelner Menschen können sich auf die nächsten Generationen auswirken. Man wird nicht für die Sünden der Eltern bestraft, aber man erlebt die Auswirkungen. Kennen Sie hierzu Beispiele? (Wie) kann man diesen Prozess durchbrechen?

Kapitel 18

Abschied von Jakob

1. Mose 49,29-50,14

»Wohl dem, dessen Hilfe der Gott Jakobs ist, dessen Hoffnung ruht auf dem Herrn, seinem Gott!«

Psalm 146,5

»... du hältst mich bei meiner rechten Hand. Du leitest mich nach deinem Rat und nimmst mich danach in Herrlichkeit auf! (...) Wenn mir auch Leib und Seele vergehen, so bleibt doch Gott ewiglich meines Herzens Fels und mein Teil.«

Asaf in Psalm 73,23-26

»Tod, wo ist dein Stachel? Totenreich, wo ist dein Sieg?«

1. Korinther 15,55

Bitte lesen Sie zuerst den Bibeltext:

1. Mose 49,29-50,14

Mit dem Aussprechen der Segensworte an alle seine Söhne hat Jakob einen Marathonlauf hinter sich gebracht. Als Joseph ihn vor einiger Zeit besuchte, musste er sich schon sehr anstrengen, um aufrecht sitzen und Josephs Söhne segnen zu können.[243] Nun ist einige Zeit vergangen und Jakob ist sehr geschwächt und dem Tod nahe. Er hat seine letzten Kräfte gebraucht, um auf Gottes Geist zu hören und jedem seiner Söhne die Botschaft zu überbringen, die ihm eingegeben wurde. Dass er das geschafft hat, ist »dem Mächtigen Jakobs« zu verdanken: Gott selbst hat ihn gestärkt und geleitet.

Noch stehen Jakobs Söhne um das Bett ihres Vaters. Als die Segensworte gesprochen sind, bekommen sie die letzten Anweisungen in Bezug auf die Beerdigung ihres Vaters. Zwar sind die Dinge Joseph schon bekannt und er hat seinem Vater geschworen, dass er dessen Wünsche respektieren und ausführen wird, aber offensichtlich ist es Jakob wichtig, dass alle seine Söhne direkt von ihm informiert werden und nicht erst später über Joseph erfahren, was er sich wünscht. Es ist weise, so vorzugehen, denn wenn alle Betroffenen aus erster Hand Bescheid wissen, ist die Gefahr klein, dass man sich uneinig wird, wenn die Dinge tatsächlich geregelt werden müssen. Eine Beerdigung ist ein emotionales Ereignis, bei dem oft ein Wort schon reicht, dass es zu Missverständnissen kommt und ein bitterer Streit entsteht, der Familien entzweit. Bei den Vorbereitungen für Jakobs Beerdigung könnte auf einmal der alte Ärger der Brüder wieder hochkommen, weil der Vater Joseph schon immer vorgezogen und nun mit ihm zuerst gesprochen hat.

---

243 1. Mose 48,2

Außerdem nimmt Joseph als Regent Ägyptens eine bevorzugte Position ein und verfügt dazu noch über Möglichkeiten, die seine Brüder nie haben werden. Sie haben ihm viel zu verdanken, aber es wird für sie nicht einfach sein, dass die Beerdigung ihres Vaters eine Angelegenheit sein wird, über die Joseph mit dem Pharao verhandeln wird.

TOD, WO IST DEIN STACHEL?

Die ersten Worte Jakobs an seine Söhne sind das Zeugnis eines Mannes, der mit Gott und seinen Verheißungen rechnet: »*Ich werde zu meinem Volk versammelt werden …*« (V. 29). Wir sehen bei Jakob keine Spur von Unsicherheit oder Angst vor dem Sterben. Das Ziel steht fest und das Sterben ist der Weg dorthin.

Es ist großartig, wenn man in dem Wissen, dass man sterben wird, so voller Vertrauen sein kann, wie es Jakob ist. Schließlich ist der Tod der letzte Feind, er ist ein »Fremdkörper«, der nicht zum Leben gehört. Dennoch: Wer sich in Gott geborgen weiß, muss weder vor dem Sterben noch vor dem Tod Angst haben. Der Ewige ist dabei. Der Allmächtige wacht über uns. Der Fels, der sich in unserem Leben stark und unerschütterlich gezeigt hat, wird bei unserem Sterben nicht wanken. Der Hirte, der uns behütet und bewahrt hat, wird auch im finsteren Todestal bei uns sein und uns durchtragen. Jesus, Gottes Sohn, erwartet uns. Er hat den Tod auf ewig verschlungen und er wird jedem von uns die Tränen abwischen![244] Als Jakob seinen Söhnen ganz ruhig sagt: »*Ich werde zu meinem Volk versammelt werden …*«, denke ich bei mir: Ja, so ist es! Der Tod hat nicht das letzte Wort. Die Gläubigen werden im Himmel erwartet. Der Wettlauf, den wir hier auf Erden laufen, bringt uns ans Ziel und dieses Ziel heißt Jesus. Der Tod ist, wie jemand einmal sagte, kein Unfall, sondern eine Bestimmung! Er ist auch nicht die Endstation, sondern der Weg hinein in die himmlische Realität. Wie Jakob werden auch wir im Himmel erwartet! Als »Heiden« gehören wir zwar ursprünglich nicht zu dem Volk, das Gott sich

---

244 Jesaja 25,8

als sein besonderes Eigentum auserwählt hat, durch Jesus bekommen wir aber Anteil an Gottes Reich und seinem Heil. Jesus hat gesagt: »*Viele werden kommen vom Osten und vom Westen* (hiermit sind die Heiden oder Nichtjuden gemeint) *und werden im Reich der Himmel mit Abraham, Isaak und Jakob zu Tisch sitzen.*«[245] Der Apostel Paulus fordert uns auf, unserem Sterben und Tod mutig und ruhig entgegenzutreten. In seinem ersten Brief an die Korinther widmet er der Auferstehung der Toten und dem Sieg über den Tod viele Verse. Er hat dem Tod einiges zu sagen und zitiert Worte von Jesaja: »*Tod, wo ist dein Stachel? Totenreich, wo ist dein Sieg?*«[246] Seine Worte wurden vom Komponisten Georg Friedrich Händel im letzten Teil seines Oratoriums »Der Messias« aufgenommen. Sie werden nicht leise, sondern stark und überzeugend, ja jauchzend gesungen. Hätte es dieses Oratorium schon zu Jakobs Lebzeiten gegeben, dann hätte er sich vielleicht gewünscht, dass es bei seiner Beerdigung aufgeführt würde. Nun aber ist es ihm vor allem wichtig, dass er nicht in Ägypten, sondern im Gelobten Land Kanaan beerdigt wird. Seine Worte »*Begrabt mich bei meinen Vätern im Land Kanaan*« (V. 29) sind eine Glaubensaussage. Jakob weiß: Ich war nur vorübergehend hier in Ägypten, ich gehöre woanders hin.« Er will in der Nähe von Mamre zur letzten Ruhe gebettet werden, wo auch Abraham und Sarah, Isaak und Rebekka und ja, auch Lea begraben wurden. Lea, die ungeliebte Frau Jakobs, ist von Jakob selbst im Grab der Erzväter beigesetzt worden.[247]

Die ersten Massnahmen nach Jakobs Tod

Als Jakob ausgesprochen hat, was gesagt werden musste, zieht er seine Füße aufs Bett zurück (er hat vielleicht auf der Bettkante gesessen) und stirbt. Der Abschied, über den öfter gesprochen wurde, ist jetzt Realität geworden und es schmerzt. Wie die Brüder

---

245 Vgl. Matthäus 8,11

246 1. Korinther 15,55

247 1. Mose 49,31

reagieren, wird uns nicht gesagt, aber Joseph bricht in Tränen aus. Sein Vater hat siebzehn Jahre in Ägypten gelebt, davor aber hat Joseph ihn gute zwanzig Jahre lang entbehren müssen. Nun ist Joseph endgültig der Mann entglitten, der ihn über alles lieb hatte. Von Trauer überwältigt fällt er auf das Angesicht seines Vaters und küsst ihn (50,1). Dann fasst er sich und trifft erste Maßnahmen für die Beerdigung Jakobs.

Die Brüder hätten ihren Vater vielleicht lieber im Familienkreis beerdigt, aber sie können nicht verhindern, dass der Abschied von Jakob aufgrund der Position, die Joseph innehat, und der Verordnung des Pharaos eine Staatsangelegenheit wird. Jakob, der als alter Hirte nach Ägypten eingeladen wurde, weil in Kanaan eine Hungersnot herrschte, bekommt ein Begräbnis wie ein König. Die erste Handlung ist seine Einbalsamierung, die vierzig Tage in Anspruch nimmt (V. 3). Joseph hält sich hier an einen ägyptischen Brauch, denn in der jüdischen Tradition ging man anders vor. Dass explizit erwähnt wird, dass Joseph für die Balsamierung Ärzte bestellt, könnte ein Hinweis darauf sein, dass er bewusst nach einer Einbalsamierung gesucht hat, an der nicht auch (okkulte) Priester beteiligt waren. Mumifizierung war immer mit magischen Maßnahmen und Gebeten verbunden, bei einer Einbalsamierung war das nicht unbedingt der Fall. Dennoch, die Medizin in Ägypten hing aufs Engste mit der Religion und den Priestern zusammen und es wird nicht einfach gewesen sein, Ärzte mit okkulten Praktiken zu vermeiden. Wir dürfen nicht vergessen, dass die Ägypter mehr als siebzig Göttern dienten und dass Magisches an der Tagesordnung war.

Als Menschen, die Gott gehören, soll Jakobs Familie sich fern von okkulten Praktiken halten.

TRAUER

Nach dem Tod Jakobs wird eine nationale Trauerzeit von siebzig Tagen angekündigt (V. 2). Siebzig Tage, das sind gute zwei Monate, in denen die Einwohner Ägyptens Jakob »beweinen«. Die Königstrauer in Ägypten dauerte zweiundsiebzig Tage, das sind nur zwei Tage mehr. Es ist kaum zu fassen: Jakob war nicht einmal ein Ägypter, er war ein Fremdling und als Hirte ein Mensch, der in der Gesellschaft stigmatisiert und verachtet war. Nun wird er in seinem »Gastland« mit einer langen nationalen Trauerzeit geehrt.[248]

Trauern nach dem Tod eines geliebten Menschen ist angemessen und es wirkt läuternd. In Israel war es Brauch, dass man sich als Zeichen der Trauer mit einem »Sacktuch« (ein dunkles Kleid aus grobem Gewebe) umgürtete.[249] Die Umgebung merkte daran, dass man in Trauer war. Im Privatleben kannte man eine Totenklage, wozu offizielle Klageleute »bestellt« wurden, die laut jammerten und klagten. Wir treffen sie z. B. in Jeremia 9,16-17 und in Matthäus 9,23-24.

In unserer Zeit und Kultur ähnelt das Trauern um geliebte Menschen am meisten der Art und Weise, wie Abraham um Sarah trauerte. Seine Trauer war eine private Sache, er trug sie nicht zur Schau. Als Sarah in Hebron gestorben war, *»ging er (Abraham) hin, um zu klagen um Sarah und sie zu beweinen. Danach stand Abraham auf von seiner Toten …«*[250] Es ist das einzige Mal in der Bibel, dass wir erfahren, dass Abraham weinte. Er weinte nicht, als er seine Heimat verließ, er weinte nicht, als Lot und er getrennte Wege gingen, er weinte nicht, als seine Ehe viele Jahre lang kinderlos blieb, er weinte nicht, als Gott ihm sagte, dass er Isaak opfern sollte. Er weinte, weil der Tod ihn von der Frau getrennt hatte, mit der er so viele Jahre verheiratet war.

Oft weiß die Umgebung nicht so richtig, wie man mit der Trauer anderer umgehen soll. Man hat zwar Verständnis dafür, dass der Verlust eines geliebten Menschen ergreifend ist (und man fragt ein paarmal nach, wie es dem andern geht), aber es darf alles nicht zu

---

248 Um Mose und Aaron, die beide prominente Führungspersönlichkeiten des Volkes waren, hat Gottes Volk jeweils 30 Tage getrauert. (4. Mose 20,29; 5. Mose 34,8).

249 Siehe z. B. 2. Samuel 3,31

250 1. Mose 23,2-3

lange dauern. Man empfindet die Tränen des anderen als peinlich und fühlt sich unbehaglich dabei. Man hofft, dass der Betroffene bald wieder zur Tagesordnung übergeht bzw. bald wieder »normal« funktioniert und dass »das Thema« dann erledigt ist. Das alles kann sehr einsam machen und den Trauerprozess erschweren. Wenn Trauer unterdrückt und Tränen verbissen heruntergeschluckt werden müssen, wird der Weg zur Heilung versperrt.

Nach Jakobs Sterben ist es ganz anders. Die Trauer für ihn ist überwältigend, das ganze Volk wird dazu aufgerufen. Am Hof wird man respektvoll mit Joseph umgegangen sein, weil er der direkt Betroffene war. Für ihn und seine Brüder muss diese 70-tägige Trauerzeit aber auch sehr lang gewesen sein. Sie waren es ja nicht gewohnt, so lange auf das Begräbnis eines Verstorbenen zu warten.

Ein Ehrengeleit für Jakob nach Kanaan

Nach der Trauerzeit wendet Joseph sich über seine Diener an den Pharao (V. 4). Warum er als zweiter Mann im Land nicht selbst mit dem Pharao spricht, kann damit zusammenhängen, dass er als Trauernder als unrein betrachtet wird. Vielleicht will er auch ein persönliches Gespräch mit dem Pharao vermeiden, weil es ihm unangenehm ist, ihm sagen zu müssen, dass sein Vater nicht in Ägypten, sondern in Kanaan beerdigt werden will. Wie auch immer, die Diener berichten dem Pharao jedenfalls davon, dass Joseph seinem Vater geschworen hat, dafür zu sorgen, dass er nicht in Ägypten beerdigt wird. Das muss ausschlaggebend sein, denn, wie ich schon in Kapitel 15 erwähnte, ist ein Eid verbindlich und wird respektiert (vgl. V. 6). Sicherlich trägt auch zu einer günstigen Reaktion des Pharaos bei, dass Joseph den Dienern des Pharaos sagt, sie sollen erwähnen, er wolle nach dem Begräbnis seines Vaters nach Ägypten zurückkehren (V. 5). Der Pharao reagiert überraschend positiv und großzügig. Als man den Sarg mit Jakobs Leichnam nach Kanaan bringt, soll der nicht nur von seiner Familie begleitet werden, sondern Jakob bekommt eine beeindruckende ägyptische Ehreneskorte. Neben allen Knechten des Pharaos werden auch allerlei

Würdenträger mitgesandt: alle Ältesten von Pharaos Haus und alle Ältesten des Landes Ägypten. Joseph und seine Familie bekommen außerdem eine militärische Eskorte von Wagen und Reitern. Es ist »*ein großer Heerzug*« (V. 8). Ein wahres Ehrengeleit für den alten Hirten aus Kanaan. In Gosen bleiben nur die Kinder, Schafe und Rinder zurück (V. 8). Die Kinder oder »die Kleinen«, das sind die Kinder samt ihren Müttern oder Ammen, die mit ihrem Zurückbleiben für die Rückkehr der Männer bürgen.

Mit der Erwähnung des Ortes Atad, wo der Trauerzug Halt macht (V. 10), haben wir einen Hinweis auf den Weg, den man einschlägt. Atad oder Goren-ha-atad liegt »jenseits des Jordans«, d. h. im östlichen Jordangebiet (V. 11b). Der Trauerzug zieht also nicht entlang der Küste über Beerscheba nach Hebron, was der kürzeste Weg wäre. Man macht stattdessen einen weiten Umweg, zieht um das Tote Meer und nähert sich Kanaan an der Ostseite des Jordans. Wahrscheinlich ist der Grund dafür, dass die Karawane auf diese Weise das Gebiet der Philister umgeht, womit man mögliche Konfrontationen vermeidet.

In Atad veranstaltet Joseph eine feierliche Totenklage von sieben Tagen. Es hat den Anschein, als würde Joseph nach der 70-tägigen Trauerzeit nach ägyptischer Sitte an der kanaanitischen Grenze eine Trauerfeier nach den Sitten dieser Region halten. Die Tenne einer Stadt war für solche Veranstaltungen sehr geeignet. Sie war ein Ort, der mit Handel, Gesetz und Leben assoziiert wurde, und es war Brauch, sich dort zu besonderen Anlässen zu versammeln, z. B. um einen prominenten Bürger zu ehren oder sich von ihm zu verabschieden. Die Trauerfeier für Jakob in Atad wird viel Aufsehen erregt und viele Menschen angezogen haben. Da gab es auch einiges zu sehen! Zuerst Joseph, den Regenten Ägyptens, in feines Leinen gekleidet, den Siegelring des Pharaos am Finger und eine goldene Kette um den Hals;[251] dann die Würdenträger Ägyptens, alle nach ägyptischer Sitte gekleidet und die militärische Eskorte in Paradeuniform mit ihren feinen Rennwagen und Pferden.

---

251 1. Mose 41,42

Und dann noch eine Truppe von Hirten. Und ein Sarg. Alle diese Fremden halten sich sieben Tage lang in Atad auf. *»Als aber die Bewohner des Landes, die Kanaaniter, die Trauer bei der Tenne Atad sahen, sprachen sie: Die Ägypter halten da eine große Klage! Daher wurde der Ort, der jenseits des Jordans liegt »Die Klage der Ägypter genannt«* (V. 11)

Vers 12 können wir entnehmen, dass die Ägypter in Atad zurückbleiben, als Joseph und seine Brüder nach Mamre weiterziehen. Sie begleiten ihren Vater seinem Wunsch gemäß gemeinsam zu seiner letzten Ruhestätte und setzen ihn im Familiengrab in der Höhle des Ackers Machpela bei. Die Brüder stehen gemeinsam an dem Ort, wo ihre Urgroßeltern und Großeltern und auch Lea, die Mutter von sechs der Brüder, begraben sind. Danach kehren alle wieder nach Ägypten zurück.

Mit der Beerdigung Jakobs geht eine wichtige Phase in der Geschichte zu Ende. Die Familie lebt nach wie vor in Gosen, wächst aber im Laufe der Zeit dermaßen, dass sich ihr Status in Ägypten tiefgreifend verändert. Die einst beschützten Gäste des Landes werden unterdrückt und zur Sklaverei gezwungen. Gute 400 Jahre, nachdem Jakob und seine Sippe nach Ägypten gekommen sind, werden sie das Land wieder verlassen. Dafür ist eine große Rettungsaktion Gottes nötig. Sein Volk wird nachts in aller Eile wegziehen. Dabei vergisst man aber eines nicht: den Sarg, in dem der Leichnam von Joseph schon einige Hundert Jahre liegt.[252] Wie sein Vater Jakob wollte auch er nicht in Ägypten beerdigt werden. Wie sein Vater wusste auch er, dass er woanders hingehörte. Aber das ist eine andere Geschichte, die Geschichte Josephs.

---

252 2. Mose 13,19

FRAGEN ZU KAPITEL 18

1. Jakobs Worte an seine Söhne »*Ich werde zu meinem Volk ver-
    sammelt werden*« (1. Mose 50,29) sprechen von einer tiefen
    Überzeugung, dass der Tod nicht das letzte Wort hat. Kennen
    Sie die innere Sicherheit und den Frieden, den Jakob im Blick
    auf sein Sterben hatte?

2. Wenn nicht, was ist der Grund Ihrer Unsicherheit oder Angst?

3. Lesen Sie Asafs Worte in Psalm 73,23-26 und Paulus' Worte in
    1. Thessalonicher 4,13-14. Denken Sie darüber nach (oder tau-
    schen Sie sich aus). Lesen Sie dazu, was Jesus in Johannes
    11,25-26 zu Martha sagte.

4. Wie gehen Sie mit Menschen um, die trauern? Was bedeutet
    es, Menschen zu trösten? Was ist dabei wichtig und welche
    Fehler werden dabei oft gemacht?

KAPITEL 19

DIE GESCHICHTE IST NOCH NICHT ZU ENDE!

»Und Gott redete weiter mit ihm und sprach: »Siehe, ich bin der, welcher im Bund mit dir steht; und du sollst ein Vater vieler Völker werden (...) Und ich will dich sehr, sehr fruchtbar machen und will dich zu Völkern machen; auch Könige sollen von dir herkommen (...) Und ich will dir und deinem Samen nach dir das Land zum ewigen Besitz geben, in dem du ein Fremdling bist, nämlich das ganze Land Kanaan, und ich will ihr Gott sein.«

1. Mose 17,4-8 (Gottes Worte an Abram)

»Da erschien ihm der Herr und sprach: (...) ich will den Eid bestätigen, den ich deinem Vater Abraham geschworen habe. Und ich will deinen Samen mehren wie die Sterne des Himmels und ich will deinem Samen das ganze Land geben; und in deinem Samen sollen gesegnet werden alle Völker der Erde ...«

1. Mose 26,2-4 (Gottes Worte an Isaak)

»Ich bin der Herr, der Gott deines Vaters Abraham und der Gott Isaaks; das Land, auf dem du liegst, will ich dir und deinem Samen geben. Und dein Same soll werden wie der Staub der Erde und nach Westen, Osten, Norden und Süden sollst du dich ausbreiten; und in deinem Samen sollen gesegnet werden alle Geschlechter der Erde!«

1. Mose 28,13-14 (Gottes Worte an Jakob)

»Der Herr hat sein Heil kundwerden lassen; er hat vor den Augen der Heiden seine Gerechtigkeit geoffenbart. Er gedachte an seine Gnade und Treue gegenüber dem Haus Israel; alle Enden der Erde haben gesehen das Heil unseres Gottes. Jauchzt dem Herrn, alle Welt; brecht in Jubel aus, frohlockt und lobsingt!«

Psalm 98,2-4

»Denn ich schäme mich des Evangeliums von Christus nicht; denn es ist Gottes Kraft zur Errettung für jeden, der glaubt, zuerst für den Juden, dann auch für den Griechen.«

Römer 1,16

In diesem letzten Kapitel schauen wir auf Gottes ewigen Bund mit Abraham, Isaak und Jakob zurück. Einige der Verheißungen Gottes in diesem Bund sind bereits erfüllt worden. Ein großes jüdisches Volk ist aus Abraham hervorgegangen, das bis auf den heutigen Tag jeder Bedrängnis, Verfolgung und allen Versuchen der Ausrottung standgehalten hat. Im Mittleren Osten wurde nach zweitausendjähriger Heimatlosigkeit am 14.05.1948 der Staat Israel gegründet.
Mit dem Kommen des Messias Jesus ging auch für die Heiden eine Tür auf; Gott wird sie aufgrund ihres Glaubens an Jesus rechtfertigen. In seinem Brief an die Galater schreibt der Apostel Paulus, dass Abraham »im Voraus« das Evangelium verkündigt wurde: »In dir sollen alle Völker gesegnet werden«. Und dann schreibt er: »So werden nun die, welche aus Glauben sind, gesegnet mit dem gläubigen Abraham.«[253]

»Jakob« und »Esau«
Mit der Geburt Jesu in Bethlehem tauchen – wenn auch indirekt – Jakob und Esau kurz wieder auf. König Herodes der Große, der über Judäa herrscht und seinen Standort in Jerusalem hat, ist ein Edomiter, d. h. ein Nachkomme Esaus, während Jesus, der Sohn

---

253 Siehe Galater 3,8-9

Gottes in Menschengestalt, über Jakobs Sohn Juda ein Nachkomme Jakobs ist.

Herodes der Große war ein König, der jeden beseitigte, der ihm den Thron streitig machte. Er fühlte sich von Jesus stark bedroht. Als er von den orientalischen Sternkundigen erfuhr, dass in Bethlehem ein König geboren sei, veranlasste er, alle Kinder bis zum Alter von zwei Jahren in Bethlehem umzubringen.[254] In späteren Jahren war es sein Sohn, Herodes Antipas, der Jesus umbringen lassen wollte und der Johannes den Täufer unter dem Druck anderer hinrichten ließ.[255] Wiederum später, nach der Himmelfahrt Jesu und der Entstehung der Gemeinde in Jerusalem, versuchte sein Enkelsohn Herodes Agrippa I, dessen Beziehung zu Rom instabil war, die Gunst der Juden dadurch zu gewinnen, dass er die Christen verfolgen und misshandeln ließ. Er ließ den Apostel Jakobus enthaupten und den Apostel Petrus in Haft setzen.[256] Drei Mal »Esau« gegen »Jakob«! Doch der »Stern aus Jakob«[257] behielt und behält das letzte Wort!

Jesus und das jüdische Volk

Die Mehrheit der Juden lehnte Jesus, als er auf dieser Erde lebte, ab. Der Apostel Johannes sagt: »*Er* (d. h. Jesus) *war in der Welt und die Welt ist durch ihn geworden, doch die Welt erkannte ihn nicht. Er kam in sein Eigentum, und die Seinen nahmen ihn nicht auf.*«[258] Jesus selbst warf seinen jüdischen Zuhörern vor, dass sie die Schriften erforschten und meinten, darin das ewige Leben zu haben, während diese Schriften von ihm Zeugnis gaben. Er sagte ihnen: »*Und doch wollt ihr nicht zu mir kommen, um das Leben zu empfangen (...) Ich bin im Namen meines Vaters gekommen und ihr nehmt mich nicht an!*« Und: »*Wenn ihr Mose glauben würdet, so*

---

254 Matthäus 2,16-18 (Herodes der Große: 73 v. Chr. – 4 n. Chr.)
255 Lukas 3,31 und Matthäus 14,1-12 (Herodes Antipas: 20 v. Chr. – 39 n. Chr.)
256 Apostelgeschichte 12,1-3 (Herodes Agrippa I: 11 v. Chr. – 44 n. Chr.)
257 4. Mose 24,17
258 Johannes 1,10-11

würdet ihr auch mir glauben, denn von mir hat er geschrieben.«[259] Diese Worte treffen auch heute zu, denn die Mehrheit des Volkes Gottes erkennt Jesus (noch) nicht als Gottes Sohn, der in die Welt gesandt wurde, *damit »jeder, der an ihn glaubt, nicht verloren geht, sondern ewiges Leben hat«*[260] .

DIE ERSTE GEMEINDE CHRISTI

Ein großes Wunder geschah, als nicht lange nach der Himmelfahrt Jesu das jüdische »Fest der Wochen«[261] in Jerusalem gefeiert wurde und Gott seinen Heiligen Geist ausgoss. An dem Tag verkündigte Petrus das Evangelium: *»Das ganze Haus Israel soll mit Gewissheit erkennen, dass Gott diesen Jesus sowohl zum Herrn als auch zum Christus gemacht hat!«*[262] An einem einzigen Tag kamen etwa 3000 Menschen zum Glauben an Jesus, Juden und Proselyten.[263] Es entstand die erste Gemeinde Christi.

Die Umkehr so vieler Menschen in Jerusalem hatte schwerwiegende Folgen. Bald begann eine Jagd auf die »Jesussekte«, wobei der Pharisäer Saulus, ein Nachkomme von Jakobs Sohn Benjamin[264], federführend war. Seine Bekehrung während einer »Dienstreise« war ein Schock für die jüdischen religiösen Leiter. Noch dramatischer wurde es, als Saulus zum Verkündiger des Evangeliums von Jesus Christus wurde. Er erhielt einen neuen Namen – Paulus – und wurde vom Herrn zum Apostel für die Heiden berufen.[265] Seine besondere Liebe für seine Volksgenossen blieb trotz dieser besonderen Berufung unverändert; er betete viel für sie und konn-

---

259 Johannes 5,39-43.46

260 Johannes 3,16

261 2. Mose 34,22-23

262 Apostelgeschichte 2,36

263 Proselyten oder Judengenossen waren Heiden, die nach Beschneidung und Taufe zum Judentum übergetreten waren. Viele von ihnen waren zum Pfingstfest aus fernen Ländern angereist. Wie übrigens auch Juden, die außerhalb von Israel lebten.

264 Römer 11,1

265 Epheser 3,8; 1. Timotheus 2,7

te es kaum ertragen, dass sie zwar die vollständige Offenbarung Gottes im Alten Testament besaßen, aber Jesus nicht als Messias erkannten. Ihre Errettung (durch den Glauben an Jesus) war sein Herzensanliegen, ihre harte Abweisung von Jesus wird ihm öfter den Schlaf geraubt haben.

DIE »BETÄUBUNG DER JUDEN«, EIN »REICHTUM« FÜR DIE HEIDEN

In Römer 11,1 betont Paulus, dass es absolut falsch wäre zu meinen, Gott habe sein Volk wegen ihrer negativen Haltung dem Evangelium und Jesus gegenüber verworfen. Die Nachkommen Abrahams, Isaaks und Jakobs sind nach wie vor Gottes auserwähltes Volk – und das bleiben sie! Es ist so, wie es der Prophet Samuel dem Volk Gottes sagte: »*Der Herr aber wird um seines großen Namens willen sein Volk nicht verstoßen, denn es hat dem Herrn gefallen, euch zu seinem Volk zu machen!*«[266] Die Verstocktheit ihres Herzens[267] jedoch hat Folgen.

In Römer 11,8 sagt Paulus, dass Gott den Juden, die Jesus nicht als Messias erkannt und angenommen haben, »*einen Geist der Betäubung*« (oder nach Jesaja 29,10 des »*Tiefschlafs*«) gegeben hat. Diese Betäubung (»Augen, mit denen man nicht sieht, und Ohren, mit denen man nicht hört«) bedeutet einen schweren Verlust für sie. Sie trägt aber ein Geheimnis Gottes in sich, welches für Nicht-Juden sehr kostbar ist: Der Verlust für die Juden enthält Gutes für die Heiden. Paulus sagt es so: »*Durch ihren Fall wurde das Heil den Heiden zuteil*«, und »*... ihr Verlust ist der Reichtum der Heiden geworden.*«[268]

Ein Bibelausleger erklärt dies anhand des folgenden Bildes: Das Wasser eines gestauten Stromes fließt über in ein anderes Flussbett und bewässert dadurch andere Landstriche. Das heißt: Das Evangelium, das bei den Juden keine Annahme findet, geht

---

266 1. Samuel 12,22
267 Siehe z. B. Markus 3,5
268 Römer 11,11-12

über in die Völkerwelt. Ja, das ist ein Reichtum für die Heiden! Es ist für sie eine Tür aufgegangen, sie dürfen Anteil haben an Gottes Heilsplan und Kinder Gottes werden. Das Ziel dieses Geschenks ist, dass dadurch Gottes auserwähltes Volk, die Juden, zur Eifersucht gereizt werden.[269] Und dies alles für eine von Gott festgelegte Zeit!

Noch erfährt ein Teil des Volkes Gottes eine Betäubung oder Verstockung. Noch haben die Heiden die Gelegenheit, Jesus kennenzulernen. Diese Zeit ist allerdings begrenzt. Paulus schreibt in Römer 11,25: »*Denn ich will nicht, meine Brüder, dass euch dieses Geheimnis unbekannt bleibt, damit ihr euch nicht selbst für klug haltet: Israel ist zum Teil Verstockung wiederfahren, bis die Vollzahl der Heiden eingegangen ist.*«

Der Ölbaum und die eingepfropften Zweige

Die Anzahl der Christen aus den Heiden ist momentan viele Male größer als die Anzahl der Jesus-gläubigen (messianischen) Nachkommen Abrahams, Isaaks und Jakobs. Das darf kein Grund dafür sein, uns über Gottes Volk zu erheben, als seien wir klüger oder als liebte Gott uns mehr als sie. Paulus beschreibt die Christen aus den Heiden als »*wilde Ölzweige*«, die eingepfropft sind und Anteil bekommen haben an der Wurzel und der Fettigkeit des Ölbaums. Er schreibt: »*Überhebst du dich aber, so bedenke: Nicht du trägst die Wurzel, sondern die Wurzel trägt dich*« (Römer 11,17-18). Die christliche Kirche ist auf den Schultern des Volkes Gottes gebaut worden. Wir Heidenchristen gehören uneingeschränkt dazu; durch den Glauben an Jesus Christus sind wir geliebte Kinder Gottes geworden, aber die Nachkommen Abrahams, Isaaks und Jakobs sind und bleiben Gottes auserwähltes Volk. Wer meint, dass Gott sein Volk verworfen und dass die christliche Kirche Gottes Volk ersetzt hätte, ist entweder unwissend oder überheblich. Uns angemessen ist Bescheidenheit und Dankbarkeit.

Darum: Lasst uns unser Christsein leben und feiern und dabei

---

269 Römer 11,11

nicht vergessen, der Nachkommen Abrahams, Isaaks und Jakobs in unseren Gebeten zu gedenken.

»Wohl dem, dessen Hilfe der Gott Jakobs ist, dessen Hoffnung ruht auf dem Herrn, seinem Gott!« (Psalm 146,5)

Mehr von Noor van Haaften

Elia – von Gott bewegt
ISBN 978-3-86827-441-7
176 Seiten, Paperback

Elia war ein Mann, der seine vertraute Welt verließ und sich in die Höhle des Löwen wagte, um dem Auftrag Gottes gerecht zu werden. Und Elia war ein Beter. Alles – auch die Sorge um sein Land und sein Volk – besprach er mit seinem Herrn. Dabei musste er entdecken, dass Menschen, die leidenschaftlich mit und für Gott leben wollen, auch persönliches Leid in Kauf nehmen müssen.

Die beliebte Autorin Noor van Haaften, die bekannt ist für ihre gründliche Bibelauslegung, gewährt dem Leser tiefe Einblicke in das facettenreiche Leben des Elia. Und gleichzeitig wird die Neugier darauf geweckt, was aus einem Leben werden kann, das Gott ganz hingegeben ist. Menschen wie Elia, die es wagen, gegen den Strom zu schwimmen, sind auch heute gefragt.

Fragen am Ende jedes Kapitels fordern den Leser heraus, die biblischen Einsichten auf das persönliche Leben zu übertragen. Dadurch eignet sich dieses Buch besonders auch für das gemeinsame Lesen in der Gemeinde und im Hauskreis.

Samuel – von Gott erbeten
Richter, Priester, Prophet.
ISBN 978-3-86827-574-2
227 Seiten, Paperback

Die bekannte Autorin und Referentin Noor van Haaften legt nach
ihrem Buch über Elia nun eine weitere gründliche Bibelauslegung
vor. Diesmal gewährt sie ihren Lesern tiefe Einblicke in das Leben
von Samuel. Dieser kam als Kind in die Obhut des Hohepriesters
Eli. Als Richter, Priester und Prophet reiste er kreuz und quer
durch Israel und forderte das Volk zu Einkehr, Buße und radikaler
Nachfolge auf. Eine faszinierende Geschichte, die auch heute noch
aktuell ist!

In Freiheit leben
Wie wir inneren Ballast erkennen
und loswerden können
ISBN 978-3-96362-092-8
272 Seiten, Paperback

»Ihr seid zur Freiheit berufen«, heißt es in Galater 5,13. Doch leider merken wir davon in unserem Alltag oft nur wenig. Unser Leben gleicht eher einem Langstreckenlauf mit viel zu schwerem Gepäck. Die bekannte Autorin und Referentin Noor van Haaften zeigt auf, wie wir den inneren Ballast, den wir mit uns herumschleppen, identifizieren, loswerden und wirklich in das Leben eintreten können, das Gott für uns geplant hat.

Der Geschmack des Glaubens
Die Frucht des Geistes entdecken
ISBN 978-3-86827-720-3
68 Seiten, gebunden
farbig illustriert

Gott lädt uns ein, zu ihm zu kommen und uns von seinem Geist erfüllen und erneuern zu lassen. Gottes Geist wird in uns viel Frucht wachsen lassen – da ist die Bibel eindeutig. Aber wie soll man sich die Frucht des Geistes vorstellen und wie kann sie in unserem Leben wachsen?

Anhand von biblischen Texten und persönlichen Erlebnissen erzählt die bekannte Autorin Noor van Haaften von dem Wunder, dass Gott durch seinen Geist neue Menschen aus uns macht.

Ich suche Dein Angesicht
Gott im Alltag erleben
ISBN 978-3-86827-272-7
64 Seiten, gebunden
farbig illustriert

»Die wichtigsten Lektionen im Stundenplan der königlichen Akademie für Kinder Gottes finden in der Stille statt.« Anhand von biblischen Figuren wie David, Elia oder Esra entfaltet die niederländische Autorin Noor van Haaften, wie Gott in der Stille Menschen begegnet und so die tiefste Sehnsucht des menschlichen Herzens erfüllt. Lassen Sie sich von den biblischen Texten – einfühlsam nacherzählt – und dem persönlichen Erleben der Erfolgsautorin mitnehmen auf einen Weg zum Herzen Gottes.

Ein wunderschönes Buch, das zum Nachdenken anregt, Sehnsucht nach Gott weckt und dazu einlädt, eine Antenne für den Himmel zu entwickeln.

Außerdem bei FRANCKE erschienen

Paul E. Miller
Betend leben
*Wie Sie in jeder Lebenslage
mit Gott im Gespräch bleiben*
ISBN 978-3-86827-680-0
342 Seiten, gebunden
auch als E-Book erhältlich

Was tun,

- wenn unsere Gebete scheinbar nur bis zur Zimmerdecke vorstoßen?
- wenn unser geistliches Leben irgendwie keinen Schwung mehr hat?
- wenn wir Gottes Nähe im Alltag nicht spüren?

Paul Miller verrät nicht nur, wie wir den Gesprächsfaden mit Gott wieder aufnehmen, sondern gibt auch wertvolle Tipps, wie wir unser ganzes geistliches Leben umkrempeln können. Wir müssen mit Gott nicht in seltsam gebauten Sätzen, sinnlosen Wiederholungen, vagen Nicht-Bitten oder frömmelndem Tonfall reden. Sondern wir dürfen mit ihm reden wie ein Kind mit seinem Vater, einfach drauflos. Wer sich darauf einlässt, wird eine neue Tiefe in seinem Glaubensleben erfahren. Davon zeugen ergreifende Erlebnisse aus dem Familienleben von Paul Miller, dessen Tochter unter Autismus leidet.

Ein alltagstaugliches Praxisbuch.

Louie Giglio
Goliat muss fallen
Den Kampf gegen die eigenen Riesen
gewinnen
ISBN 978-3-86827-725-8
232 Seiten, Paperback
auch als E-Book erhältlich

Es ist ziemlich wahrscheinlich, dass es in Ihrem Leben einen Goliat gibt … einen bedrohlichen Riesen, der sich Ihnen immer wieder in den Weg stellt. Vielleicht sind es Sorgen, vielleicht ist es die Angst vor Zurückweisung, irgendeine Abhängigkeit, Ärger oder auch Ihre Bequemlichkeit. Sie wissen, dass dieser Riese Sie davon abhält, das Leben in Freiheit zu führen, das Gott für Sie bereithält … aber Sie wissen nicht, was Sie dagegen tun sollen.

Pastor Louie Giglio kennt das nur zu gut. Ehrlich erzählt er von seinen Erfahrungen mit solchen Riesen und was ihm im Umgang mit ihnen geholfen hat. Dabei betrachtet er die Geschichte von David und Goliat aus einem ganz neuen Blickwinkel. Denn wenn Sie immer dachten, in dieser Geschichte seien Sie David und Sie müssten sich nur eine bessere Steinschleudertechnik antrainieren, haben Sie falsch gedacht. Jesus ist David. Und er hat den Sieg über Ihren Riesen längst errungen. Setzen Sie Ihre Hoffnung auf ihn und erleben Sie, wie Goliat fällt.

John Stott
Das Kreuz
Zentrum des christlichen Glaubens
ISBN 978-3-86827-090-7
528 Seiten, Paperback

Das Kreuz ist das zentrale Symbol des christlichen Glaubens. Was genau es damit auf sich hat und warum Christus sterben musste, ist vielen Menschen aber unbekannt. Stott erklärt tiefgründig und doch allgemein verständlich die Bedeutung des Kreuzes.

In seiner sorgfältig angelegten Studie kombiniert der Autor eine hervorragende biblische Auslegung mit dem packenden Ruf an jeden Christen, in der Nachfolge des Gekreuzigten zu leben. Gleichzeitig geht er auf moderne Anfragen an die biblische Lehre des stellvertretenden Sühnetodes ein. In der englischsprachigen Welt avancierte das Buch zum Bestseller und modernen Klassiker.

Lynn Austin
Oasenzeiten
Wie ich auf den Spuren Jesu
neue Hoffnung fand
ISBN 978-3-86827-573-5
288 Seiten, gebunden

„Ich glaube, ich bin Gott ein bisschen böse, weil es nicht so gekommen ist, wie ich es mir immer ausgemalt habe."

Durststrecken und Dürreperioden kennt jeder Christ, auch die Bestsellerautorin Lynn Austin. Ihr Leben hat innerhalb kürzester Zeit eine andere Richtung eingeschlagen als die geplante. Auf einer Reise durch Israel will sie innehalten und Gott neu begegnen. Dabei besucht sie viele biblische Stätten, beschäftigt sich intensiv mit der Bibel und macht ganz erstaunliche Entdeckungen, die sie mit ihren Lesern in zwölf Kapiteln teilt.

Lynn Austin
**Ich entdecke Gott in den
kleinen Dingen**
ISBN 978-3-96362-160-4
249 Seiten, gebunden
auch als E-Book erhältlich

Jesus hat uns versprochen, immer bei uns zu sein. Aber in der Hektik unseres Alltags spüren wir seine Nähe oft nicht. Wir übersehen all die kleinen Botschaften, die er uns sendet,um uns daran zu erinnern, dass er an unserer Seite ist.

Lynn Austin möchte uns dazu einladen, in unserem ganz normalen Alltag ein Gespür für Gottes Gegenwart zu entwickeln. Zu Hause und bei der Arbeit und überall, wo wir sind, nach ihm Ausschau zu halten. Deshalb nimmt sie uns mit hinein in ihre eigenen Erlebnisse mit Gott. Sie erzählt von Begegnungen mit ihm, die sie sensibel dafür machten, die kleinen Zeichen seiner Liebe deutlicher zu erkennen. Und sich selbst so zu sehen, wie er uns sieht: als seine Kinder, die unendlich wertvoll und seiner Liebe würdig sind.